山东省艺术科学重点课题《地域文化资源的产业效能转化研究——以山东青州为例》（项目编号：L2022Z06170310）结项成果。

编译文库

社会学

曲家辉 曹曼 著

青州模式：
地域文化的产业效能转化案例

The Qingzhou Model:
Converting Regional Cultural Heritage into Industrial Productivity

中央编译出版社
Central Compilation & Translation Press

图书在版编目（CIP）数据

青州模式：地域文化的产业效能转化案例／曲家辉，曹曼著．－－北京：中央编译出版社，2024.8
ISBN 978-7-5117-4497-5

Ⅰ.①青… Ⅱ.①曲… ②曹… Ⅲ.①地方文化—文化产业—产业发展—研究—青州市 Ⅳ.①G127.524

中国国家版本馆 CIP 数据核字（2023）第 161743 号

青州模式：地域文化的产业效能转化案例

责任编辑	哈　曼
责任印制	李　颖
出版发行	中央编译出版社
网　　址	www.cctpcm.com
地　　址	北京海淀区北四环西路 69 号（100080）
电　　话	（010）55627391（总编室）　（010）55627116（编辑室）
	（010）55627320（发行部）　（010）55627377（新技术部）
经　　销	全国新华书店
印　　刷	三河市华东印刷有限公司
开　　本	710 毫米×1000 毫米　1/16
字　　数	305 千字
印　　张	17
版　　次	2024 年 8 月第 1 版
印　　次	2024 年 8 月第 1 次印刷
定　　价	98.00 元

新浪微博：@中央编译出版社　　　微　信：中央编译出版社（ID: cctphome）
淘宝店铺：中央编译出版社直销店（http://shop108367160.taobao.com）（010）55627331

本社常年法律顾问：北京市吴栾赵阎律师事务所律师　闫军　梁勤
凡有印装质量问题，本社负责调换，电话：（010）55627320

目 录
CONTENTS

引 言 ·· 1

导 论 ·· 3
  第一节　选题背景与缘由 ·· 4
    一、选题背景 ·· 4
    二、选题缘由 ·· 8
  第二节　概念阐释与文献综述 ·· 11
    一、概念阐释 ·· 11
    二、文献综述 ·· 13
  第三节　研究方法与理论运用 ·· 20
    一、材料采集方法 ··· 20
    二、应用方法及理论 ··· 22

第一章　背景阐释与研究基础 ·· 24
  第一节　青州(城市)概况 ·· 24
    一、历史沿革 ·· 25
    二、文化传承 ·· 28
    三、区位经济 ·· 32
  第二节　当代中国艺术市场基本态势 ·· 35
    一、基本状况与发展态势 ··· 35
    二、拍卖业发展概况 ··· 39
    三、画廊业发展概况 ··· 41

第三节 "模式"相关概念的厘清 ·· 44
  一、"模式"概念的常见解读 ·· 44
  二、"模式"概念在本研究中的应用 ·································· 48
第四节 "青州模式"论证与阐释 ·· 50
  一、"青州模式"的市场表现 ·· 50
  二、"青州模式"的内涵特征 ·· 56

第二章 青州艺术市场发展进程 ·· 67
第一节 市场培育阶段(1978—1999年) ·································· 68
  一、地域民众的收藏活动 ·· 68
  二、书画交易与经营意识 ·· 71
第二节 "集群化"市场的形成阶段(2000—2010年) ···················· 74
  一、钰铧文化市场时期 ·· 75
  二、青州书画艺术城时期 ·· 78
第三节 市场发展趋缓阶段(2011—2022年) ···························· 81
  一、以市场崩盘论为标志 ·· 81
  二、常态化的发展态势 ·· 83

第三章 青州艺术产业系统构成 ·· 87
第一节 青州画廊业生态 ·· 87
  一、关于青州画廊业属性的探讨 ······································ 88
  二、青州画廊业的经营场所 ·· 93
  三、青州画廊业参与主体 ·· 95
  四、经营的艺术品 ·· 99
  五、青州画廊业的经营理念 ·· 103
  六、经营的艺术家 ·· 105
第二节 两种画廊形态比较:以锦泉斋和方由美术为例 ···················· 110
  一、基本状况的比较 ·· 111
  二、地域市场环境比较 ·· 114
  三、经营理念比较 ·· 116
  四、经营状态比较 ·· 118
  五、价值体系比较 ·· 119

第三节 青州艺术产业系统中的其他构成 …… 122
一、艺术地产、艺术展会及艺术培训 …… 122
二、艺术金融与艺术科技 …… 127
三、艺术衍生品与农民画产业 …… 137

第四章 地域文化在青州艺术产业中的效能转化 …… 144
第一节 地域观念:关于"青州模式"源头成因的探讨 …… 145
一、对青州书画收藏传统的考据 …… 145
二、价值观念主导的收藏传统 …… 151
三、价值观念的成因分析 …… 156

第二节 效能转化:"青州模式"形成的内在机制 …… 162
一、人才与支撑服务机制 …… 163
二、市场开放及平台机制 …… 164
三、品牌效应带动机制 …… 164
四、政策管理推动机制 …… 166
五、画廊业发展拉动机制 …… 167
六、产业要素聚合机制 …… 168

第三节 同类机制:"青州模式"与"通渭模式"的比较 …… 168
一、"通渭模式"基本面貌 …… 169
二、"青州模式"与"通渭模式"相似性比较 …… 170
三、"青州模式"与"通渭模式"差异性比较 …… 174

第五章 "青州模式"的启示、发展态势及优化路径 …… 182
第一节 "青州模式"的启示 …… 182
一、地域特色资源是地域艺术产业发展的基础 …… 182
二、地域艺术产业的发展应形成核心主导群体 …… 183
三、模式的简单复制不利于地域艺术产业的特色化培育 …… 184
四、地域艺术产业的发展模式需要持续创新 …… 184
五、中国艺术市场学科体系的架构有待于进一步完善 …… 184
六、艺术产业发展战略的制定应以产业特性为出发点 …… 185

第二节 青州艺术产业SWOT分析 …… 187
一、青州艺术产业系统的SWOT矩阵 …… 187

二、青州艺术产业系统的优势 ······ 188
　　三、青州艺术产业系统的劣势 ······ 189
　　四、青州艺术产业发展的机遇 ······ 192
　　五、青州艺术产业面临的威胁 ······ 192
第三节　青州艺术产业未来发展趋势 ······ 194
　　一、青州艺术产业发展趋势 ······ 194
　　二、"青州模式"系统下画廊业发展趋势 ······ 195
第四节　青州艺术产业发展优化路径 ······ 196
　　一、明晰政策及形势，结合自身优势，提出适当发展策略 ······ 196
　　二、发挥政府职能与产业政策的导向功能，加大支持力度 ······ 197
　　三、强化理论研究工作，搞好顶层设计，选准突破点 ······ 198
　　四、精准定位核心竞争力，重视特色资源的挖掘与保护 ······ 198
　　五、整合优质资源创新突破，推动综合功能平台建设 ······ 200
　　六、重视新技术融合的推动作用，积极尝试创新性的探索 ······ 201
　　七、围绕发展需求，重视培养及引进综合人才及职业人才 ······ 202

结　语 ······ 203

参考文献 ······ 206

附　录 ······ 213

引 言

参照金融市场的概念，当代中国艺术市场被分为一级市场和二级市场。其中，一级市场以画廊为主，二级市场则以拍卖行为重心。从市场发展的角度来审视，自有艺术品拍卖以来，当代中国艺术市场就长期是由二级市场形态来引导与带动的。而作为一级市场核心业态的画廊业一直屈居下风，无论是市场份额，还是市场资源聚合力，抑或品牌影响力，画廊业都无法与拍卖业相比，以至当代中国艺术市场长期呈现一、二级市场倒挂状态。在这种态势下，山东青州以画廊业为核心所取得的地域艺术市场发展成效，以及当地在发展中逐步形成的模式化艺术产业形态，就显示出一种标本意义的可贵价值。

青州，作为山东省潍坊市辖属的县级市，在改革开放以来的40余年时间里，逐步发展成为聚合近千家书画经营机构的区域市场，不仅县域市场活跃，还紧密联结起全国市场，成为中国重要的艺术品集散地，以至业内有"中国书画看山东，山东书画看青州""青州是当代书画市场风向标"之说。本研究所指的当代中国艺术市场中的"青州模式"，是对青州地域艺术市场及艺术产业发展特征的概括及提炼。这是一种地域性文化（艺术）资源在遇到市场化的发展趋势及需求后，经过长期的进化发展，所逐步形成与呈现出的独特地（县）域艺术产业发展形态。其中的模式化重点体现在两方面：第一，以画廊业为基础，形成的多产业要素协同发展模式。青州地域艺术产业发展的核心为画廊业，以画廊业发展为带动，逐渐生发出了艺术地产、艺术金融、艺术展会、艺术培训等一系列产业要素，呈现出系统化发展的状态；第二，政府部门与民间群体互动、协作的主导模式。

本研究从艺术市场研究的视角出发，将山东青州的地域艺术市场及产业生态作为当代中国艺术市场发展与研究体系下的一个特色案例，以解剖麻雀的方式展开研究，试图在充分论证此个案特性的基础上，对当地艺术产业的发展提出优化性建议。

面对一个研究选题，应该对其中的挑战与困难做到心中有数。本研究选题的难度，并不止于对原始材料的点滴收集和行文思路的合理设计，更为困难之处在于：如何让这个仿佛具有"先天薄弱"特质的选题尽可能地"丰满"起来；如何实现尽管从调研开始，但最终突破"调研报告"的形态，使其变成一个有深度、有厚度的学术研究成果。一方面，中国当代艺术市场的发展时间并不长，与之相关的理论体系本身就比较薄弱，可资直接借鉴的中外研究成果也相对匮乏；另一方面，"青州模式"作为一个典型案例，虽然具有明显的"标本"价值，但其自身所表现出的独具特色的朴素性，在很大程度上限制了笔者将其与其他理论相联系的拓展空间。面对这一切实的困境，笔者选择借助历史学的研究方法与"市场及产业"这一研究主题相融合，尽可能客观地展现一个典型案例的全貌，同时适当借用社会学研究中的一些理念、视角来对该案例做出一些合理的发散，来增加本研究的厚重感。正因如此，本研究没有看似玄奥的"外表"，仅希望以"白描"般的论证，对中国当代艺术市场理论体系的筑基起到些微的助益。同时，在国家重视文化产业发展的时代背景下，希望本研究能为同等地域艺术产业的培育提供借鉴，对中国艺术产业的整体发展，特别是对具有针对性的管理及帮扶政策的制定，对科学化指导战略的设计等贡献有益的参考。

从研究思路与内容来看，本研究首先从地域艺术市场发展历程、地域艺术产业系统构成等角度出发，对山东青州艺术产业生态进行深描。以此为基础，对当地艺术市场及艺术产业发展特征（即"青州模式"）做出提炼、阐释与论证，重点对"青州模式"的内涵特征与市场表现、"青州模式"的形成机制、青州艺术产业发展的缘由等内容做深入的研究与细致的呈现。同时，进一步探讨中国艺术产业发展与不同地域文化传统的关系，以及地域艺术产业发展的可能性及发展路径等问题。在研究方法上，本研究试图以定量与定性相结合的方式展开。由于青州的艺术市场是以画廊业为核心的一级市场形态，因此市场数据极度不透明，重点体现为画廊业不立账、不纳税、信息不公开，所有的数据都最终融合为"或盈""或损"两个笼统的概念，只为经营者所知。基于此，本研究主要从社会学和历史学的视角展开研究，定性研究的成分大于定量研究。

导 论

青州作为一座历史悠久的古城,属"古九州"之一,《尚书·禹贡》"海岱惟青州"之语,反映出青州地理位置的重要性。同时,青州在历代发展中,拥有重要的行政地位。尽管青州的行政区域在今天已经被压缩(为县级市),但其依旧是一个重要的地域。正如这座城市一直沿用与承袭着历史上的名称一样,朝代的更替、辖域范围的变化并不能隔断青州历史传承的脉络。而这种传承性,在青州当代艺术市场及艺术产业发展方面表现得鲜明且突出。进入 21 世纪以来,青州出现群聚化的画廊经营者,同时其"买全国,卖全国"的经营特点,使得其在全国艺术市场中形成了较大的影响力,并且随着发展的深化,逐步聚合起越来越多的产业要素,形成了融合化的产业形态,青州成了一个重要的"艺术产业明星城市"。可以这样来理解:青州曾经作为"王城"的魅力与声望,在当代转化到了艺术产业"明星"城市的品牌效力方面。

基于上述现实,本研究从艺术市场研究的视角出发,将山东青州的地域艺术市场及产业生态作为中国当代艺术市场发展与研究体系下的一个特色案例,以解剖麻雀的方式展开研究,试图在充分论证此个案特性的基础上,对当地艺术产业的发展提出优化性建议,同时,希望能为同等地域艺术产业的培育提供借鉴,对中国艺术产业的整体发展,特别是对具有针对性的管理及帮扶政策的制定,对科学化指导战略的设计等贡献有益的参考。从研究思路与内容来看,本研究首先从地域艺术市场发展历程、地域艺术产业系统构成等角度出发,对山东青州艺术产业生态进行深描性研究。以此为基础,对当地表现出"模式化"的艺术产业发展特征(即"青州模式")做出提炼、阐释与论证,具体对"青州模式"的内涵特征与市场表现、"青州模式"的形成机制、青州艺术产业发展的缘由等内容做深入研究与细致呈现。同时,进一步探讨中国艺术产业发展与不同地域文化传统的关系,以及地域艺术产业发展的可能性及发展路径等问题。

第一节　选题背景与缘由

一、选题背景

从学科建构的角度来审视，以"艺术市场及艺术产业"为核心所展开的研究，在我国尚属一个崭新的科研领域。当前，此领域内的大部分研究成果都呈现出从无到有的拓荒式、探索式状态。这种"初始化""年轻化"的科研状态是由行业的发展现实所决定的。这一领域的实践开展时间本身就十分短暂。在通常意义上①，艺术市场的概念是在20世纪90年代随着艺术品拍卖的出现而走向成熟的。而艺术产业则是在进入21世纪，人们在意识到艺术"产业化"的可行性与趋势性基础上，才逐渐被提出和应用的。② 即便我们以通过改变衡量标准的方式，将当代艺术市场的发展时间尽量延长，也依然无法回避这一领域发展时日尚浅这样一个客观事实。当代中国艺术市场的发展，如果从澳大利亚人布朗·华莱士于1991年在北京创办第一家当代画廊——红门画廊，或者从1992年当代意义上的艺术品拍卖会举办算起，仅仅拥有30余年的发展历史。如果从1986年艺术品拍卖市场形成算起，到今天也仅走过了37年的历程。如果再将此前就有的艺术品在民间的交易活动及相关市场的培育计算在内的话，则当代中国艺术市场的发展历史也不过延长一二十年而已。从这种发展的短期性来看，可以说中国当代艺术市场及艺术产业的发展尚处于一个不成熟的初级发展阶段。

但就是在这样一个时日尚短的发展周期内，中国艺术市场却爆发出了让世界都为之动容的"能量"。几乎是与中国现代经济的快速发展相同步，在综合国力的提升、民众日益增长的精神消费需求、民间财富与市场资本旺盛的投资需求、国家层面利好政策的引导等一系列因素的合力作用（及刺激）之下，当代中国艺术市场以其特有的节奏实践着"从无到有，从有到盛"的跨越式发展。在拍卖市场中，亿元级别的"天价"拍品频出，中国艺术市场的潜在需求更是

---

① 意思是指尚未形成严格意义上相对统一的定论或公知。
② 张楠：《发展艺术产业呼声渐高》，载《工人日报》，2000年8月16日，第4版。"2000中国艺术博览会"的一项学术活动——"中国艺术产业论坛"在北京国际俱乐部举行。此次艺术论坛，在国内首次提出了"艺术产业"这一概念。美术界、拍卖业、IT业、收藏业、艺术媒体等各界的知名人士在论坛上发表了各自对中国目前日益扩大的艺术市场的看法和观点。

高达万亿元规模，这些体量均反映出中国艺术市场的巨大潜力。这种发展效力，特别是其中重要的"现象性""特征性"的存在，成为该发展领域学科建构及研究开展的重要支撑。

自2001年以后，随着艺术市场的繁荣及市场行情的居高不下，开始有研究者关注并快速进入这一研究领域，所以与其他学科的研究局面相比较，这一研究领域的参与者十分"小众"。同时，应该认识到的是，从该研究领域需要面对的现实情况来审视，研究者需要考量及应对的因素是复杂而多变的。这是由艺术市场本身的多变性所决定的。艺术市场的快速发展，不仅将艺术这种纯粹的存在形式与市场（经济）等要素紧密结合起来，而且在发展中实现了由"艺术市场"向"艺术产业"的演化。前文有述，艺术产业概念的最初应用，是在艺术市场发展基础上，时人看到了其中的产业化趋势而提出的。而在"文化复兴战略"实施的当下，普遍使用的"艺术产业"则主要是作为"文化产业"的重要组成部分来理解的。① 从艺术市场到艺术产业，从艺术产业概念的初期呈现到当下的具体应用，无不充满了变化。在"艺术产业"这一概念问世之初，其所包含的内容与艺术市场所呈现的内容大致对等，主要研究市场业态、市场行情、发展趋势等现象性内容，其主要范围仍相对单纯地被圈定在"市场学"的范围之内。而当下所使用的"艺术产业"概念，尽管仍然与艺术市场紧密联系，但其对应的研究范围却进一步扩大，在此前的内容基础上，加入了发展战略、政策引导等诸多要素及需要思考的问题。在主导力方面，更是由追求自然化发展的"市场主导"变为倾向于谋求战略化发展的"政策引导"。而这仅仅是这种变化性的一个方面。

从研究现状来分析，经过了二十几年的发展，以"中国艺术市场"为关键词的研究已经有了一定的进展，业已形成可资参考和值得关注的研究成果。在这些研究成果中，主要包括两类：第一类是从宏观研究、整体趋势、内在机制等角度展开的相关研究，相应的研究成果如《中国艺术品市场概论》（西沐）、《艺术市场学》（李万康）、《艺术品价格原理》（刘晓丹）、《艺术经济学与文化产业新论》（林日葵）等；第二类是建立在数据采集及分析基础上的市场态势研究，如《中国艺术品市场白皮书》（西沐等）、《中国艺术品市场研究报告》（赵力等）、《中国艺术市场生态报告》（吴明娣等）。

---

① 陆霄虹、郑奇：《论艺术产业中核心艺术的产业化》，载《装饰》，2007年第10期，第60-62页。

表 0-1 "艺术市场"领域重要研究成果举例列表

种类	研究成果	作者	时间
研究专著	《中国画市场概论》	西沐	2008年06月第1版
	《艺术品市场的经济学》	马健	2008年03月第1版
	《艺术经济通论》	庞彦强	2008年05月第1版
	《收藏品拍卖学》	马健	2008年12月第1版
	《中国艺术品市场概论》	西沐	2010年01月第1版
	《中国艺术品市场批评概论》	西沐	2010年09月第1版
	《两岸视野——大陆当代艺术市场态势》	胡懿勋	2011年02月第1版
	《当代中国艺术博览会研究》①	武洪滨	2011年03月第1版
	《艺术品市场概论》	陶宇	2011年07月第1版
	《艺术市场研究》	吴明娣（主编）	2010年08月第1版
	《艺术市场学论纲》	成乔明	2011年10月第1版
	《中国艺术品市场政策概论》	西沐	2011年12月第1版
	《艺术市场学》	李万康	2012年10月第1版
	《中国古代绘画价格论稿》	李万康	2012年3月第1版
	《北京798艺术区——市场化语境下的田野考察与追踪》②	刘明亮	2015年01月第1版
	《艺术品价格原理》	刘晓丹	2013年07月第1版
	《中国艺术品市场前沿问题研究》	西沐	2014年01月第1版
	《中国艺术品市场征信研究》	西沐	2014年11月第1版
	《艺术品金融——从微观到宏观》	黄隽	2015年12月第1版
	《艺术品金融与投资》	刘双舟 刘琛	2016年06月第1版
分析报告	《中国艺术品市场年度研究报告》	西沐	自2006年起发布
	《中国艺术品拍卖市场调查报告》	雅昌艺术市场监测中心	自2008年起发布

① 在2010年博士学位论文《当代我国艺术博览会的学术性建构历程与问题研究》基础上完成出版。

② 在2010年同名博士学位论文基础上完成出版。

续表

种类	研究成果	作者	时间
分析报告	《中国艺术品市场研究报告》	赵力	自2008年起发布
	《Artprice当代艺术市场年度报告》	Artprice公司	自2010年起发布（最早可见）
	《中国艺术市场生态报告》	吴明娣（主编）	自2013年起发布
	《中国艺术金融指数报告》	潍坊银行艺术金融研究中心	自2015年起发布
博士学位论文	《论市场语境下的艺术生产》	陈定家	2000年
	《产业化旋流中的艺术生产——当代中国艺术产业化问题的理论诠释和实践探索》	张冬梅	2004年
	《清末民国海上书画家润例与生存状态研究》	胡志平	2007年
	《从文徵明风格为主之代笔画家与作伪画家看十六世纪苏州艺术市场之概况》	陈怡勋	2007年
	《乱象与主流——台湾当代美术的文化生态研究》	陈明	2008年
	《当代中国艺术市场及其互联网经营模式研究》	郭峰	2008年
	《展示与销售——民国前期美术展览的文化性与市场性研究（1912—1937）》	郭淑敏	2009年
	《宋代书画市场研究》	李琳琳	2009年
	《中国当代绘画艺术作品特征价格研究》	陆宵虹	2009年
	《绘画艺术品市场定价机制研究》	王艺	2010年
	《山东省民间艺术产业开发研究》	刘昂	2010年
	《价值·生活·想象——索恩河艺术市场的个案研究》	秦政	2011年
	《中国古代书画潜市场研究》	吴克军	2012年
	《西方现当代艺术家个人品牌经营策略研究》	黄海	2013年

表0-1为笔者根据学科领域内研究成果的实际情况所作，能够大致反映当

前以"艺术市场"为核心内容的各类重要研究成果的分布状况。通过表0-1不难看出,在现有研究成果中,能够体现实践性与时效性的研究成果主要是分析报告类研究(另有以新闻报道为主要呈现方式的研究内容不计入科研成果体系内)。而能够真正作为原始研究素材的"案例"性研究成果十分匮乏。其中,以《北京798艺术区——市场化语境下的田野考察与追踪》为代表的研究成果,可以视作一类案例研究,能够为市场研究提供参考与借鉴,但此类研究成果是从社会学、人类学角度,而非从市场学角度展开的研究,因此在直接观照艺术市场方面,表现出一定的不足。

作为一个强调以市场实践为基础支撑的研究体系,艺术市场与艺术产业学科的稳定建构与科学培育,离不开能够凸显实践性、现实性、时效性的案例性研究成果。但这种特定要求加之学科建构时间尚短的客观状况,使得现有研究成果表现出失衡的发展态势。而这种直接与现实实际相接轨、反映真实艺术市场及产业生态的案例性研究内容的缺失,一方面不利于整个学科体系的长远发展;另一方面,也难以保证理论用以指导未来发展实践的效力。因此,亟须既能够体现当代艺术市场发展内涵,又具备案例属性的内容来进行补充。这也是笔者选择"案例剖析"作为研究内容的根本出发点。

二、选题缘由

在前文基础上,之所以进一步选择以"青州(地域)艺术市场及艺术产业"作为具体的案例研究对象,主要基于以下几方面的原因:

(一)"青州(地域)艺术市场及艺术产业"这一研究案例,无论对于中国当代艺术市场而言,抑或对于地域艺术产业的研究而言,都具有典型性和代表性

在当代中国艺术市场发展体系下,"一、二级市场倒挂"现象鲜明而突出(具体内容将在本研究第一章中详细论述),以拍卖公司为主旨业态的二级市场历来是研究者的重点关注所在,现有的大部分报告类市场分析研究成果,如《中国艺术品市场白皮书》《中国艺术品市场研究报告》等均是以拍卖机构所公开的数据为研究基础完成的,但与之相对,在以画廊为主旨业态的一级市场中,交易不透明、数据不公开等问题的普遍存在,使得相关研究长期处于"黑箱"状态。对大部分研究者而言,缺少对一级市场进行深入研究的机会,也缺少能够反映其具体状态的典型研究对象。

在这种情况下,"青州"的案例研究价值显得突出而珍贵。作为山东省潍坊市的一个辖属县级市,青州的地域艺术市场作为典型的一级市场形态,以其大体量的市场规模、特色化的发展形态备受业界关注。得益于地域民众积极参与

艺术市场的状态，青州地域艺术产业在长期的市场发展积累中，形成了独特的发展形态。概括来看，青州地域艺术市场及艺术产业发展的"特殊性"，突出表现为在当地形成的"产业集聚"现象与形态，这种表现出朴素化特征的"集群"形态在全国范围内是十分罕见的。

具体来分析，第一，青州作为一个县级市，人口规模不大，但当地喜爱艺术品、收藏艺术品、经营艺术品的群体却异常庞大，这种反差在全国范围内十分罕见。地方统计数据显示，截至2016年，青州人口仅90余万，却建有九大书画市场，拥有画廊达800余家，书画从业人员5.5万人，其中农民画创作人员近3万人，书画年交易额达120亿元。在艺术市场的高潮期，青州举办各类书画展览1100多场。每年吸引来此写生、创作交流的书画家可达数千人的规模。① 第二，青州从一个县级市的市场规模起步，逐步成为影响到周围县域、省市的地域艺术市场，进而实现了对全国优质艺术市场资源的聚合，包括全国范围内画廊、艺术家、买家等资源。当前，青州已经成为当代中国艺术市场中一级市场的"重镇"，更有"当代书画风向标"之誉，能够从很大程度上带动、影响全国的书画市场。这种地域市场对全国市场表现出的极不匹配的超常影响力，也反映出一种典型的现象性。第三，青州以一个县级市的消费水准，却创造出百亿元级别的书画市场份额。就产业发展角度而言，表现出令人惊叹的发展潜力。第四，青州艺术产业作为一个完全发轫于民间、民众，具有一定独立性、特殊性的产业形态，遵循着市场的需求与规律，经过几十年的自然生长，逐渐成为能够与青州其他产业相匹敌的优质特色产业，形成了潜在的品牌效力，并得到地方政府的重视，具备了重大的社会影响力。第五，从历史发展的角度来审视，青州当下地域艺术产业的发展具有十分深刻的价值与意义。从史料记载来看，尽管青州是个文化底蕴厚重的古城，但历史上并没有成为像北京或是其他古城那样的艺术品收藏交易集聚地。但在当代，青州因与现当代书画艺术品的交集，一跃而成为中国艺术品发展之重镇，这对地域的文化发展和历史发展而言，都是具有重大现实意义的。这也是学界或市场领域理解"青州现象"值得重点观照的内容。这种"现象性"赋予了青州极强的案例研究价值。第六，青州表现出"朴素化"的产业集群形态。从具体的地域市场规模体量来看，青州的地域艺术产业发展无法与当代市场语境中的产业集群相提并论，但从其表现形式、发展趋势来看，无疑已经具备了产业集群的核心特质，这也为"青州"案例突

---

① 孙克峰：《书画年产值120亿 青州能否做聊城的文化产业样板？》，载《聊城晚报》，2016年4月28日，第2版。

破"艺术市场"研究范畴而应用产业经济学的方法与视角展开研究提供了支撑。

（二）在"青州（地域）艺术市场及艺术产业"案例研究体系下，存在着明显的逻辑断层与理论空白

这主要体现为在"产业内涵"（实）与"地域影响力"（名）之间有着十分突出的"缺失地带"。具体到"青州"的发展实际，举例来说，属于"产业内涵"的实质性内容，如青州大规模的从业者、具体的市场及产业构建方式与内容等；属于"地域影响力"的宣传性内容，如"青州现象"的品牌宣传、"当代书画市场风向标"的荣誉称谓等。关于青州的"实"与"名"，尽管这两者都是切实存在的，但究竟是以怎样的方式实现的，实现的过程是怎样的尚不明确。二者仿佛像吊桥相连的两峰，总有些"空中楼阁"的缥缈感，却无人将中间的空白处填平，将二者促成为一个稳定的整体，这就形成了一种"逻辑断层"。同时，尽管有很多人关注"青州"的发展状况，但多停留在一般性报道阶段，研究深度与理论深度皆不够（具体内容将在下文"文献综述"中做具体阐释），这就形成了一种"理论空白"。这种研究现状的存在，为本研究的研究工作提供了充分的可挖掘空间。

值得强调的是，当前，在市场经济背景及驱动下发展起来的具有创新性的产业形态，如艺术品产业、"非遗"产业等，或者表现出地域性优势的品牌性研究对象，如本书等，很多都存在着如上文中所提到的研究的"缺失"状态，其最直观的表现就是给人以"研究难以深入"的印象，博士学位论文《社会转型中杨家埠木版年画的艺术人类学研究》就曾提到：在考察的过程中，我的报道人好像有意识的提醒我，不管我怎么努力地去考察村内的一些事情，杨家埠村也难以"以最真实的面目"被我了解。[1] 而造成这种现象的主要原因在于（研究者）大部分是电视台媒体的记者、好奇的游客、政府相关机构的人员、采风的高校学者（他们关注的是村内的"关键事件""震惊事件"以及"政治事件"等）[2]。而关于"杨家埠"的这种研究状态，与针对"青州艺术市场"展开的研究，存在相似之处。这种"研究成果总是以泛泛而谈的面貌呈现"，反映出的就是研究"缺失""空白"的现象。而造成这种状态的主要原因大致有二：其一，一般的研究只是从新闻报道的角度展开，注重现象性、表面化，能够满足宣传需要即可；其二，创新性的研究形态缺少理论根基与厚度，仅从单一视角去研

---

[1] 荣树云：《社会转型中杨家埠木版年画的艺术人类学研究》，中国艺术研究院博士论文，2017年。

[2] 荣树云：《社会转型中杨家埠木版年画的艺术人类学研究》，中国艺术研究院博士论文，2017年。

究，很难进行深入挖掘。所以，基于这种状况，就需要研究者进行跨界性、多角度的探索与挖掘。

（三）青州（地域）艺术市场及艺术产业这一研究案例具有丰富的研究内涵与研究价值

确定选题的过程，经过了上述前两个阶段——选题具有独特性价值、选题中存在研究空间。接下来还应该确定的就是该选题是否存在充分的可挖掘内容。针对这一情况，笔者基于前期初步调研，得出了如下结论："青州（地域）艺术市场及艺术产业"作为一个案例，有着十分丰富的面貌与内容。

首先，从发展历程来看，在青州的地域艺术产业发展过程中，经历了一个由"地域艺术市场"向"地域艺术产业"过渡的过程，如其中占据主导地位的画廊业形态，就是地域民众自发参与而逐步形成的交易市场，没有上升到"产业"的范畴，这种自发形成的市场状态一直持续了近20年时间，直至2010年以后，随着国家对文化产业的重视，青州地方政府才加大了对该领域的关注，并逐步将其作为一项"地域艺术产业"工作来推动。这种进化过程是与中国当代艺术市场发展的轨迹相吻合的，这就为深入研究提供了充分的材料支撑。

其次，在对本研究工作所做的前期调研与论证过程中，笔者深刻地认识到：在"青州现象"的背后，并非只是市场的发展使然，更重要的原因体现于青州自身特有的"资源"，涉及历史传统、文化生态、群体个性等，特别是在由艺术市场向艺术产业转变的过程中，实现了由结构相对单一的"青州现象"（现象性）向结构复杂的"青州模式"（系统化）的转变。这些内容无疑为研究赋予了一定的价值。

综上所述，本研究希望通过对"青州模式"这样一个案例性的研究体系做出跨学科的全面思考与研究，以期能够为市场实践带来启发，同时希望能够对本领域的学科建设做出贡献。

第二节　概念阐释与文献综述

一、概念阐释

（一）"青州模式"的概念阐释

本研究中的"青州模式"，是对青州地域艺术市场及艺术产业发展特征的概括及提炼。

从具体内容来分析,"青州模式"是指在市场经济体系下,山东青州以画廊业为核心与基础,融合地产、金融、教育、展会等产业要素协同发展的地域艺术产业发展方式。其中的"模式"重点体现在两方面:第一,以画廊业为基础,形成的多产业要素协同发展模式。青州地域艺术产业发展的核心为画廊业,以画廊业发展为带动,逐渐生发出了艺术地产、艺术金融、艺术展会、艺术培训等一系列产业要素,呈现出系统化发展的状态。第二,政府部门与民间群体互动、协作的主导模式。在青州地域艺术产业发展的前期,民间群体为主导,政府管理部门仅仅起到了一定的鼓励作用。而随着发展程度的深化,当前已经形成了以政府部门为主导,民间群体积极参与的产业主体构成格局。

之所以使用"模式"来对青州地域艺术市场及艺术产业发展的特色进行总结,主要基于以下几方面的原因:首先,在中国当代艺术市场体系下,青州的地域艺术市场及艺术产业是一个兼具先进性和特色性的典型案例。其次,青州的地域艺术市场发展表现出自成一格的"模式化"。最后,"模式"这一概念的使用,是对其他学科研究领域已有成果的有意识的借鉴。

"青州模式"概念的提出与使用,参考自知名学者费孝通在社会学领域的研究范式。费孝通于改革开放初期,在针对"地域经济发展"的研究中,较早地应用"模式"的概念,提出了"苏南模式""温州模式""珠江模式"等以"地域+模式"这一命名方式的研究概念,用来说明不同地域间具有特色化的经济发展形态。事实上,在费孝通之后,以"地域+模式"的方式来对某一地域在某一方面的特色进行概括,已经成为一种普遍性的用法。特别是在社会学、经济学领域内,最为常见。如在金融业的研究视角下,以"青岛模式""泗洪模式"来概括青岛、泗洪两地的民间借贷方式;[1] 以"鄂尔多斯发展模式"来概括鄂尔多斯当地的经济发展特色。[2]

本研究中所使用的模式,借鉴费孝通的这种用法,但存在一定的区别,费孝通提出的模式,主要指在改革开放初期,探索如何更好地发展特色地域整体经济。而本研究中的模式则是在国家要求深化改革、大力发展文化产业、追求创新的时代背景下,思考如何更好地发展地域艺术产业。

---

[1] 阎志鹏、赵妍、朱思维主编:《疯子、骗子和傻子:第三只眼看投资》,北京:商务印书馆2015年版,第79-81页。

[2] 阎志鹏、赵妍、朱思维主编:《疯子、骗子和傻子:第三只眼看投资》,北京:商务印书馆2015年版,第79-81页。

（二）关于"中国艺术市场"的阐释

"中国艺术市场"这一限定源自以下几方面的考量：

第一，以此做限定，是为了与其他研究领域内的"青州模式"相区别，如在佛教美术研究领域中，将从青州考古发掘出的表现出独特风格面貌的造像，也冠之以"青州模式"。①

第二，"青州模式"表现出的"特色性""模式化"等优势属性，是在艺术市场语境下方能成立的。对比来说，1983年，费孝通提出"苏南模式"来界定苏南地区独特的地域经济，其后又提出"温州模式""珠江模式"等学术研究领域重要的发展模式，用以说明地域经济发展的独创性和先进性。所以，上述发展模式都是从"苏南""温州""珠江"等地域的整体经济发展角度来说的。尽管青州位列"全国百强县"，但于地域整体经济方面并没有在全国范围内表现出先进性的"模式"。只是在作为构成部分的地域艺术产业发展中表现出特色化和模式化，故"青州模式"的影响力也仅仅适用于艺术市场实践及相关研究领域中。

第三，强调研究的时代性。在市场经济的大背景下，任何相关研究都不可避免地沾染上市场的色彩。"青州模式"是紧随着中国艺术市场的发展生发出来的，本研究是在当前市场经济条件下来审视青州书画艺术品产业的发展历史及内容的。

第四，本书以"青州地域艺术产业发展"为重心研究的"青州模式"，本质上是一种市场状态。此外，"青州模式"的提出及引发关注正是以艺术市场的属性出现的，更具体地来说，则是书画艺术品产业的发展。即使随着"青州模式"本身的进化，以及研究者视角的扩大，其构成要素不断增加，如艺术地产的参与、艺术金融的融合等，但其也是以书画产业为核心的。所以，这个限定可以用来强调"青州模式"的市场及产业属性。

二、文献综述

（一）关于青州（地域）艺术市场及艺术产业

从笔者当前掌握的文献来分析，直接以"青州模式""青州艺术市场""青州艺术产业"等为主题呈现的研究成果十分有限，且主要以国内文献为主，尚未发现国外有针对这一选题的研究成果。

---

① 赵玲：《论"青州模式"佛教造像的阿玛拉瓦蒂渊源》，载《南京艺术学院学报（美术与设计版）》，2014年第2期，第63-68页。

在国内的研究成果中,以针对具体现象而完成的报道类文章居多,尚未有大体量的专著性研究成果。这类文献如《青州书画市场报告之一:资本进入书画市场》(周永亮,2014)、《青州:"文化软实力"提升发展"竞争力"》(宋健、郑秀宝,2011)、《山东省青州市文化产业发展的调查与思考》(张敬轩,2014)、《艺术品行情调整 一级市场金融风险急剧放大——山东青州艺术市场大调查》(陈晓红,2014)、《低迷的青州翰墨,何去何从》(刘江伟、吴小京、郭俊锋,2015)等。这些文章在一定程度上为本研究提供了可资参考的基础性材料,但也普遍存在研究视角窄、研究深度有限的缺陷,部分文章甚至存在有失偏颇的论点。这种状态就为处于中间层次的、以深入调研及挖掘第一手材料为基础展开的系统、全面、深入的研究工作提供了展开的空间与实施的必要,这也是本研究开展的重要基础性工作。

即使是在具有一定学术价值和理论深度的成果中,直接与本研究相对等的文献材料也并不多见。这方面的代表性研究成果如《青州模式面临重塑》(西沐,2014),对青州地区艺术产业的发展特点、价值及存在的问题进行了清晰定位,并在此基础上提出了"推动青州模式再造与重塑"的策略及路径。但需要认识到的是,作者在文中所使用的"青州模式"与本研究所要阐释的"青州模式",尽管称谓相同,所针对的研究领域也一致,但所指内容并不完全对等。这从该文中的"青州模式或青州现象"之论可以得见,作者将"青州模式"与"青州现象"并列使用,说明在作者看来二者表达的意义是相同的或者是紧密相连的,这里的"青州模式"表达的是对市场领域内所普遍认可的一种"现象性"概括,是一种特定称谓。此外,作者所表达的"青州模式面临重塑"的观点,其中的"重塑"并非指推翻一个旧模式,再建一个新模式,从文章内容来看,其实针对的是在现有基础上提出优化性、拓展性的建议,如文中指出:"如何推动青州模式的再造与重塑?一是必须认清优势,认真规划定位,打造基于一级市场的中国书画艺术品交易中心……二是以书画艺术品资产化金融融合为纽带,建立全国最大、最有影响的交易平台,并以此为基础,进一步拓展探索建立书画艺术银行业务与全面推动艺术银行建设的工作……三是以画廊的基本功能价值发现的集合力量为基础,以强大的市场消费能力为依托,以资产化、金融化发展为动力,建构青州在书画市场的话语权与定价权……四是以书画产业链为基础,大力发展书画产业。"上述内容更进一步地显示出,尽管当前业内已经普遍认可青州地域艺术产业中"模式化"的存在状态,却尚未对其做出明确的界定与剖析,这也为本研究的内容展开留下了明显的空间。

《书画市场对中国画艺术创作的影响——以山东青州书画市场为例》(曹则

伟，2015）将"青州模式"描述为：青州书画市场的运营模式主要是以画廊为中心开展的，是一种从甄选当代书画家到当代书画作品先区域后全国的集散运营模式。这种解释同样不同于本论题的研究。《艺术现象学与艺术文化产业研究——以青州绘画市场为例》（谷涛、陈万里，2016）一文肯定了"青州模式"的影响力："青州已经成为山东绘画市场的领头羊和风向标，并影响着全国的绘画市场。伴随着青州绘画市场影响力的不断扩大，在全国各地的绘画家圈子里也慢慢形成了一个行业共识：要想作品影响力度大，市场认可度高，那就要来青州办展览，青州已经被绘画家公认为走向市场的试金石，只要得到青州收藏家的认可，在青州打开市场销路，接下来其市场热度都会在整个山东省，甚至全国的艺术市场逐渐蔓延。目前，青州已经吸引了省内省外的多家画廊经营者涌入，孕育出了一个全国性的绘画文化市场。"《传统文化在文化产业发展中的作用研究——以山东省青州市为例》（王海燕，2009），对传统文化在文化产业发展中的作用做了论述，并提出了推进青州文化产业发展的思路。《非物质文化遗产保护中的政府行为研究——以山东青州为例》（周璐，2014），针对主题，在分析当下政府在"非物遗"中的保护行为及举措的基础上，提出了自身的建议。

此外，一类值得特别关注与重视的研究材料是青州艺术市场的资深从业者们从自身角度集结形成的各类文字性材料。如唐树良作为青州宝瀛斋画廊的经营者，有着30余年参与青州艺术市场运营的实操经验，在经营之余，唐树良一直保持着发表文章的习惯，围绕青州艺术市场，主要通过博客、报刊等渠道，发表了大量以自身所历、所感为主要内容的文章。其中在博客文章《我的收藏经历》（2012）、《青州当代书画市场的形成与发展》（2014）中，以自身的实际见闻及经历为核心，对青州书画市场形成与发展的起因、阶段、特点等进行了大致的梳理与简要的分析，可以作为了解青州艺术产业发展的重要第一手材料。此外，同样作为青州书画市场的参与者与见证者，点苍斋画廊经营者王正悦也通过公开渠道，以访谈的形式发表了《谈青州书画市场的形成和发展》（2014）、《王正悦：青州艺术品市场独有的花絮》（2016）等。

相关文献的匮乏，是与本选题的特点直接相联系的。本研究选题重点表现出两个较为鲜明的特征。其一，创新性。首先，艺术市场本身就是一个被纳入研究视野不久的领域，尚存在很多研究空白和亟待架构之处。其次，从目前的研究成果来看，直接针对青州地区以艺术品产业为中心而形成的独特产业发展模式的系统性研究十分少见。其二，复杂性。这种复杂性主要体现在涉及内容的跨越性方面。当以一种系统的观点来审视其中的研究内容，同时来思考架构研究思路的时候，可以发现这一选题的深入开展与研究是跨越性的，不仅表现为学科范畴上的跨越、应用研究方法上的交叉，更重要的是研究体系方面的跨界。其中涉及的内容至少包括艺术市场（侧重于画廊业）、发展模式、地域产业经济、品牌培育等。

（二）与本选题相关联的研究

综上所述，笔者将对研究文献的梳理工作扩展到其他相关领域，发现了一些具有参考价值的成果，现特按照研究领域，对相关成果做如下梳理。

1. "通渭书画产业"相关研究

作为与"青州"相类似的研究案例，"通渭"的发展情况具有对比性参考价值。针对"通渭书画产业"的研究状况与本研究选题存在相似之处，表现出报道类文献远多于具有学术参考价值和理论研究深度文献的情况。但相较而言，围绕通渭"书画热"现象展开研究的硕士、博士学位论文成果要多一些。

相关报道文章如《甘肃通渭 书画之乡兴起书画产业》（陈宗立、周文馨，2004）、《书画引导消费 艺术带动经济——从张永智的书画交流活动看"通渭现象"》（刘芷淇，2007）、《通渭与山东青州联手做强书画产业》（王雨，2015）、《关于通渭书画文化发展的调研报告》（李发昌等，2016）等。

在学位论文成果中，《教育主导的乡土艺术文化变迁——通渭书画热的社会成因研究》（常君睿，2008）从教育学的角度出发，对通渭地区的"书画热"成因进行了深入的分析，为本书研究思路的拓展提供了极为重要的参考。同样具有参考价值的成果包括：《通渭书画产业发展中政府职能研究》（包强，2015）、《通渭书画文化的精神内涵及其教育功能研究》（车苏瑞，2013）、《文化产业发展中的地方政府行为研究——以甘肃省通渭县的书画艺术发展为例》（刘洁，2011）等。因此，笔者发现，以西北师范大学为中心的研究群体的存在，是使得"通渭"的研究多于"青州"的重要原因。

2. "画廊业"相关研究

青州的书画产业发展是以画廊业运营为核心的。因此，对画廊业的研究成果，是需要进行重点关注的领域。目前，在与画廊业相关的研究成果中，尚缺乏博士学位论文成果，以硕士学位论文及期刊论文较为常见，缺乏深入性。造成相关研究成果匮乏及不深入的原因，笔者认为主要有以下几方面：其一，艺术市场是一个极其重视实践的市场，很多业内的实操者或参与者没有能力或精力将自己的亲身体会结集成文，有能力结集成文的研究者又缺少切实的经验。其二，很多人往往低估几十年间发生的实践，就研究态度方面，没有研究者愿意真正地沉潜下去，进行实地、细致的调研，收集、整理第一手材料，往往做一次粗浅的采访，与某几个甚至只有某一个对象进行短暂的接触后，就整理成文，难免会令读者生出研究"不深入"之感。

在这种研究状况下，笔者择要综述如下：在学位论文成果中，《北京画廊行业现状研究》（慕星，2014）重点对北京地区画廊业的发展状况、运营模式、存在问题等进行了梳理及论述。《国际化视野下云南画廊研究》（刘艺丹，2013）按照时间脉络，对云南画廊的历史、现在及未来状况，进行了细化呈现。《国内画廊生态研究》（罗晓东，2007）重点对我国画廊的生态系统进行了梳理，分别涉及画廊与艺术家、艺术品消费者、艺术批评、拍卖行、博览会、美术馆、美术教育等的关系。《鉴往以昭来——我国画廊业生存现状调查》（陆心远，2006）、《中国画廊业发展现状研究——以北京地域为样本》（李瑞华，2011）、等论文，分别从不同的角度，针对不同地域范围的画廊业态进行了程度不等的研究。

另有关于艺术区的研究，如《艺术区现状研究——以北京798艺术区为例》（迟海鹏，2014）针对艺术区的发展问题，指出：如果艺术区的发展一直处在这种单向的演进状态，那么经济资本在不断消耗文化资本的过程中，便不会有效地促使文化的积累或再生产，从而使艺术区核心功能和象征价值逐渐弱化和丧失，最终被经济资本剥夺沦为商业的附庸。在"青州模式"的发展进化过程中，同样会面临类似的发展困境，该文相关的论证材料及观点，为本研究的立论提供了论据支持。

关于探讨艺术品交易内在机制问题的研究成果，比较有代表性的如硕士学位论文《中国艺术品市场交易方式研究》（高峰，2013），其以概括性的视角，较为全面地呈现并论述了中国艺术品交易的运作模式、存在问题，并在此基础上提出了可行性的解决建议。

此外，具有参考价值的期刊论文包括：《对中国艺术市场中画廊业的反思》（陈文璟，2010）、《基于集中化战略角度对画廊业发展的几点建议》（张晴，2014）、《北京画廊协会发展现状调研分析》（辛宇，2016）等。其中，《基于集中化战略角度对画廊业发展的几点建议》（张晴，2014）提出了画廊业发展存在的问题：在现实经营中，从客观角度来看，经济环境的不稳定，大众美育教育的不足、行业经营欠缺规范以及监督管理不到位；从画廊自身来看，经营意识和管理经验的不足，造成定位不准确等一系列问题。

3. "发展模式"相关研究

在以"发展模式"为主题的研究中，不同的研究者所重点关注的内容及结构各有不同。在博士学位论文《湖南特色文化发展模式研究》（黄新宇，2012）

中，以湖南特色文化发展模式为研究对象，依次论述及探讨了这一发展模式的概念、分类、特征、理论源头、发展历程、特色及经验（启示）、困境、发展建议等，这一研究中所使用的结构及具体内容与本研究的内容存在一定相似之处。以类似内容及结构展开的研究尚有很多，如《台湾地区文化创意产业商业模式研究》（贾丰奇，2008）、《大芬油画村美术产业发展模式研究》（张可，2009）、《南京文化创意产业发展模式研究》（王三银，2009）、《泉州创意产业发展模式研究》（齐璟，2013）等。

相较而言，同为"模式"研究，乐祥海在其博士学位论文《我国文化产业投资模式研究》（2013）中呈现出有所不同的内容，此文在对比不同国家相关投资模式后，直接对我国的文化产业投资模式进行问题的挖掘，在此基础上，进而对文化产业投资模式的内在机理及相关内容进行量化剖析，其中使用了大量的建模分析，实证研究的倾向十分明显。

关于模式的概念，在不同的学科体系下，不同的研究者秉持着不同的理解。费孝通在作为自己研究历程总结的论文《四年思路回顾》（1989）中，对自己研究中的"模式"进行了总结性梳理，阐释了模式概念及内涵的变化性，文中指出：（起初）"模式"一词包含了模范的意思，甚至带有"样板"的味道。这是不正确的。其实苏南农村由于其特有的历史和地理条件，它们在发展过程中既有和其他农村相同之处，又有其独具的特色。把它看成一种模式主要是在显示它的特点，不同于其他地区的个性。模式在概念上应当和样板区别清楚，不然会带来不良的后果……我所说的"模式"，是指在一定地区、一定历史条件下具有特色的经济发展过程。

《北京文化创意产业发展模式研究》（吴悦，2011）指出关于模式的概念，有以下几种理解：（1）结构即模式。H. 钱纳里在《结构转换：经济发展的实证研究程序》里将结构等同于模式使用。（2）类型即模式。不同的时间、空间和地区独具特色的经济发展类型，如20世纪的东亚模式。（3）多种因素相互作用构成的整体即模式。如政治、经济、文化、历史多种因素共同作用于经济而形成的整体即模式。笔者认为：任何一个产业发展都要进行模式选择，合适的模式会促进该产业的发展，反之则不然。新的模式随着理论界研究的深入和实践上的突破在不断产生，相对独立的因素打破重新组合即产生一种新的模式，故对于模式难以给予科学、一致性的界定。所以，针对模式的研究需要因地制宜，区别分析。

4. "地域产业经济"相关研究

与本研究选题直接相关的研究文献包括：《青州现象——一个县级城市科学

发展的解读》(冯殿佐，2008)，对作为县级市的青州经过发展从低谷崛起，重新进入全国百强县的历程及原因进行了分析性论述，为本选题研究思路的拓展提供了有益的参考；《基于 SWOT 分析的山东省青州市产业发展战略研究》(张晔，2013) 应用 SWOT 分析方法，对山东青州市的工业、农业及其他产业的经济发展态势进行了深入、细致的分析，虽未确切涉及艺术产业相关分析，但其中的思路及方法对本研究均有可资参考及借鉴之处。类似的研究还包括《青州市旅游文化产业发展的 SWOT 分析及其对策》(马光霞、伍辉，2010)。

《青州市县域经济发展模式研究》(王俊等，2010) 一文，结合"苏南模式""温州模式""义乌模式"等现有的县域经济发展模式对青州市县域经济发展模式进行了分析，而其重点分析的产业主要是第一、第二产业，其中并未过多涉及艺术产业内容。其他可资参考的相关文献包括以下几篇，《"县域文化"与县域经济发展之模式与范式》(何灵太，2010) 一文阐明了县域文化与县域经济的关系，县域之间的竞争，表象是物质财富、经济实力的竞争，归根结底是文化的竞争，是县域文化品牌的竞争。培育县域文化品牌，发展壮大文化产业是当前增强县域综合实力的战略选择和发展重点。沙雪斌(2012)在针对中国县域文化产业发展战略的研究中，将县域文化产业定义为，在社会主义市场经济条件下，以县域经济为基础、以文化产业基地为载体、以人民群众为主体的文化产业。集中分析了中外县域文化产业发展战略的基本结构与发展模式，将县域文化产业发展模式分为新文化园区模式、"文化核心"模式、城市整体包装模式、"文化名人"发展模式、深入挖掘历史人物模式、地域整合模式、"演艺中心"模式、文化产业集团模式等。《我国创意产业集群与区域经济发展研究》(华正伟，2012)认为，创意产业集群的发展规模和程度已经成为衡量一个地区或城市综合竞争力水平高低的重要标志。创意产业集群作为一种新的空间产业组织模式和最佳资源配置组织模式，在地域经济活动中呈现出强大的空间产出效应。随着社会分工和文化资源开发的不断深入，创意产业集群对地域空间的紧密性和产业市场的依存度将不断提高，而地域经济空间的关联度越大，地域经济增长对空间结构变动的反应就越敏感。

第三节　研究方法与理论运用

一、材料采集方法

从本选题的整体研究状态出发来审视，科学的研究对应的方法应为定量研究与定性研究相结合的方法。但就艺术市场（及产业）发展领域的实际情况来看，数据不透明、公开数据欠真实等情况十分突出，从根本上阻碍了研究工作的科学化开展。针对中国当代艺术市场领域所普遍存在的这种情况，有研究者专门发表过观点：

当代社会学理论研究进入21世纪之时，定性研究方法论的行动研究所强调的多面向触点逐渐在北美地区站稳脚步，而能让更宽阔的形式呈现出理论的观点：

包括小说、纯叙事、亲身参与、故事、口述历史、民族志的撰述等，都有可能成为一篇优秀的博士论文（米歇尔·法恩等，2000）。这对于我们面对正在滚动的艺术社会环境与生态，带有一点鼓舞士气的力量，以艺术市场为命题的研究里，最困难的部分也就是我们过于贴近"时间"和研究对象，容易让看似掌握住的情况突然发生意想不到的变化，出现自打耳光的尴尬。[①]

尽管这段论述不排除意图为艺术市场的研究方法提供自圆其说的理论依据之嫌，但其中也包含着客观的事实：艺术市场中的很多交易是不公开、不透明的，特别是在画廊业和私下交易中，这种情况尤甚，这使得很多高度依赖数据的研究工作就无法开展，也就谈不上定量（或量化）研究。针对这种情况，该研究者进一步提出了自己对艺术市场研究方法论的思考：

倾向定性研究方法论所强调的行动研究（戴维·J. 格林伍德，1998），蒐藏市场中出现的各种数据、新闻资讯以及实地的田野调查、访谈，汇集业者、消费者及创作者不同来源的情报，整理市场的种种现象将更能贴近实际的情况。这种类似民族志的研究方法可以提醒太过沉溺在市场表面现象的消费群，如何从客观的立场获得有效的资讯帮助自己判断纷扰的市场现象，尤其每年都有专业的机构公布各式各样的统计数据，如何解读成为了解艺术市场更重要的关键。

[①] 胡懿勋：《两岸视野：大陆当代艺术市场态势》，台北：艺术家出版社2011年版，第6页。

借由理论的验证,让多种带有商业目的的数据显现出它们并不够客观的事实,定性研究方法论让量化的数据成为可以多重角度解释的来源,最终依然要探究数据背后的成因和性质。①

鉴于上述,本研究获取具体研究材料的过程主要采用田野调查、文献采集的方法。

(一) 田野调查

田野调查主要通过开展实地调研和深度访谈的方式实现。

由于本研究选题在时间方面的限制,故将以鲜活的第一手材料作为研究支撑,同时,通过这种方式获得的大量第一手材料也将成为本研究的"特色"。自2014年5月起,笔者就陆续针对本选题进行了周期不等、程度不同的调研,这种调研贯穿于研究工作的始终,并会在后续的研究中对青州地区艺术产业业态的进化发展进行持续性的观察。

在此过程中,访谈是获取大量第一手材料的主要方法。通过与青州艺术市场的参与者进行直接接触、座谈(见图0-1),笔者采集到了丰富的原始资料。

图 0-1　笔者与青州艺术市场参与者进行直接接触、座谈(辛欣摄)

在本选题的研究中,笔者尤其重视对鲜活史料,特别是口述史料的采集。通过调研,笔者采用为受访人(以画廊经营者居多)建立"档案"的形式系统保存具体资料。"档案"主要由两部分内容构成:其一是受访人的基本信息,如年龄、职业、学历、从业经历等;其二是采访过程中的文字内容整理。同时,这些材料将以开放式的状态呈现,随着研究的持续而不断增加。

有一个需要说明的情况是:笔者在调研初期,曾试图以发放调查问卷的形式进行相关资料的采集,但效果不佳,遂放弃。主要原因在于:首先,笔者开

---

① 胡懿勋:《两岸视野:大陆当代艺术市场态势》,台北:艺术家出版社2011年版,第12页。

始对青州展开深入调研的 2014 年底，恰逢艺术市场进入低潮期，"青州书画市场崩盘论"在媒体和市场间肆虐流传。此时的青州经营者普遍对调研者心存戒备，不愿配合填写调查问卷。其次，青州的书画经营者大部分为青州本地土生土长的群体，相较于看似繁复的学术研究，他们更关注实际的市场行情与经营策略，因此普遍参与热情不高。

（二）文献采集

通过文献分析所得到的第二手材料，将成为本研究的主要辅助性材料。主要涉及的文献包括地方志、地方档案、相关的研究专著、期刊、论文等。针对研究参考文献的选择问题，正如上文中提及的"汇集业者、消费者及创作者不同来源的情报"那般，笔者对此深有体会，认为艺术市场理论体系的建构不应该忽视边缘文献。从当前来看，艺术市场理论体系尚未成熟，以新闻通讯类文献居多，缺少争鸣而有深度的理论文献。但应该认识到，这就是一种客观而真实的理论体系"发育"状态。在很多看似缺乏观点的文献背后，是一些正在进行探索中的实践行为，我们有理由相信，任何的实践背后都有深层的动机，反映出深刻的市场理论潜（前）景。此处可以做这样的假设：如果只是按照一般的社会科学研究思维，仅仅试图通过前沿性的研究文献来对市场研究现状做出总结，那么按照常规标准，很多市场论文是不被专业期刊所采纳的。由此，很多市场探索便无法被纳入研究视野，这就会无形中造成研究的缺失，特别是会影响到研究结论的客观性与全面性。所以，笔者认为，面对当代中国艺术市场研究领域，应该时刻以一种开放、创新的心态来看待这个研究体系，更应以同样的状态来审视研究材料。

二、应用方法及理论

在对研究材料进行分析及论述展开的过程中，主要采用归纳与演绎法对个案进行分析。同时，使用比较分析法、SWOT 分析法，借用"扎根理论"分析法的部分原理展开研究。

（一）比较分析法

在中国艺术产业发展中，很多数据都是不公开、不透明的，以画廊业最具典型性。由于青州的画廊业普遍存在不立账、不纳税的情况，很多交易数据都属于商业机密，所以很难通过量化的渠道进行展示。在这种状况下，通过将青州与其他相似的案例进行比较，有助于全面把握"青州模式"的发展态势。在本研究的论述中，主要将青州的画廊形态与市场中的其他典型画廊形态进行对比，同时将"青州模式"与业内知名的其他地域艺术产业发展模式，如"通渭模式"等进行对比。

（二）SWOT 分析法

SWOT 分析法又称态势分析法。是一种能够客观而准确分析和研究一个单位现实情况的方法。它对组织内部自身优势（Strength）、劣势（Weakness）和外部环境的机遇（Opportunity）、威胁（Threat）等方面的内容和条件进行综合分析，从中得出一系列相应的结论，借以确定产业发展战略。

（三）"扎根理论"分析法

"扎根理论"方法能够大大拓展可用资料及数据的获取手段，克服了一般定量研究对数据来源和格式的要求限制。在具体应用中，扎根理论采取多种资料收集方法，对反映社会现象的资料进行分解、概念化，再重新组合形成理论。总体步骤可分三步：第一，材料收集；第二，从材料中提取概念；第三，建立理论。其后，循环使用这一方法，不断通过新材料的分析，发现概念、形成理论、补充理论，直到材料的增加不能显著补充已有的理论为止。

为达到对本选题进行深入研究之目的，本研究将应用不同学科及研究领域的理论对本案例研究中的特定内容进行审视与探究。其中，尤以借鉴产业经济学、艺术人类学中的理论为代表，主要包括"系统论"的观点、产业集群理论、"艺术再生产"理论、法国学者古斯塔夫·勒庞的群体心理理论、我国学者费孝通关于"乡土社会"以及"文化资源生命力"等理论。

第一章

背景阐释与研究基础

作为本研究的认知基础与背景性内容，本章主要分为四部分：第一部分，对青州这一城市的基本状况做梳理式呈现，重点从历史沿革、文化传承、区位经济等与本研究主题相关联的角度做出论述。第二部分，对中国当代艺术市场的基本态势，从基本状况、发展态势等方面进行廓清。其中，将对青州地域艺术产业的基本发展状况与当代中国艺术市场的关系做大致界定。第三部分，对"模式"这一产业研究视角下的基础性概念进行厘清，着重对本研究中"模式"的相关概念及应用进行阐释。在论述过程中，还将对青州地域艺术产业的典型性做出定位性概括。第四部分，对"青州模式"进行论证与阐释，从"模式"的市场表现和内涵特征两方面展开。

第一节 青州（城市）概况

青州，隶属于山东省潍坊市。从地理位置上看，青州地处山东半岛中部，位于潍坊市的西北部，与寿光市、昌邑市、安丘市等，同属于潍坊市管辖范围内的县级市（行政类别）。

青州全市面积达 1569 平方千米，辖 4 个街道、8 个镇、1 个省级经济开发区。2021 年末，全市共有人口 96.12 万人，其中包括回、满等少数民族人口 2 万多人。目前，青州市城区规划控制面积为 100 余平方千米，已建成面积达 30 余平方千米，拥有城区人口达 30 余万。从区位条件来审视，青州的地理位置十分优越，历史上就是重要的交通枢纽，曾有"两京通衢"之誉。青州距首都北京 500 千米，距山东省省会济南 150 千米，地理位置优越。此外，青州交通便利，有胶济铁路、羊临铁路等在境内交叉贯通。便利的交通条件是吸引艺术产业资源（如艺术家群体、经纪人群体）在此汇聚的一个重要"客观"因素。

在青州，有人类活动及形成文化的历史至少可以追溯到 5000 年前的东夷部族。今天大量的出土文物已经足以证明：远古之际的青州是东夷文化的发祥地，古青州人居住于此，并创造了灿烂夺目的东夷文化。① 而关于青州地域人群的独特性格，有历史研究者做过这样的概括：

青州文化历经隋、唐、五代到北宋，再到明、清，不同时代，呈现出鲜明的不同特点。但作为地域文化，其内核仍然是务实进取的思想、包容开放的精神、淳朴阔达的民风。数千年来的潜移默化，已经厚厚积淀于青州人民的血液之中。今天，青州文化和其他地域文化一样，已经融入华夏文化的浩瀚大海，但其独特的影响，仍然在青州大地上展示它的风采。②

本研究认为，这种地域民众的独特性格，是青州地域艺术产业得以发展的重要条件，特别是现代青州人所表现出的敢想、敢干、诚实的特质与研究者笔下的古青州人务实进取、淳朴豁达的民风一脉相承，这是使大量优质资源汇聚到青州的一个重要"主观"因素。

一、历史沿革

青州是一座历史悠久的古城，经考古发现及科学研究证实了的"东夷文化"③ 为了解青州发展历史之久远，提供了最为重要的参照。青州考古发现的史前文化遗址就达近百处之多，其中北辛文化遗址 1 处、大汶口文化遗址 20 处、龙山文化遗址 76 处、岳石文化遗址 9 处。④ 几种史前文化的相互叠加，充分反映出青州地域历史发展之久远。此外，今天在青州大量保存完好的古街⑤，同样是认识青州历史的"活标本"。

从发展历史的角度来认识青州这座城市，可以着重从以下两个方面来把握：第一，青州在历史发展中实现着由"地域概念"向"城市概念"的转变。远古

---

① 王立胜：《青州通史：第一卷》，北京：中国文史出版社，2008 年版，第 9—12 页。
② 王立胜：《青州通史：第一卷》，北京：中国文史出版社，2008 年版，第 112 页。
③ 在商代甲骨文中，"夷"字经常出现，泛指居住在统治中心之外周边的部族。到了《礼记·曲礼》下，"夷"才开始有"东方之人"的意思。《礼记·王制》篇说："东方曰夷。"东汉许慎《说文》中也说："夷，东方之人也。"东夷文化从距今 8500—7500 年前的后李文化起，历经北辛文化（7500—6100）、大汶口文化（6300—4500）、龙山文化（4500—4000）、岳石文化（3900—3600），都是东夷人所创造出来的不同阶段的文化。
④ 何德亮：《试论青州地区的东夷文化》，载《管子学刊》，2009 年第 1 期，第 58 页。
⑤ 青州至中华人民共和国成立前，保留下来的老街巷 180 余条（包括东北两关），条条街巷的命名都带有浓郁的历史文化色彩。有的以数字命名，有的以行市命名，有的以官署官职命名，有的以方位颜色命名，有的以地域地貌命名等。总之，每一条街巷的名字，都有它的渊源和由来。

时期的"青州"还只是一个相对笼统的地理区域，并非如后来按照行政区域划定的管辖范围。"青州"的地域概念自先秦时期便已出现，《尚书·禹贡》有"海岱惟青州"[1] 之语。传说大禹治水后，按照山川河流的走向，把全国分为九州，分别为雍、梁、青、徐、荆、扬、冀、豫、兖。所以在历史上，青州位列"古九州"，横亘版图之东，《禹贡》《周礼》等古书，均将青州列为九州[2]之一。在我国研究者根据《禹贡》所绘制的《九州图》中，青州位于中国东部，占据了以今天的辽宁省、山东省为主要地域的一大片范围。

显然，古时之"青州"仅从地域管辖范围而言，就与今日之"青州"有着根本上的差别。在其后的发展历史中，青州历经秦、汉、魏、晋、唐、宋、元、明、清等朝直至今天，其称谓不断演变，同时行政级别随之更迭，行政地域亦不断变化。笔者大致将青州的行政演变脉络及辖域变化进行整理，形成如表1-1所示的"青州行政演进列表"。

表1-1 青州行政演进列表

朝代	行政级别	辖域	备注
西汉	刺史部[3]	相当于今山东省鲁北和胶东地区，包括东莱、北海、齐、千乘、济南、平原6郡；甾川、高密、胶东3诸侯国，辖93县	清光绪《益都县图志》载："汉武帝元封五年初置青州刺史，治广县。"广县，故址在今青州市区，是历史上第一座青州城
东汉	州[4]	位于今山东省东部和北部地区。辖2郡4郡，共65县	
魏晋	州[5]	管辖地域大致与东汉相同。辖齐国、济南国、北海国、城阳国、乐安郡、东莱郡，共64个县	明嘉靖《青州府志》载："魏置青州于益都。"

---

[1] "海"即渤海，"岱"即泰山。指青州位于九州之最东方，大体包括泰山以东至渤海的一片区域。
[2] 关于"州"，据王国维疏证的古书《竹书纪年》记载：早在公元前21世纪的尧时代，将天下分为十二州。
[3] 西汉元封五年（前106），在郡县之上设立刺史部，也称州。
[4] 东汉刘秀统一全国后，重新设置十二州，州下为郡，郡下为县。
[5] 三国之魏占据原东汉十二州中的9个州，后又重新划分为13个州，青州为其一。

续表

朝代	行政级别	辖域	备注
南北朝	州	自西晋末年至隋朝统一中国，共计273年中，青州地区15次易主。其时，各朝各代都设置青州，绝大部分时期治所设在今青州市区	
隋	州①、郡	辖北海郡、东莱郡、高密郡、齐郡，共36县	
唐	州、郡②	辖益都、北海、临朐、临淄、千乘、博昌、寿光7县	
宋	路③	范围包括今山东全部，河南、安徽、江苏等部分地区。辖1府、15州、4郡、2国监，共81县	
元	行省、路	辖21县	
明	府④	初辖16县，后领13县1州	
清	府	辖11县	
民国	县、市	辖92乡镇	
新中国	县、市（县级）	辖3个街道、9个镇	

第二，无论是作为"地域概念"抑或作为"城市概念"，青州自古就在中国发展史上占据着十分重要的地位。关于这一点，可以着重从两个角度进行理解。首先，无论是从占据地域范围的角度，还是从以其为中心形成的文化来说，青州都展现出了天然的优势。青州不仅在地域上占据着"天下"的一大块疆域，更为重要的是，青州在很大程度上是作为一个重要的文化形象出现的，在这里

---

① 隋朝统一南北后，变州、郡、县三级制为州、县两级制，罢郡存州，保留青州。隋炀帝时改州为郡，废青州，设北海郡。其后，又仿照汉武帝的做法，分全国为九州，作为监察区，州设刺史，对各郡分部巡查。
② 唐朝之初，实行州、县两级制，改隋朝的郡为州，北海郡改回青州名称。到天宝初年，又改称北海郡，不久，再次改称青州。
③ 宋朝廷为加强中央集权，对全国地方区划分实行路、州、县三级制，青州为京东路之治所。
④ 明朝改元朝的路为府，为第二级政区。

不仅缔造出了灿烂的实体文化形态——东夷文化，更为显著的是围绕在青州周围的诸多与文化相关的概念、符号，乃至设置都体现出了与中国文化根本的一脉相承。仅从青州的命名角度来看，就足以体现出中国特有的文化传统，"青"字源于中国传统的五行学说。按照五行学说，物质分为金、木、水、火、土五行，地域可分为东、西、南、北、中五方，颜色分为赤、青、黄、白、黑五色。青州地处中国东方，东方对应五行之木，对应五色之青，所以青州即东方之州，后世文人赞誉青州为"东方第一州"。所以，不妨这样来理解：从远古起，"青州"就成了一个重要的传统文化"代名词"。其次，青州在历代发展中，都拥有重要的行政地位。尽管现在的青州仅为潍坊市辖的一个县级市，行政地位似乎有所下降，但在历史上，从历朝历代的行政级别及辖域来看，青州在历史发展方面具有重要性。在南北朝时期，青州被统治者视为"霸业所在，王命是基"，彼时，南北文化在此交融。及至明清时期，青州依然为"府"地，行政地位显赫。

综上所述，尽管从历史发展来看，青州的行政地位不断被压缩，当下之青州的行政地位和辖域范围均无法与历史上的相应地域相提并论，但始终无法改变其作为一个重要地域的事实。今天的青州很好地保存了历史的风采，而在内涵层面，特别是在反映城市的文化根基的地域传统、风俗习惯等方面，没有任何本质意义上的变化。正如今天青州这座城市对一个历史上的地域概念的名称"无差别"的承袭一样，朝代的更替、辖域范围的变化并不能隔断青州历史传承的脉络。联系本书的研究来看，进入21世纪以来，此地出现群聚化的画廊经营者，同时其"买全国，卖全国"的经营特点，使得其在全国艺术市场中形成了较大的影响力，并且随着发展的深化，逐步聚合起越来越多的产业要素，形成了融合化的产业形态，青州成了一个重要的"艺术产业明星城市"。尽管本研究无法机械地进行比较，但从认知地位上来看，青州作为一个历久弥新的"明星"古城的身份，无疑是与其作为"艺产星城"的地位相匹配的。由古至今，青州城市发展的这种变化，让今人可以这样来理解它：青州曾经作为"王城"的魅力与声望，在当代转化到了艺术产业"明星"城市的品牌效力方面。

二、文化传承

与青州厚重的历史相应的是当地在成长、演变、发展过程中逐步积淀起来的灿烂文化。于当代青州而言，一种灿烂的地域文化的形成，有着先天的培育优势：其一，青州历史悠久，具备积累起厚重文化基础的时间条件；其二，青州在历史上始终处于十分重要的行政地位，具备积聚起以优秀人文因素为核心的大量优质文化资源的条件。

从青州的整体文化形态来看,其呈现出"集合性"的多元特征。从远古时期的东夷文化,到后来成为当地核心内容的"齐文化",青州的地方文化及传统在一脉相承中不断丰富,海纳百川地吸收了各地、各方之文化精粹,使自身的文化"硬盘"不断地得到充盈。古代青州文化的核心承袭自"齐文化",而又有所丰富与发展。至汉代,随着"罢黜百家,独尊儒术"的施行,"鲁文化"在青州与"齐文化"得到充分的浸润融合。到魏晋南北朝时期,青州作为兵家必争之地,在民族交融之际,文化也获得了强烈的融合:北方少数民族多次占据青州,带来了草原的勇猛之风和燕赵的壮烈之气;南朝宋刘裕灭南燕,夷广固,江南士族相继而来,为青州带来了水乡秀丽之风和吴越文雅之气;佛教文化在青州的兴盛,又为青州的文化内涵增添了一笔重要的财富。正是在这些不同文化的加入与影响下,青州文化内涵随着时代而不断丰富。

从历史名人角度来看,在青州的发展历史中,涌现出了大量优秀的人才,其中既有执掌权要的文臣,也有驰骋疆场的威猛武将;既有才思飞扬的文人墨客,也有巧夺天工的科学巨匠。仅在今天青州市地域范围内,历史上就有6人高中状元,10余人位至宰相,姓名可考的进士达150余人。同时,在我国历史上闻名遐迩的文化名人,如李白、杜甫、李邕、郑道昭、范仲淹、欧阳修、李清照、胡宗宪、王尽美、邓恩铭等,都在青州留下过足迹,他们带着不同的目的来到青州,或游学,或为官,或隐居,他们在青州的文化活动,成了青州文化发展史中不可或缺的组成部分,他们与青州本地的优秀文人一道,成为支撑青州文化发展的中坚力量。

从文化遗迹角度来看,青州境内有丰富的文物遗存。青州现有驼山石窟造像、二王冢、四王冢等全国重点文物保护遗迹6处,拥有包括萧家庄遗址、苏埠屯墓群、云门山石窟造像、衡王府石坊、龙兴寺遗址等在内的省级重点文物保护遗迹40处,拥有潍坊市级重点文物保护遗迹61处,拥有青州市重点文物保护遗迹450处。这些文物遗迹中包括有石窟造像、摩崖石刻(如图1-2所示)、古墓遗址、历史建筑、经典名作(如图1-2所示)等众多不同类别,是认识青州文化传承的重要内容。

图 1-1 青州地域范围内存在的大量文物遗迹

图 1-2 中国现存唯一的明代"赵秉忠状元卷"（笔者摄于青州博物馆）

从艺术传统角度来看，首先，古往今来从青州走出了众多在艺术领域具有重要影响力的研究者。从艺术家来看，名家包括：一代山水画大师李成，明代"墨竹"名家冯起震，杰出艺术家、天安门广场人民英雄纪念碑大型浮雕《金田起义》创作者王炳照,获张大千赞誉"天下一品"的寇培深,① 当代绘画名家刘国松等。从艺术研究者来看,青州走出了我国美育心理学②创始人、著名现代心理学家刘兆吉。这些青州历史上培养出的众多优秀艺术研究者,足以反映出青州的艺术传统渊源之深。其次,青州是中国文化史上集古、鉴古的重要阵地。民间研古之风绵延千载。宋代,赵明诚、李清照夫妇屏居青州,③ 于政和七年(公元1117)秋完成了《金石录》初稿,集金石刻辞2000种,分30卷。④ 这部学术巨著奠定了金石学基础,是史学研究的宝贵财富。清代乾嘉年间,青州籍重要的金石学家李文藻,经过多年的搜寻积累,完成了《泰山金石考》12卷、《益都金石考》4卷、《金石书录》4卷、《山东元碑录》1册、《云门碑目》1册、《尧陵考》4卷等大量金石学著作,金石著作之多和考释之精,超越前人。⑤更有醉心金石的清代学人段松苓积数十年之功,完成《益都金石记》,这是继赵明诚、李文藻之后又一部系统介绍考证青州地区金石文物的系统著作。⑥ 这种金石鉴藏传统直至近现代不衰,民国时期涌现出邱琮玉、丁汉三、祁天民等一众研究者、收藏家。

　　本研究认为,处身于上述丰富文化资源环境下的青州人,其文化自觉、文化自信,以及文化产业发展的敏感度是明显优于一般地域的。这种现象,从今天其他古城的民众身上,可以同样得以体现,如北京、西安、开封等。当然,

---

① 寇培深(1918—1998),青州满族镶白旗人。其先祖赛彦请为清代进士,官礼部主政,擅长书画。其外祖父唐承恩为青州满族著名书画家。寇培深晚年居于台湾,自任教席,学生达千人众,在台颇有影响。
② 美育心理学是教育心理学的一个分支学科,研究美育过程中师生心理活动的特点、效应及其规律,亦即探讨怎样通过艺术、自然、社会、科学等各种美的事物培养受教育者的审美欣赏力、审美表现力和审美创造力,同时促进其智力、道德品质和身心健康等素质全面和谐发展的心理规律。
③ 王立胜:《青州通史:第二卷》,北京:中国文史出版社2008年版,第403页。
宋大观元年(1107)三月,赵明诚之父赵挺之去世,因遭蔡京诬陷,被追夺赠官,家属受牵连。赵明诚、李清照夫妇从此屏居乡里,专心金石研究和诗词创作,共同在青州居住了13年。其后,赵明诚出任莱州、淄州知州,李清照或在任所,或居青州,前后大约又是10年时间。
④ 在李清照的帮助下,赵明诚于靖康元年(1126)完成了《金石录》的写作。这是继欧阳修《集古录》之后规模更大、更有价值的研究金石之学的专著,著录所藏金石拓本,上起三代,下及隋唐五代,共2000种。
⑤ 王立胜:《青州通史:第二卷》,北京:中国文史出版社2008年版,第226页。
⑥ 王立胜:《青州通史:第二卷》,北京:中国文史出版社2008年版,第230页。
《益都金石记》共4卷,光绪九年刊印。卷前有武亿、朱文藻序。卷一收三代青铜器铭文,有尺寸说明,有释文,有部分考证文字。后三卷收石刻。

这种古城之"古"所赋予当地民众的影响是潜移默化的，没有明确的证据，却又鲜明地存在着。

三、区位经济

今天青州市所在的地域，自古就处于十分富庶的状态。可以说，青州在经济发展方面，同样有着深厚的历史积淀。历史上的青州，不仅物产丰富，而且进入农业社会以及出现工商业的时间很早，且代代不衰，这为青州近现代地域经济的强盛提供了很好的传承基础。

从历史上的农业发展来看，远在秦汉时期，青州就因为辖域内大量肥沃的土地，而形成了十分发达的农业经济；两汉时期的青州，可堪比今天的长江三角洲，是全国税赋的重要来源。① 从在历史发展中不断延续的工商业情况来看，纵观整个中国古代史，青州地区的工商业基本都处于高度繁荣的状态。青州工商业的发端可追溯至原始社会时期，从出土的大量陶器、骨针、陶质纺轮等工具进行分析，此地早就具备了发达的制陶业和处于萌芽状态的手工纺织业。进入奴隶社会，青铜制造业开始出现。② 秦汉时期，青州地区的手工业十分繁荣，纺织、冶铁、煮盐三个行业处于全国领先地位，当时的青州是全国最大的丝绸布帛生产基地。宋元时期，青州的商业异常繁荣，作为重要商埠，青州被称为"大藩""大镇"。明清时期，青州因为地利之便，成为重要的货物集散地，南北商贾在此聚集。为便于开展商业活动，山西、江西、绍兴等地，在青州均建有会馆。清朝末年实行"新政"为民族工商业的发展提供了方便条件。青州在地方官员的主持下，先后设立习艺所、工艺局等机构，大力发展实业。在新思潮的推动下，青州开时代之先，涌现出了大量的实业家及实业企业，相继成立了蚕种制造所、火柴公司、电灯公司、铁工厂、缫丝工厂③等企业，逐渐发展成为山东重要的工业城市。

中华人民共和国成立后，尽管青州的行政地位几经更变，但始终保持着良

---

① 王立胜：《青州通史：第四卷》，北京：中国文史出版社2008年版，第170页。
② 王立胜：《青州通史：第四卷》，北京：中国文史出版社2008年版，第173页。
③ 王立胜：《青州通史：第四卷》，北京：中国文史出版社2008年版，第177页。
清朝末年，盛产蚕丝的青州地区缫丝厂如雨后春笋般蓬勃发展，成为山东的重要缫丝业中心。相继出现了永聚栈、铃木、益记、源盛、元亨义、立兴福、益立东、益泰昌、信义、兴业、元吉、聚成、公兴泰、裕祥福等缫丝厂。其中，规模最大的缫丝工厂是1909年成立的裕祥福，拥有资本20万元。开办最早、设备最为先进的是元亨义丝长，该厂初创于1887年，经营数十年，到20世纪初达到发展顶峰，该厂拥有从业员工近300人，生产的茧丝多数销往上海、天津、北京等地。

好的地域经济发展水准。青州不仅在潍坊地区实力很强,在全国范围内也颇具影响力。在20世纪80年代曾入选全国百强县,有"江北第一城"之美誉。尽管在发展过程中,青州曾一度退出全国百强县,但于2008年重回"百强"。①至2015年,青州在全国百强县的位次由第76位上升到第67位。②

表1-2 青州市1985—2015年重要经济指标③

年份	地区生产总值（万元）	地方财政收入（万元）	居民储蓄余额（万元）	城镇居民人均可支配收入（元）
1985	70 941	20 274	13 775	724
1986	77 480	22 463	18 843	847
1987	96 894	6 531	26 005	919
1988	127 489	8 259	36 307	1 164
1989	144 980	10 061	48 830	1 438
1990	165 631	10 096	64 304	1 544
1991	206 704	10 606	80 645	1 674
1992	219 600	12 082	97 133	2 047
1993	305 250	17 980	122 428	2 495
1994	360 860	9 031	165 709	3 402
1995	411 000	11 698	227 073	4 323
1996	475 000	15 326	288 212	5 062
1997	530 000	19 561	338 609	5 249

---

① 冯殿佐:《青州现象:一个县级城市科学发展的解读》,北京:中国文史出版社2008年版,第3页。
2008年7月6日发布的《第八届全国县域经济基本竞争力与科学发展评价报告》显示:青州市以第87名的成绩,入选中国县域经济发展百强县。
② 参见《2016年青州市政府工作报告》,网址为http://www.qingzhou.gov.cn/。
③ 本统计表中的数据,是笔者根据青州市官方发布的《2010青州统计年鉴》及《2012—2016年青州市政府工作报告》中的数据集合而成。其中,2011—2015年的数据中,部分"居民储蓄余额""城镇居民人均可支配收入"两项数据存在缺失。同时,这一时间段内的部分原始资料以"亿元"为统计单位,故此处统计数字均为约数,如41.9亿元。为达到与全表统计单位相一致之目的,此类数据以其后补加"0"的方式呈现。

续表

年份	地区生产总值（万元）	地方财政收入（万元）	居民储蓄余额（万元）	城镇居民人均可支配收入（元）
1998	584 000	22 541	408 707	5 289
1999	643 148	23 910	466 729	5 444
2000	702 050	26 327	525 513	5 998
2001	776 526	31 004	589 381	6 384
2002	868 998	30 430	643 672	6 857
2003	1 017 745	36 576	729 423	7 588
2004	1 210 234	41 060	835 817	8 252
2005	1 477 894	51 520	951 786	9 113
2006	1 776 477	64 578	1 095 224	9 752
2007	2 210 592	97 198	1 278 010	11 005
2008	2 693 640	117 807	1 641 594	12 818
2009	3 036 217	147 274	2 049 287	13 864
2010	3 464 279	181 158	2 303 223	15 556
2011	3 950 000	217 000	2 570 000	—
2012	4 491 000	271 000	3 020 000	—
2013	5 043 000	343 000	3 494 000	—
2014	5 479 000	381 000	4 016 000	—
2015	5 788 000	419 000	—	—

20世纪80年代前后，依托第二、第三产业的发展，青州地方经济得以迅猛发展。有数据显示，20世纪70年代以前，作为传统行业的农业一直是青州县域经济发展中占主导地位的产业。1973年，青州市工业总产值首次超过农业总产值，此后在促进地方经济方面的比重迅速上升。进入20世纪90年代以来，随着市场经济建设步伐的加快，长期滞后的第三产业得到了补偿性发展，在生产结构中的比重不断上升，并呈现出加速增长的态势。在这样的形势下，青州产

生了众多优质企业，如青州卷烟厂、青州造纸股份有限公司、青州化工股份有限公司、青州市龙宫矿泉水饮料总公司等。对一个县级市而言，第三产业的优势化发展，对地方财富的贡献是显而易见的。

从表1-2青州1985年到2015年一系列重要经济指标来分析，青州的地域经济基础深厚，除"地方财政收入"这一指标在21世纪前存在不稳定情况外，其他各项指标均长期处于稳定增长的状态。此外，从"城镇居民人均可支配收入"这一指标呈现出逐年递增的状态不难看出，青州地域的家庭年均收入是十分可观的，在很大程度上说明青州居民在发展过程中积累了可观的财富，甚至可以说青州"藏富于民"。所以，从区域整体经济情况来分析，一个不容置疑的事实是：青州地区本身的经济条件具有很大的优势，这自然是促进书画产业发展的一个不容忽视的条件。

第二节　当代中国艺术市场基本态势

一、基本状况与发展态势

当代中国艺术市场的概念及完整形态的确立，是改革开放以后的事情。中华人民共和国成立之初的艺术品交易以延续传统为主，核心为私人经营古董（古玩、字画等）。20世纪50年代，艺术品开始走进（北京）琉璃厂、（各地）文物商店等经营单位开展定点销售。此时，除了国有单位能够进行公开收藏外，个人收藏大部分处于"地下"状态。在这一时期，先前以私有形式存在的古玩业为各省、市成立的国营文物商店、工艺美术商店所取代。由于此类商店的经营目的是帮国家换取外汇，所以其经营的艺术品主要是"被认为价值一般或者存世量较多的文物艺术品"。这些尚处于统一管理状态的艺术品不仅价格低，而且由国家垄断，使得国有博物馆、研究单位和学校能够以低廉成本取得大量艺术精品，也造成了大量宝贵艺术财富流出国门。在计划经济体制下，这种单一的、由国家统一管理并定价的销售模式，使整个行业处于萧条状态，这与当下的市场形态有着天壤之别。[1] "文革"时期，大量艺术品更是遭遇损毁或流失海外。

---

[1] 刘晓丹：《艺术财富价格管理概述》，载《艺术品鉴证·中国艺术金融》，2017年第8期，第23页。

随着改革开放的到来以及市场经济体制的确立，20世纪80年代，个别城市开始出现具有艺术市场形态的交易行为，典型的如以北京为代表的一线城市，开始出现有别于当下市场的"画廊"。这种市场仍处于发展的初级阶段，名家书画原作由国家统购统销并限制出口，知名艺术家的作品只能在展览馆、涉外宾馆、老字号画店寄售，或在画家与买家间直接交易，或通过各种文化交流的名目交易。如建立于1982年北京最早的画廊——"北京画廊"的管辖权属于一家饭店，原因就在于其服务对象主要是外国人、侨胞等。普通民众之间的艺术品交易尚处于隐蔽或半隐蔽状态。① 而且，在北京等一线城市之外，大部分的二、三线城市尚没有艺术品买卖的行为或概念，而此时的青州已经开始有收藏群体出现，但他们获取艺术品的方式主要以索要或者以物交换的方式获得，尚没有"艺术品可以用来保值或交易"的概念。

这种状况随着时间的推移而逐渐有所转变，直至拍卖业的出现，算是真正揭开了当代艺术市场繁荣的序幕。1991年10月，"首届当代中国名家字画精品拍卖会"在深圳举行。② 次年10月，首场文物书画艺术品拍卖会在北京市文物局的支持和指导下举行。③ 这些可以称之为中国当代艺术市场的滥觞性事件。1993年5月，中国第一个股份制拍卖企业——中国嘉德国际拍卖有限公司在北京成立。其后，在全国范围内，众多拍卖公司迅速出现，拍卖业呈现"喷薄式"发展。截至1995年底，全国各地书画艺术品拍卖公司已达200余家，拍卖会场次盛况空前，仅1995年，全国各地举办拍卖会达300余次，累计拍卖成交金额达10亿元人民币。在此后的20年时间里，中国拍卖市场日趋规模化、专业化、国际化，不断地在市场的起伏中进行着自我完善，也频繁刷新着天价拍品，持续创造着最惊人的市场业绩。市场规模也由每年的亿元规模，一跃而至每年的百亿元规模。2009年，当代中国艺术市场出现了首件亿元拍品，中国艺术品拍卖成交总额首次突破200亿元大关。2011年，中国艺术品拍卖市场实现968亿元的总成交额，创造了新的成交纪录。可以这样说，中国当代艺术市场的大发展、大繁荣完全是由拍卖业所主导的，以至拍卖业历来就是整个艺术市场研究

---

① 马鸿增、马晓刚：《中国艺术市场二十年的反思》，载《美术观察》，2000年第1期，第71—72页。

② 马鸿增、马晓刚：《中国艺术市场二十年的反思》，载《美术观察》，2000年第1期，第71—72页。

③ 叶子：《中国书画艺术市场》，上海：上海人民美术出版社2006年版，第49页。

的重心，使得中国当代艺术市场整体长期处于"一、二级市场①倒挂"的态势之中。

中国画廊业在拍卖业的带动之下，开始了真正的市场化运营，并取得突破性发展。在北京，最早出现了数量不多的商业性画廊，如1987年开设的醉艺仙群体艺术画廊、1988年开设的东方油画艺术厅等。1991年，在北京生活五年的澳大利亚籍画商布朗·华莱士在北京开设的"红门画廊"，可以视作中国大陆第一家标准的现代画廊，该画廊实行签约代理制度，经营当代年轻画家的作品。与这些呈现高端形态的画廊相对应，中国当代艺术市场中更大数量的画廊是呈现"非专业"形态的经营性画廊，多从传统的"画店"形态发展起来，以"不透明"或者"半透明"的经营方式，形成了自己独特的市场形态，在艺术市场中占据着不可忽视的一席之地。当然，随着经营的深入、实力的增强，这类画廊也正在逐步向更加专业化的商业画廊学习、看齐，青州的画廊多属此类。当前很多市场统计者和研究者大多不将这类画廊纳入统计及研究范围，这无疑会造成对市场认知的不全面。

在画廊业和拍卖业之外，参与构成中国当代艺术市场的第三种重要业态是艺术博览会（以下简称艺博会）。按照市场规律判断，艺博会是典型的为画廊"一级市场"服务的"二级市场"形态。但在我国的艺术市场环境中，艺博会几乎是与画廊同步发展起来的。② 1993年，当第一届中国艺术博览会举办时，当代艺术市场正处于起步阶段，此时，画廊业尚属"缺位"状态，艺博会的参与者以艺术家个人参展和交易为主。这种大量画家直接参与的状况使得中国的艺博会具备了某种一级市场形态，让其获得了"一级半市场"的称谓。③

有研究者指出，我国的艺博会呈现出两股分流态势：一股是采取本土化的传统模式经营，另一股则是采取国际化定位与国际市场对接的模式。④ 这种分流的状态鲜明地体现在不同级别的艺博会所创造的市场交易额上，2006年第三届中国国际画廊博览会总成交额达2000万美元（约1.6亿元人民币），2008年则

---

① 武洪滨：《当代中国艺术博览会研究》，武汉：华中师范大学出版社2011年版，第57-58页。
当代中国艺术市场中的"一级市场"是参照金融市场的概念而形成的共识性称谓。一般而言，"一级市场"的主要经营方式是艺术品经营者通过代理艺术品的所有权，将艺术品投入市场，其运营主体是画廊。"二级市场"的主要经营方式是艺术品经营者接受艺术品所有者的委托，将艺术品投入市场，其运营主体为拍卖行和艺术博览会。
② 武洪滨：《当代中国艺术博览会研究》，武汉：华中师范大学出版社2011年版，第36页。
③ 武洪滨：《当代中国艺术博览会研究》，武汉：华中师范大学出版社2011年版，第36页。
④ 武洪滨：《当代中国艺术博览会研究》，武汉：华中师范大学出版社2011年版，第46页。

达到4000万美元（约2.8亿元人民币），"艺术北京"① 2007年的交易额则达到2亿元人民币。对比之下，同期的广州艺术博览会成交额仅有2000万元人民币，山东国际美术博览会只有400万元人民币。值得注意的是，发生在艺博会中的这种"二分"状态，恰恰是与中国画廊业的内在构成特征相一致的（下文将展开论述）。

从当代中国艺术市场的发展轨迹及市场实际来判断，几个重要的态势分别为：第一，"一、二级市场倒挂"。在当代中国艺术市场中，除个别地域，如台湾地区艺术市场呈现出一、二级市场协调发展的态势外，② 大部分地域都呈现出一、二级市场"倒挂"的状态。画廊业尽管是重要的市场构成，却长期处于以"受关注度低""经营状态神秘化"为重要表现的"弱势"地位。艺术市场的正常发展规律为：以画廊为主导的一级市场充分担当起发掘优秀艺术家的功能，并通过一系列举措将其推向市场，进而进入二级市场。但在中国当代的艺术市场体系下，在一系列复杂因素的作用下，如缺乏似国外市场那种正规而健全的画廊业形态、缺乏历史的发展快速提炼出民众长期遭受压抑的精神消费热情等，使得以拍卖业为核心的二级市场业态长期处于"越位"状态。拍卖行不仅是艺术家们所青睐的交易渠道，更因其相对意义上的公开性，而长期处于主导市场发展的地位。图1-3能够十分明确地体现出当代中国艺术市场中的这种不健康发展状态。

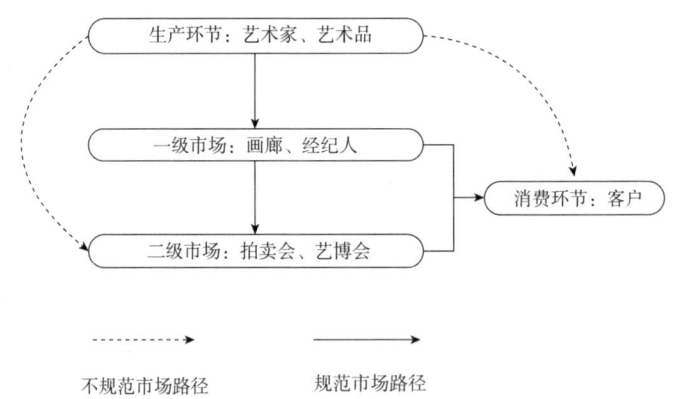

图1-3　中国当代艺术市场主体结构及关系示意图③

---

① "艺术北京"是2006年创办的以当代艺术为主打的艺术博览会。
② 胡懿勋：《两岸视野：大陆当代艺术市场态势》，台北：艺术家出版社2011年版，第73页。
③ 武洪滨：《当代中国艺术博览会研究》，武汉：华中师范大学出版社2011年版，第46页。

在这种态势之下,以青州为代表的地域艺术市场及艺术产业的发展,表现出可贵的存在价值和独特的研究价值。在青州以画廊业为主导的市场形态中,既有与市场发展同步"脉动"的共性,同时又表现出鲜明的发展个性,是深入了解中国一级市场鲜活态势的重要标本。

第二,当代中国艺术市场的发展表现出"艺术品—商品化—资产化—金融化"的发展趋势。在这种发展进程中,越来越多来自社会各个领域、具有不同身份的群体开始关注到艺术市场领域,他们怀揣着不同的目的,参与到市场中来。与此同时,大量的投资资本以发现优质资产为目的,进入这一领域,成为带动市场发展的重要推手。

第三,随着市场发展,当代中国艺术市场呈现多业态化发展趋势。一方面,互联网技术的日新月异及愈加普及,不断促使诸如网络拍卖、网上画廊等新的市场形势出现并得以发展。另一方面,随着市场瓶颈的出现以及多产业融合趋势的要求,艺术金融等因素加入市场环境中来,不仅成为重要的业态构成,也正在深刻地改变着当代艺术市场的发展格局与探索方向。除此之外,新型市场业态的参与还有很多,特别是在国家倡导大力发展文化产业的时代背景下,随着各地方政府对特色文化产业发展的重视,不断有新的要素加入此前的市场形态中,呈现出越来越繁复的状态。青州的艺术市场及艺术产业发展实践,能够鲜明地体现这种状况,因为其中不仅包含了"画廊"的市场实际,也同时涉及了艺术金融、艺术科技、艺术地产等一系列相关要素。

二、拍卖业发展概况

作为公开市场,拍卖市场是当代中国艺术市场中数据最为透明的市场构成业态。尽管由于市场运营不规范情况的存在,艺术品拍卖市场中也存在假拍、数据造假等乱象,[①] 但相较于画廊业普遍存在的经营者不立账、交易数据不公开、艺术家私下交易现象,拍卖业无疑是最便于量化的市场领域。因此,想要进一步深入认识中国当代拍卖市场,对中国艺术品拍卖中的典型事件以及与之相应的市场交易额进行梳理,特别是对其中的数据进行把握,了解拍卖市场是十分有效的途径。在对拍卖市场进行总述概括之外,笔者根据拍卖市场中的重大事件,绘制了表1-3,作为对拍卖市场发展的参考。

---

① 齐建秋:《齐建秋点评中国画市场》,北京:中国文联出版社2009年版,第53页。

表1-3 中国艺术品拍卖市场典型事件及相关数据

年份	相关事件与数据①
1992	新中国首场文物书画艺术品拍卖在北京举行，创造了300万元的成交额
1993	上海朵云轩拍卖公司举行首场拍卖会，总成交额829万元
1994	中国嘉德国际拍卖有限公司举办首场拍卖会，总成交额高达1300万元，这是中国文物与艺术品拍卖会总成交额第一次突破千万元
1994	北京翰海拍卖公司举办首场拍卖会，推出"中国书画碑帖""中国古董珍玩"两个专场，成交额高达3300万元
1995	各地拍卖会达300余次，累计拍卖成交额达10亿元
1996	艺术家傅抱石创作的《丽人行》图卷以1078万元成交，这是中国近现代书画第一次突破千万元大关
1997	北京翰海、中国嘉德、上海朵云轩、北京荣宝四大公司成交拍品10615件，成交总额4.56亿元，单件成交价超过百万元的有26件
1998	北京翰海、中国嘉德、上海朵云轩、北京荣宝四大公司成交拍品6554件，成交总额4.3亿元，单件成交价超过百万元的有35件
2002	中国艺术品拍卖市场单件成交超过百万元的有79件，其中超过千万元的有3件，中贸圣佳公司推出的米芾《研山铭》以3298.9万元成交；中国嘉德拍卖推出的宋徽宗《写生珍禽图》以2530万元成交
2003	据不完全统计，国内已有拍卖企业160余家。全国书画艺术品拍卖年成交总额突破75亿元②
2009	中国艺术品拍卖成交总额首次突破200亿元大关，与此同时，中国艺术市场出现了首件亿元拍品，中国艺术市场正式迈入亿元时代
2010	中国的艺术品拍卖市场规模达到589亿元，世界文物艺术交流中心从英国伦敦、美国纽约、中国香港，转移到中国北京③
2011	中国艺术品拍卖市场实现968亿元的总成交额，创造了新的成交纪录，超亿元作品达到27件

结合表1-3，概括来看，20世纪90年代至今的中国艺术品拍卖市场可以分为几个阶段。20世纪90年代初至2000年为市场的形成阶段。这一阶段内，拍卖市场迅速崛起，并开始与国际市场接轨。其中，1991年至1996年，市场上升

---

① 本列内的金额数据，无特殊说明，均为人民币。
② 叶子：《中国书画艺术市场》，上海：上海人民美术出版社2006年版，第55页。
③ 赵榆：《中国文物拍卖市场二十年（上）》，载《收藏家》，2012年第2期，第81-88页。

势头明显，无论单件拍品抑或整体成交额均有明显提升。但在市场发展规律作用下，1997年至1999年，拍卖市场出现了一个发展低潮，表现为市场行情下滑，成交量减少，市场买气不足。2001年至2011年，为市场快速崛起阶段。在这一阶段内，拍卖业呈现跨越式发展，不仅交易量大，而且天价拍品频现，总成交额超过欧美发达国家，跃居世界第二位。这十年实现的跨越是空前的，1992年北京的首场国际拍卖会的成交额为300万元，到了2010年中国的艺术品拍卖市场规模已经达到了589亿元，增长了19 633倍。至2011年，中国艺术品拍卖市场实现968亿元的总成交额，创造了新的成交纪录。

2012年至今（2023年），为市场的持续调整阶段。自2012年起，整个艺术市场的下滑速度之惊人远远超过了人们的预期，很多人用"腰斩"这个词语来形容当时的市场状况。同时，艺术市场的迅速转冷也导致一些悲观论调的出现。如图1-4所示，为雅昌艺术市场监测中心发布的2006—2016年的春、秋拍卖艺术品成交额变化示意图，从中可以看出2011年在近年来的市场行情中所表现出的"分水岭"地位。

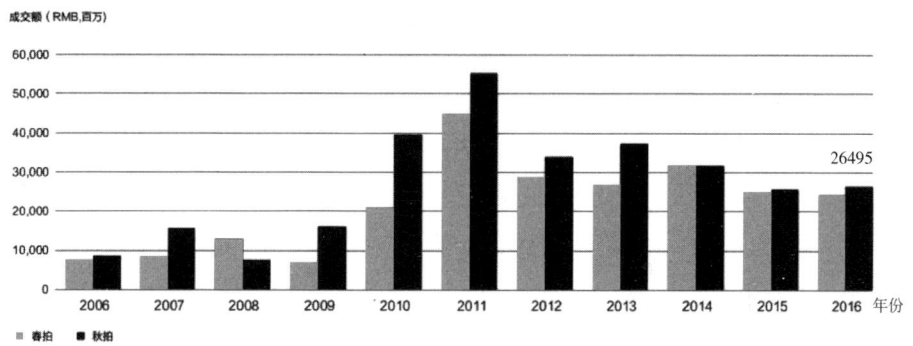

图1-4　2006—2016年拍卖行情示意图（图片源于雅昌艺术市场监测中心）

三、画廊业发展概况

在前文中，已对当代艺术市场中的画廊业发展状况做了大致阐释。此处，有三组与全国画廊业市场相关的统计数据可以作为深入了解的参考。

数据一：据不完全统计，截止到2010年6月，中国重要大中城市总共约有631家正规画廊，北京地区的画廊有229家，占据36%；上海地区有122家画廊，占据20%；港澳台地区有61家画廊，广东地区有32家，川渝地区有21家，

江浙地区有58家,山东地区有44家。①(如图1-5所示)

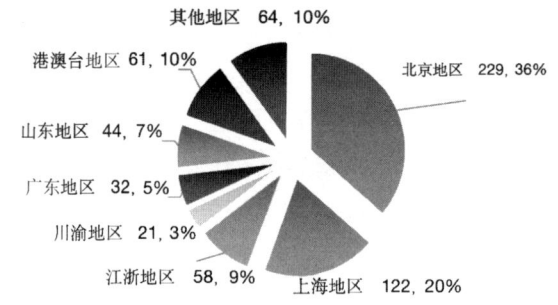

图 1-5　2010 年 6 月全国各地区画廊统计数量示意图②

数据二:到 2007 年,我国画廊业得到了进一步的发展,初步估计已超过 10000 家,其中有 1/3 盈利、1/3 持平、1/3 亏损,然而,目前全国经营比较好的只有 100 多家,从总成交额来看,大约在 200 亿元。虽然成交额并不低,但画廊业并没有发挥其作为一级市场的基础性作用,没有为二级市场的拍卖行业打好"金字塔"的地基。我们对国内几个画廊业发展得比较好的城市做简要分析,北京画廊有近千家,其中有 40%~50% 的年销售额在 100 万元以下,20%~30% 在 300 万元以下,10%~20% 在 1000 万元以下,10% 超过 2000 万元,只有很少超过 1 亿元。上海的画廊有近千家,有 10 年历史的画廊已剩下不多了。

数据三(来自文化和旅游部文化市场发展中心 2008 年对全国画廊业的统计):截至 2008 年 6 月,我国有各类画廊(香港、澳门、台湾等地的画廊未统计在内,后同)12 297 家(见图 1-6),从统计数据来看,画廊的地域分布非常不均衡,并且大多集中于北京、河南、山东、浙江、广东、甘肃等 6 个省市,六省市的画廊保有量约占画廊总数的近 3%,且大部分分布在地市级以上城市中,但也有例外,像山东青州、甘肃通渭等县级城域,也集中了 100 余家大大小小的画廊,而在新疆、西藏、青海等省城,画廊的数量还很稀少。③

---

① 赵力:《2009—2010 中国艺术品市场研究报告》,长沙:湖南美术出版社 2010 年版,第 11 页。
② 赵力:《2009—2010 中国艺术品市场研究报告》,长沙:湖南美术出版社 2010 年版,第 11 页。
③ 西沐:《中国画廊业发展态势及其评价报告》,载《艺术市场》,2009 年第 4 期,第 92-95 页。

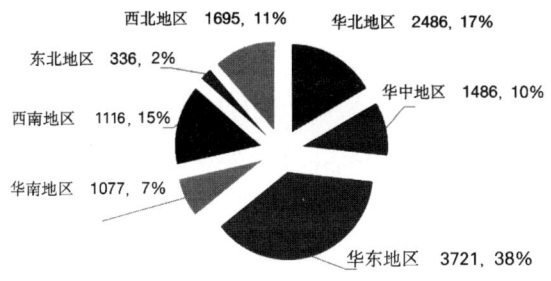

图1-6 2008年6月全国各地区画廊统计数量示意图①

　　上述三份统计都出自可以信赖的研究机构，但关于画廊业的统计数量却存在明显的差距，以全国画廊统计数量来看，一为631家，一为10 000多家，一为12 297家。即便是用于比较的年份并不一致，但前后两年的差距也不足以造成如此巨大的差异。显然，这种巨大的差异是由不同的统计标准造成的，具体体现为对画廊存在不同的评判标准。尽管数据一的统计者并未明确公开所谓"正规画廊"的判断标准究竟为何，但从数量上可以推测，青州地区的画廊没有一家纳入这个统计范围内。做出这一判断的依据在于：根据上述统计，山东地区的正规画廊数量仅有不足50家，而作为山东辖区内的青州，其对外宣传的当前（2016年）画廊数量逾800家。即使是在2010年，也已经远超百家规模。青州的画廊在规模、经营理念、运营方式等方面都具有相似性，如果其中一家能够"达标"，则必然预示着会有多家共同上榜，而这个数量将远超50家。而对比来看，数据二（超过10 000家）与数据三（12 297余家）数量比较一致，能够说明二者在统计时的标准一致性。在数据三中，还特别提及像山东青州、甘肃通渭等县级城域，也集中了100余家大大小小的画廊。显然是将青州的画廊都纳入统计范围中了。

　　所以，统计数据中统计数量的差距主要来自对数据一中所谓"正规画廊"评判标准的不同。正是这个"正规画廊"的存在，使得两类（三个）统计数据在筛选统计样本时使用了不同的标准。但从上述数据可以看出，中国当下艺术市场中的大部分画廊均为"非正规画廊"，即使是在北京、上海等一线城市也是如此。"以上海为例，上海画廊业近些年发展非常迅猛，号称画廊的有上千家，但是真正意义上的画廊大约只有十多家，大多数是画店和画摊。画店的特征是经营的大部分作品都是没有原创性的临摹作品，或是价格低廉、工艺制作粗糙，

---

① 赵力：《2009—2010中国艺术品市场研究报告》，长沙：湖南美术出版社2010年版，第11页。

可以大量复制的商业画,俗称'行画'。这些画店往往场所比较拥挤,墙上挂满了商品画。上海最多的是画摊,就是专门卖印刷品、画框的小店。这些画摊大多集中在各类建材大卖场或生活区"①。此外,除去画廊业的构成表现出特殊性外,其经营方式同样具有特殊性,主要体现为交易数据不透明、交易自由化、不需要纳税等。然而以非正规的画廊构成画廊业的核心,这是中国艺术市场中不可否认的事实。同时,这也是中国当代艺术市场的独特态势。

第三节 "模式"相关概念的厘清

一、"模式"概念的常见解读

"模式"一词,中西方的解释不尽相同。在中国古代文本中,"模式"主要指事物的标准样式,如宋代张邦基《墨庄漫录》卷八载:"闻先生之艺久矣,愿见笔法,以为模式。"② 汉代许慎《说文解字》对"模"和"式"的解释等同,均做"法"解。③ 而在西方的文化语境中,在以英文语言为核心的学科体系下,"模式"对应的英文为 Model,具体的英文释义为:A model is a system that is being used and that people might want to copy in order to achieve similar results. ④("模式"是一个可供人们复制使用以达到相同结果的系统。——作者译)自20世纪50年代以来,"模式"一词,作为一个重要的经济学概念,开始被西方经济学家广泛使用。1959年,发展经济学家纳克斯曾提出过三种可供选择的"模式":初级产品出口模式、工业制造消费品出口模式,以及国内市场扩张模

---

① 叶子:《中国书画艺术市场》,上海:上海人民美术出版社2006年版,第46页。
② [宋]张邦基:《墨庄漫录》,北京:中华书局2004年版,第217页。
原文为:章友直伯益,以篆得名,召至京师。翰林院篆字待诏数人闻其名,然心未之服,俟其至,俱来见之云:"闻先生之艺久矣,愿见笔法,以为模式。"伯益命粘纸各数张,作二图,即令泚墨濡毫。其一纵横各作十九画,成一棋局。其一作十圆圈,成一射帖。其笔之粗细间架疏密,无毫发之失。诸人见之,大惊叹服,再拜而去。
③ [汉]许慎撰:《说文解字》,徐铉校定,北京:中华书局2016年版,第95—115页。
载:"模,法也,从木,莫声,读若嫫母之嫫,莫胡切;式,法也,从工,弋声,赏识切。"
④ 英国柯林斯出版公司:《柯林斯高阶英汉双解词典》,北京:商务印书馆2008年版,第1027页。

式。① 显然，这些"模式"均做"形式、方式"解，可以作为"模式"在经济学领域应用的范例。

从当前的社会语境去搜寻，可以发现"模式"俨然已经成为一个高频词汇，应用于社会的各个方面。处身各个阶层的民众，似乎未及深究这一概念做何解，就已经开始习以为常地将其应用在各种场合。举例来分析，在电脑、智能手机等电子设备普及的当下，人们几乎每天都会与"模式"打交道，如电脑有一种启动方式称之为"安全模式"，智能手机有一个重要的功能叫"飞行模式"等，但即便如此频繁地接触这一概念，却少有人深究其实意。对于人们往往不加辨别而广泛使用模式的情况，已有西方研究者做过相关的论述。如 Christoph Zott，Paphael Amit 和 Lorenzo Massa 在著作 *The Business Model：Theoretical Roots，Recent Developments，and Future Research*（2010）中指出：商业模式这个词用起来确实很方便，不过当前还没有一个明确的概念，即使经常使用的人中恐怕也有四成左右其实并不了解它的真正含义。② 对应当前中国的学术研究领域来审视，在社会学、经济学、产业学的相关研究中，"模式"虽已成为一个常用概念，却依然缺乏统一的解释。

从"模式"的应用来分析，常见的解释主要包括以下几种，第一种解释为："模式"即一种形式、方式、样式。这几个相类似的解释是一种惯常性的理解，也是"模式"这一概念在应用中的主要含义。当下的很多研究者会默认将"模式"做"样式"解，不加甄别地应用在研究中，从文法使用角度来分析，这种使用的例子主要为"动词（或做动词使用）+模式"，如发展模式、运营模式、投融资模式等。吴敬琏在其著作《中国增长模式抉择》中，将"模式"与"方式"相统一看待：

> 苏联经济学家在20世纪60年代后期提出了增长方式的概念。在这里，"方式"一词的俄文是 Тир。它也可译作"类型"③……现代发展经济学也经常使用增长模式（growth pattern 或 growth model）的概念来说明经济增长的来源问题……现代经济学所使用的增长模式概念与苏联经济学家所使用的增长方式概

---

① 温燕：《武汉文化创意产业发展模式研究》，武汉理工大学硕士论文，2008年。
② ［日］三谷宏治：《商业模式全史》，马云雷、杜君林译，南京：凤凰文艺出版社2016年版，第25页。
③ "模式"即"类型"，也是一种关于模式概念的重要观点。如认为经济模式，即不同的时间、空间和地区独具特色的经济发展类型。

念大体上是等值的。①

而在罗宏才主编的《佛教艺术模式与样式》中，直接将"模式"与"样式"相联系，明确定义："模式，正是事物的宏观、整体、标准样式。"在其中关于"菩萨造像佩饰"的研究中，将"模式"与"样式"进行了深入解析，指出模式对应的是一种规制、规范：

模式凸显宏观、整体、标准价值与意义，而样式则能够展示微观、局部、个别方面的内涵。模式提供了一种理想化的规制与规范，样式则更多展示具象化的实例。样式相比模式，更为灵活、丰富，承载更多时代、区域、人为等痕迹。通过样式，能够总结、提炼出某种模式；相反通过模式，或能有益于具体讨论某种样式，补充、丰富对相关案例的认识。②

这一应用从美术考古学科角度提供了此概念的使用范例。但总而言之，尽管上述"模式"的应用存在些微差别，但基本内涵大致相同。

第二种解释为：结构即"模式"。关于这一解释，在相关探讨中，常见很多研究者转引H.钱纳里在《结构转换：经济发展的实证研究程序》中的观点作为例证，将结构等同于模式使用。③但通过阅读H.钱纳里的相关著作《发展的型式：1950—1970》，可以发现相关研究者对H.钱纳里定义的"模式"存在理解上的偏差。在这本译著中，翻译者并未使用"模式"的概念，而以"型式"代之。而作者为"发展型式"做了如下诠释：（一般说来）发展型式可以定义为伴随收入或其他发展指数水平的提高，在经济或社会结构的任何重要方面所出现的系统变化。④从这种解释来看，尽管其中重点提及了结构，但并未将结构等同于型式（模式）。此外，从词性来判断，"结构"显然无法与"模式"相对等。基于此，能够得出如下结论："结构即模式"这种观点源于部分中国学者对概念的误读，不能作为一种通用的解释。"模式"的这种用法，在当下的研究领域，较少见到。

第三种解释为：多种因素相互作用构成的整体即"模式"，如政治、经济、文化、历史多种因素共同作用于经济而形成的整体即"模式"。⑤尽管尚未见到

---

① 吴敬琏：《中国增长模式抉择（增订版）》，上海：上海远东出版社2009年版，第9-10页。
② 罗宏才：《佛教艺术模式与样式》，上海：上海大学出版社2017年版，第197-198页。
③ 温燕：《武汉文化创意产业发展模式研究》，武汉理工大学硕士论文，2008年。
④ [美]霍利斯·钱纳里、莫伊思·赛尔昆：《发展的型式：1950—1970》，李新华、徐公理、迟建平译，北京：经济科学出版社1988年版，第12页。
⑤ 温燕：《武汉文化创意产业发展模式研究》，武汉理工大学硕士论文，2008年。

有研究者就这种解释给出深入的说明,更没有举出具体的例证。但从现有内容来看,笔者认为,在这种解释中,突出了"模式"这一概念所包含的"系统性"特征,这符合当前"模式"在很多领域应用的实际情况,是值得肯定的一种解释。本书在研究中,也将借鉴使用这种"系统性"特征,来做出具体分析。特别是其中所提到的"多种因素"的影响,在本研究中有着鲜明的体现。

第四种解释出自我国社会学领域的重要学者费孝通。费孝通对"模式"的认识过程,可以视作这一概念在社会学领域演变的重要参考。在作为自己研究历程总结的论文《四年思路回顾》(1989)中,费孝通曾对"模式"进行过总结性梳理,其中阐释了"模式"概念及内涵的变化性:

> 那时我刚从苏北四市调查回来,感觉到苏南这个地区在农村经济发展上自成一格,可以称为一个"模式"……由于当时我对"经济发展模式"这个概念不明确,甚至还认为其他农村在今后会走上苏南一样的路子,所以"模式"一词包含了模范的意思,甚至带有"样板"的味道……1986年当我在温州看到了和苏南不同的另一种在农村里发展工业的路子时,就警觉到我所提出的"苏南模式"的概念不够明确,而且带有成为"样板"的危险性,所以着重提出"因地制宜、不同模式"的主张……自从我接触到了"珠江模式"后,我对发展模式的概念又有了深化,在多少带着一种静态意味的"因地制宜、多种模式"上加了个"随机应变、不失时机"的动态观点。①

从费孝通对"模式"应用的变化可以看出他对"模式"理解的前后差异:起初,费孝通理解的模式是"可复制"的"共性体",由"模范""样板"等词语,即可窥见;其后,随着调查研究的深入,费孝通对"模式"的理解转变为其不是"可复制"的"个性体",从"不同模式""多种模式"即可看出。经过不同时期的理论再认识,费孝通从区域经济发展的研究体系和语境出发,将"模式"解释为:在一定地区、一定历史条件下具有特色的经济发展过程。② 显然这种解释比一般意义上理解的"模式"是一种类型、样式更为复杂。

综上所述,"模式"这一概念在当代研究领域的应用,呈现出一种多元化的语义状态。研究者在不同的学科体系下,在不同的应用语境中,在不同的研究者应用时,表现出对这一概念不同的理解。甚至同一研究者在不同的研究阶段,对"模式"的认识也并不完全等同,表现出变化发展的状态。③ 这无形中大大

---

① 费孝通:《费孝通自选集》,北京:首都师范大学出版社2008年版,第579页。
② 费孝通:《费孝通自选集》,北京:首都师范大学出版社2008年版,第580页。
③ 学者费孝通对"模式"概念的认知过程,是对这种状况的最好注解。

扩展了"模式"一词应用范围的广泛度。

二、"模式"概念在本研究中的应用

在本书的研究中，对"模式"这一概念的使用，主要参考费孝通在社会学领域应用于区域经济研究的用法。首先，本研究中所使用的"模式"，是对青州地域艺术市场及艺术产业发展特色、特点的提炼与概括；其次，这种提炼与概括是建立在对青州地域艺术市场几十年（1978—2016）发展历程的审视基础上的。而这些均符合费孝通对"模式"这一概念的诠释，故而本研究借鉴他所使用的"地域+模式"这一方式的研究概念，用来说明艺术市场中不同地域间具有特色化的发展形态。本研究中所使用的模式，借鉴费孝通的这种用法，但又存在一定的区别，突出表现为：费孝通提出的"模式"，主要指在改革开放初期，在探索如何更好地大力发展经济，提升人民生活水平需求的驱动下，所对应的特色地域经济；本研究中的"模式"则是在国家要求深化改革、大力发展文化产业、追求创新的时代背景下，思考如何更好地发展区域艺术产业。

而之所以使用"模式"来对青州地域艺术市场及艺术产业发展的特色进行总结，主要基于以下几方面的原因：首先，在中国当代艺术市场体系下，青州的地域艺术市场及艺术产业是一个兼具先进性和特色性的典型案例。这种特性着重体现为以下四个方面。第一，青州的画廊业堪称中国当代艺术市场的标杆。如上文所述，在整个中国以大陆市场为核心的当代艺术市场中，"一、二级市场倒挂"的态势十分明显。画廊业在市场中所扮演的"角色"在拍卖业面前显得十分"低微"。在中国嘉德①、中国保利②、北京翰海③、上海朵云轩④等知名拍卖公司角逐激烈，每年都有天价拍品横空出世的市场环境下，画廊业的整体发展显得十分沉寂。这使得青州的地域艺术市场脱颖而出。尽管青州缺少具有品牌价值的个体画廊，却以地域性画廊业的整体面貌异军突起。不仅联结起全国

---

① 指中国嘉德国际拍卖有限公司，成立于1993年5月，是国内首家以经营中国文物艺术品为主的综合性拍卖公司，每年定期举办春季、秋季大型拍卖会，以及4期"嘉德四季"拍卖会。公司总部位于北京，设有中国上海、广州、香港、台湾，日本东京及北美纽约办事处。2012年10月，中国嘉德（香港）国际拍卖有限公司在香港举行首拍，标志着中国艺术品拍卖历史上迈出至关重要的一步。
② 北京保利国际拍卖有限公司是全球中国艺术品拍卖行业成交额最高的拍卖企业，是中国最大的国有控股拍卖公司，上级集团保利文化集团股份有限公司于2014年3月6日成功登陆香港资本市场。
③ 指北京翰海拍卖有限公司，成立于1994年1月。
④ 指上海朵云轩拍卖有限公司，1992年8月注册成立。

的书画市场，而且获得了"现当代书画市场风向标"的赞誉。第二，青州地域艺术产业有深厚的市场"资历"。青州地域艺术市场及艺术产业是随着当代中国艺术市场的发展一路成长起来的。通过对中国当代艺术市场发展的概述可知，中国当代艺术市场的发展是从20世纪90年代才正式确立的。而从青州的地域艺术市场发展历程来看，其最晚在1987年就已经出现了有意识的书画艺术品交易活动，并以此为基础，逐步发展起集群化的画廊业，并成为构成当代中国艺术市场的重要组成部分。这种与当代市场同步发展的"资历"，是青州地域艺术产业能够成为行业"标杆"的关键。第三，青州以系统化的产业形态为呈现结果。青州以画廊业为核心，融合地产、金融、展会、培训等多产业要素发展的系统化产业形态，在当下的中国地域艺术产业领域独树一帜。即使是与青州地域艺术产业相比肩的甘肃通渭，也很难实现这种地域化的艺术产业系统。这是因为，一方面，青州的画廊业影响在全国范围内是独一无二的；另一方面，青州具有的优势化地域资源，如拥有作为"全国百强县"的经济基础、北方重要的交通枢纽城市等，均是其他地域难以复制的。第四，青州地域艺术产业拥有较高影响力与关注度。在这一方面，有一句为艺术市场人士所熟悉且津津乐道的评价，最能反映青州画廊业在业内的影响力——"中国书画看山东，山东书画看青州"。此外，在艺术市场进入深度调整期的2014年底，随着市场行情的持续遇冷，市场间陡然生出"青州书画市场崩盘论"，一时间成为整个行业热议的焦点。为什么是青州，而不是其他地域在艺术市场中如此受关注？原因不言自明。上述一反一正的两种论调所反映出的正是青州在中国当代艺术市场的"明星"地位。而撑起这种"地位"的内在动力就是青州独特化的地域市场发展，即"青州模式"。

其次，青州的地域艺术市场发展表现出自成一格的"模式化"。"模式化"艺术产业形态，概括来看，突出体现为两方面的内容：其一，以画廊业为基础，形成的多产业要素协同发展模式。青州区域艺术产业发展的核心为画廊业，以画廊业发展为带动，逐渐生发出了艺术地产、艺术金融、艺术展会、艺术培训等一系列产业要素，呈现出系统化发展的状态。其二，民间群体与政府部门互动、协作的主导模式。在青州区域艺术产业发展的前期，以民间群体为主导，政府管理部门仅仅起到了一定的鼓励作用。而随着发展程度的深化，当前已经形成了以政府部门为主导，民间群体积极参与的产业主体构成格局。

最后，"模式"这一概念的使用，是对其他学科研究领域已有成果的有意识借鉴，包括社会学领域、多种产业学成果等。而这种借鉴的一个根本出发点在于，参考相同领域既有的研究思路与研究经验，来对艺术市场语境中的案例，做出尽可能完备而深入的研究。

值得一提的是，在"模式"的概念被引入社会学领域后，特别是在研究者将这一概念主要用于说明地域性经济发展状况后，在其本意之外，无形中被赋予了一种突出性、特色性和先进性的附加价值和功利色彩。也正是因为这样，地方主政者或研究者习惯于用这一概念，以便于起到凸显地方政绩的效果。例如，1996年，在潍坊诸城市，由于时任国务院总理朱镕基同志对当地改革性发展成绩的肯定，而出现了为媒体所广泛宣传的"诸城模式"。① 再如，青州在改革开放初期，发展迅猛，曾经在地域经济发展方面创造过辉煌。但在20世纪末，当周围的寿光、诸城等县市如火如荼发展之际，青州却陷入停滞发展状态，一度退出了潍坊市第一梯队。于是，在2006年，当青州地方经济获得复苏性发展后，有研究者也使用了"青州模式"，用以说明青州经济复苏性发展的成效与特点。② 透过这些实例，可以理解"模式"这一概念所自带的"光环"，加之这一词本身较之于方式、类型等词而显得繁复、高深，能在更大程度上迎合经济全球化的发展背景，这也是这一概念能够大行其道的一个重要原因。

第四节 "青州模式"论证与阐释

青州在地域艺术市场及艺术产业的长期发展过程中，逐渐形成了具有地域特色的艺术产业形态。而对青州地域艺术市场及艺术产业发展特征的概括及提炼即"青州模式"。

本章内容即围绕"青州模式"展开论述，从"市场表现""内涵特征"以及与同类地域艺术产业发展模式的比较等角度，对其做全面阐释。

一、"青州模式"的市场表现

"青州模式"的存在，可以进一步从青州地域艺术产业的三个独特方面得以体现：第一，形成了"以画廊业为核心，多产业融合"的系统化产业格局；第二，青州（地域）艺术产业经历了一个自成一格的发展过程；第三，青州（地

---

① 朱镕基在调研后表示：看到诸城的这些成绩感到特别高兴。采用多种方式搞活小企业，他完全同意。但他不赞同搞"模式"，不要叫"诸城模式"。

② 冯殿佐：《青州现象：一个县级城市科学发展的解读》，北京：中国文史出版社2008年版，第268页。

域）艺术市场发展，以一种突出的面貌存在于中国当代艺术市场中。

（一）青州艺术产业中的系统化格局

青州艺术产业的格局，包含有众多要素，但其中的核心是"书画产业"，再聚焦来看，就是"画廊业"。以此为基础，带动起青州地域特色化的艺术产业发展生态。结合第二章、第三章内容来分析，这种"以画廊业为核心产业地位"的判断主要源于三方面因素：其一，青州的地域艺术产业是从画廊业发轫的，青州地域艺术市场的建立与发展源于当地民众由收藏逐渐转向经营，进而形成了集聚化的画廊业形态；其二，在当前的地域艺术产业发展体系下，画廊业占据了巨大的市场份额，并表现出明显的市场活力；其三，画廊业在构成地域艺术产业系统中发挥了主导性作用，青州画廊业在全国市场中所打造出的品牌效力，为地方政府有规划地建构地域艺术产业提供了基础条件。此处，需要说明的是，之所以强调"现阶段""当下"等这样一些表示"正在进行时"的时间概念，是因为青州的地域艺术产业发展表现出明显的进化性特征。尽管从民间群体发端的画廊业在当下表现出十足的活力，但并不排除在未来的发展中，画廊业可能会失去核心地位，而被其他产业所替代，如以政府为主导的农民画产业，或者正在逐步发展的艺术地产业态等。当然，也不排除"青州模式"会走向没落的可能。届时，"画廊业"会随之消亡，而使得其核心地位无从谈起。

基于这种认识，按照"能否直接创造产业收益"的原则对"青州模式"系统中的各组成要素进行取舍，形成了如图1-7所示的"青州模式"系统示意图。如图1-7所示，在"青州模式"系统中，彼此关联的要素包括画廊业，艺术地产，艺术旅游，艺术展会，艺术交流、培训、创作平台，农民画产业，衍生品产业，艺术科技，艺术金融等要素。此系统以"画廊业"为核心，各要素受到画廊业不同的作用而处于不同的存在状态。

总结来看，"青州模式"系统要素主要包括四类：核心要素、生发要素、联动要素、促动要素。其中，（当前）的"核心要素"专指画廊业；"生发要素"是指此前未出现，由于画廊业的带动而逐渐形成并发展起来的产业形态，主要包括艺术地产，艺术旅游，艺术展会，艺术交流、培训、创作平台等，此处的"生发"强调衍生之意；"联动要素"是指此前就已经存在，因为画廊业的繁荣而得以进一步发展的产业形态，主要包括农民画产业、衍生品产业、本土艺术家等，此处的"联动"有互相影响、联合带动之意；"促动要素"指对青州画廊业发展具有促进作用的要素，主要包括艺术科技、艺术金融等，"促动"主要指促进发展之意。

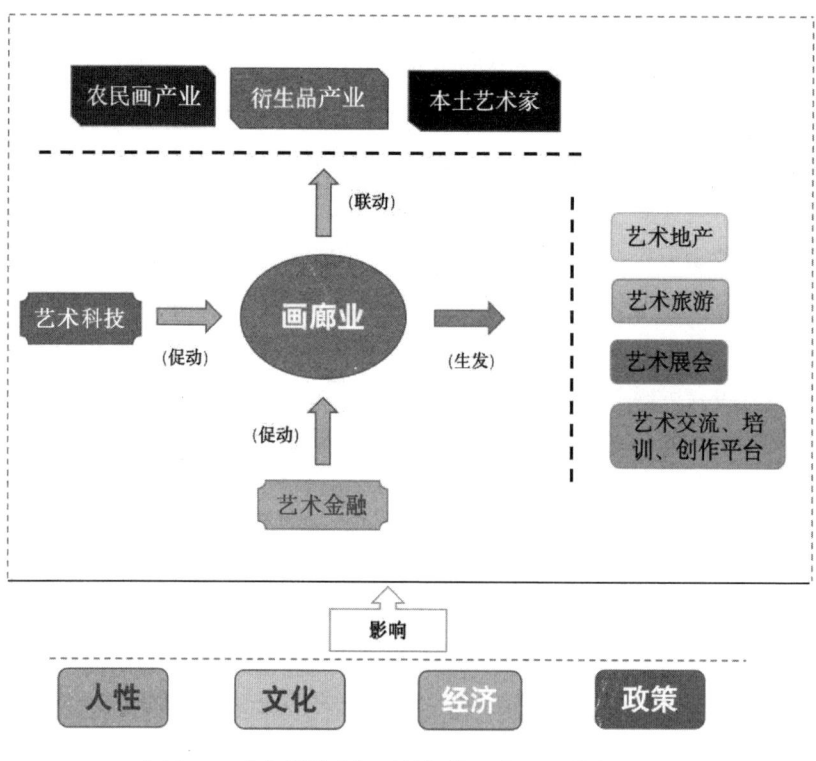

图1-7 "青州模式"系统解构示意图（笔者绘制）

具体来分析："青州模式"的基础是以书画收藏与交易为主营业务的画廊业，而画廊业的发展根源则来自青州当地深厚的传统文化根基及民间的收藏习惯，正是因为这种物质形态与非物质形态文化因素的影响与熏陶，青州培养并涌现出了一批从业者（相关内容将在第五章做详细阐释）。他们跟随社会的发展，在经济水平、政策引导等因素的影响、带动下，由发展艺术产业的无意识状态逐渐向有意识形态转化，在市场的引导下，在各方力量需求的共同作用下，形成了一种具有自身特性、相对稳定的艺术产业发展模式。在这种产业模式系统中，由于画廊业的发展，而逐渐催生出艺术地产、艺术旅游，以及艺术交流、培训、创作平台等产业内容，也促进、带动了农民画产业、衍生品产业以及本土艺术家创作及市场的发展。特别是，艺术市场的深化发展以及青州画廊业的发展，吸引了艺术金融、艺术科技等要素的加入，这成为促进青州画廊业发展的又一关键。当然，需要认识到的是"青州模式"尚处于初始阶段，还有着很多亟待成熟、发展的空间。未来，"青州模式"可能会越来越成熟，越来越强大，但也并不排除因这样或那样的原因而走向消亡的可能。

(二）青州艺术产业独特的发展历程

青州地域艺术产业的发展历程表现出自身的独特性。在图1-8中，以细化的形式呈现出了青州地域艺术产业的进化发展逻辑：在产业化的发展过程中，青州的地域艺术产业是以地域艺术市场的发展为基础的，而地域艺术市场则是以画廊业的出现为核心的，以画廊为主导形式的市场交易行为则是以地域民众自发的收藏活动为起点的。

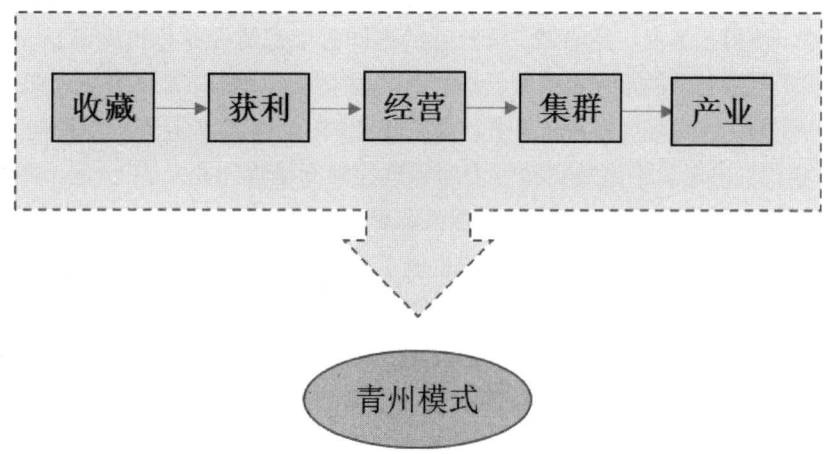

图1-8　青州地域艺术市场及产业发展过程示意图（笔者绘制）

具体来看，青州地域艺术市场的发展，起源于地域性的收藏活动（以现当代书画艺术品为主）。从青州的地域艺术市场发展阶段可知（参见第二章），在20世纪90年代前，青州地域民众的收藏活动实现了由数量稀少的零散化向数量不断增加的群体化的发展。在此过程中，参与者的收藏需求自然地催生了书画艺术品的交易行为，而"通过艺术品收藏及获利"这一行为，促使更多的群体加入进来，逐渐形成了专业化的经营群体。同时，这些参与群体也实现了由以收藏为重心向以经营为重心的转变。在全国艺术市场繁荣发展的带动下，青州的经营群体逐步拓展为地域形态的画廊业集群，并在全国市场中获得了重要的影响力。自2009年以来，随着国家对文化产业发展的重视，青州地方政府加大了对地域艺术市场的关注力度，并于2010年前后，鼓励地方性银行为画廊经营者提供金融服务，用以支持其发展。在其后的数年时间里，采取了一系列举措在已有的艺术市场基础上大力发展艺术产业，如主导举办持续性品牌艺术展会"翰墨青州"、打造专门化的艺术培训及写生基地、培育"农民画"产业等。

从中可见，青州地域艺术产业实现了三个方面的演变：第一，实现了发展格局从地域艺术市场向地域艺术产业的演变。第二，实现了主导群体由地域民众向政府管理部门的演变。第三，实现了运营状态由随机化向专门化的演变。这是青州地域艺术市场及艺术产业发展的独特性之处。

（三）青州艺术市场的特殊存在状态

青州地域艺术市场是中国当代艺术市场中的一种独特化存在。这一判断从表面来看，表现为一种现象性的内容：青州以一个地级市的行政级别聚拢起数百家规模不一的画廊集群，在此基础上发展成了中国艺术品市场的重要艺术品集散地，使得艺术家、经纪人、消费者的不同需求都能在这里得到满足，并且创造出了可圈可点的市场经营额，形成了"尚未雕琢"的朴素性产业品牌。

青州的艺术市场，以改革开放前非市场化的民间收藏为起点，发展至20世纪90年代，出现了零星的交易行为和零散的画廊机构。进入21世纪，开始出现集群化的画廊区，再到当下的数百家画廊业集群、亿元级的市场规模，在这一过程中表现出了自身的独特价值，也成了市场不可忽视的组成部分。

除去上述的"现象性"表现外，这种独特化状态更深层地在青州艺术市场与中国艺术市场的内在关系层面得以体现。在图1-9中，能够看到二者间的从属关系。首先，青州艺术市场表现出遵循市场的起伏发展规律，同时又具有地域市场的独立性特征。而青州艺术市场的"独立性"是指其整体表现出与全国市场发展相同步，特别明显地体现于市场行情之上。但青州艺术市场又不完全依附于全国市场，因此绝不能将全国市场的状态与青州市场等同看待。在中国艺术市场尚未真正起步之时，青州已经形成了朴素化的艺术市场生态，这种以当地民众的收藏传统为根基的独立市场形态，在很大程度上能够脱离整体市场形态而存在。因为，中国艺术市场的发展带给青州地域艺术市场的最大影响，着重体现于以下几个方面：其一，促进地方书画经营业务的明确化，同时促进画廊集群的出现；其二，使经营范围实现了由地域范围向全国范围的延伸；其三，使得地域市场交易总额获得大幅提升的机会。由此来看，中国当代艺术市场对青州地域艺术市场的影响并非根源性的、决定性的。据此可以推断，如果没有中国艺术市场的出现与影响，青州的地域收藏传统与本土收藏群体所引起的交易活动，也会促进当地市场的完善，只是市场规模和市场范围无法与当下同日而语。关于这一内容，从2014年底于媒体间广为流传的"青州书画市场崩盘论"事件发展始末中也可以得以窥见。在全国市场出现大幅下滑的态势下，大量媒体及市场参与者"看衰"青州的艺术市场，认为其会因为"礼品市场"的没落而走向"崩盘"的结局，在此事件发生后的数年时间内，青州市场尽管随着市场行情有所"遇冷"，但在经营方面却依然有序，而促使这种现象的根源在于青州地域艺术市场的独立性、独特性。

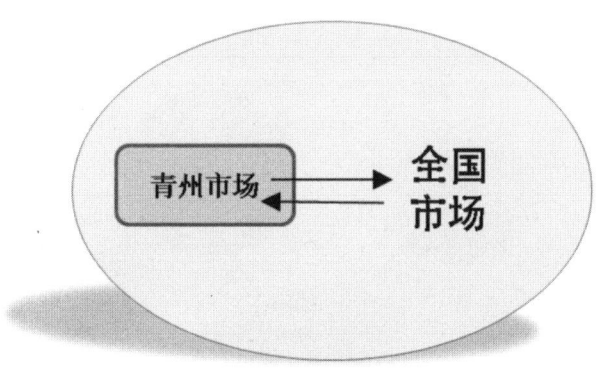

图 1-9　青州地域艺术市场与中国艺术市场互动关系示意图（笔者绘制）

其次，青州地域艺术市场与中国艺术市场的关系还突出表现为一种"反一般市场规律下的稳定性"。前文有述，中国当代艺术市场的发展态势为"一、二级市场倒挂"，而这种状况是与一般的艺术市场发展状态相左的。但正是在这样的状态下，青州的画廊业发展表现出了"自成一格"的稳定性，不仅在市场的低潮期屹立不倒，而且还表现出了长远发展的势头。关于这一点，同样可以从"青州书画市场崩盘论"的前因后果中予以把握。笔者认为：造成这种现象的原因在于不同体系下画廊业的经营重心的差异。以青州为代表的在中国艺术市场中普遍存在的传统型画廊与西方意义上的画廊相比，尽管二者面对的客户群体都以"收藏"为核心目的，同时也都表现出不同程度地对艺术品艺术价值的探讨与追求，但在具体的消费理念上，前者更看重艺术品本身的价值性（包括传世价值、市场增值等），而后者则更强调通过发现艺术家的潜在价值以及收藏不同的艺术品来实现个人价值。所以，以小见大地来分析，中国艺术市场生态在整体上是与以西方国家为代表的海外市场存在明显差异性的。独特的中国市场式价值追求所催生出的市场力量，如看重古董艺术品（如古代书画、古玩）藏家的大量存在，是导致"一、二级市场倒挂"状况的主要原因。而反观青州，在大市场格局及特征下，却以"一级市场"为发展主体获得了很好的发展业绩。可以说似青州这般与全国市场保持密切关联的地域艺术市场是十分具有典型性的，青州的艺术市场能够在很大程度上反映出一种差异化和独特性。因此，这种打着鲜明"中国烙印"的青州特色，是中国特殊艺术市场生态的鲜活范例。

二、"青州模式"的内涵特征

"青州模式"的具体内涵可以从以下几方面予以把握（见图1-10）：

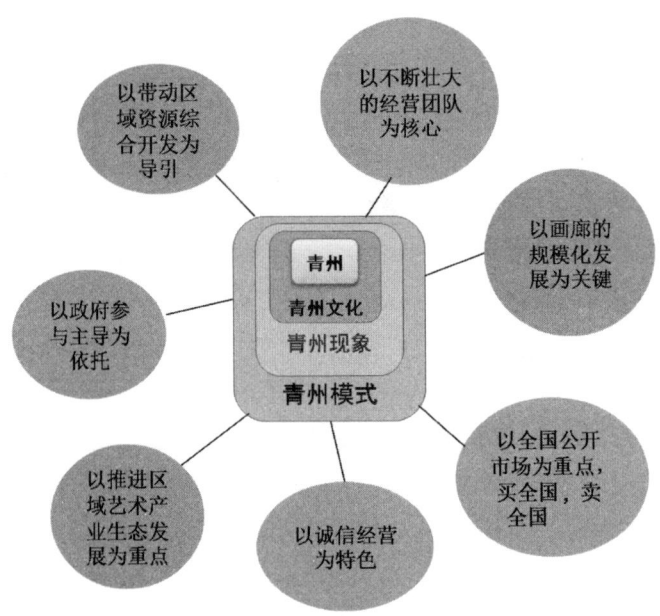

图1-10 青州"模式化"的产业形态示意图（笔者绘制）

（一）以画廊业的规模化发展为关键

从现象层面来看，画廊业是青州地域艺术产业形态的核心要素。从内在的效力来分析，青州画廊业的规模化发展之所以能够成为地域艺术产业发展的关键，是因为其在实际上创作出了"集群化"的发展效力。迈克尔·波特曾利用其提出的"钻石体系"模型，从创新能力的角度探讨了产业的聚集现象，并在研究中，通过美国50个州的产业特点证明了"经济全球化时代的竞争优势来源于特定区域的产业集群"。① 由此可知，集群化的产业形态在现代产业体系中占据着决定的发展优势。

关于产业集群的概念，业内尚无定论，最为著名的解释是由迈克尔·波特所做出的定义："所谓产业集群是指在某一特定领域内相互联系的、在地理位置

---

① 许莉：《文化创意产业园区投资决策及运营模式研究》，北京交通大学博士论文，2012年。

上集中的公司和机构的集合。"① 我国具有典型产业集聚形态的范例，如深圳地区的众多加工工厂、苏州工业园区、北京中关村等。在研究体系下的产业集群可以分为两类：创新型集群和低成本型集群。其中，创新型集群所对应的是高质量、创新性、功能灵活，而低成本型集群则对应的是廉价原料、大量劳动力所带来的灵活性等。②

青州以画廊业为主导的地域艺术产业尽管在规模上无法与大型产业集群相提并论，但就属性上而言是相一致的，特别是符合上述低成本型集群形态，其应当被视作一个典型化的艺术产业集群。在这种产业集群的形成中，画廊业发挥了关键性作用：一方面，青州的画廊业本身形成了一种积聚；另一方面，以画廊业为核心吸引，青州又集聚起艺术地产、艺术金融、艺术展会、艺术培训等多样化的产业形态。这种以画廊业为核心的产业集群化发展，在相同产业领域内，表现出了不可多得的优势。

（二）以不断壮大的参与群体为核心

与青州艺术市场及产业格局的不断拓展、扩充相匹配的是其参与群体的日渐增加，这成为青州地域市场发展的有生力量。当前，这些参与群体的构成包括以青州本土群众为核心集聚起的运营主体、来自全国范围内的艺术家及客户群体、地方政府管理部门的参与者、"青州模式"的地域品牌吸引的来自其他地域的聚合性群体等。其中，尤为重要的是青州本土成长起来的经营者，他们往往兼具收藏家、经纪人、画廊人等多重身份，在市场起步之初，正是他们敏锐地捕捉到市场的动向，而成立了最初的经营机构。在市场发展过程中，又是以他们为基础，聚合起大量不断加入的"新鲜血液"，使得青州的经营团队日益扩大。在市场经历行情低潮时，也是他们"抱团取暖"，始终坚守。这才有了青州艺术市场今天的"成绩"。

青州的艺术市场参与群体随着地域艺术市场的发展而呈现出扩散式增长的态势，可以用"靶型"格局来概括。如图1-11所示，在青州以"经营"为重心的市场生态下，其中的核心群体来自青州民间自发成长起来的收藏群体，在市场经济到来后、艺术市场萌芽之际，这些群体是青州艺术市场的"始作俑者"，随着市场的发展，更确切地说是在利益的驱动下，"原始藏家"周围的群

---

① 尤振来、李春娟：《产业集群的分类研究综述及评价》，载《统计与决策》，2008年第3期，第161-163页。
② 任焕霞：《中国产业集群的发展和研究：访北京大学王缉慈教授》，载《中国高校科技与产业化》，2006年第10期，第27-28页。

体，包括他们身边的亲戚、朋友等成为最早一批加入的经营者。其后，更是有一大批以"投资"为主要目的的经营者加入进来，以青州地方企业家为代表。需要说明的是，图1-11仅为一个示意图，旨在直观呈现青州艺术市场群体的发展趋势，其中的参与者身份可能要比笔者所列举的几类更为复杂，但这里所表现出的三个内容是相对"稳定"的：其一，青州艺术市场群体以"经营者"为核心；其二，青州艺术市场的基础层经营者为青州本地的原始藏家群体；其三，青州艺术市场的参与群体随着市场的深化发展，呈现出单向度的扩大化态势。

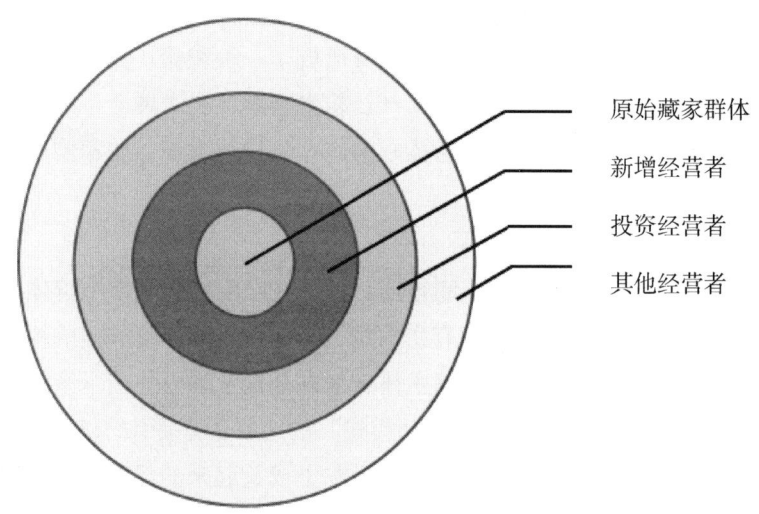

图1-11　青州地域艺术市场参与群体特征示意图（笔者绘制）

青州的地域艺术市场经营群体，集中表现出三个方面的特性：第一，青州从业者能够形成圈子，且团结；第二，青州人在经营中表现出"不独大"的特质；第三，青州人愿意彼此共享资源。作为一个外地人，长期扎根青州开拓市场的"画籍网"负责人包素旺审视青州经营者的观点颇具客观参考性："我认为在促使青州艺术产业链形成的众多因素中，文化底蕴因素只占其中的10%。那么青州最大的优势在哪里呢？这个可能是行业外的人所不知道的，在于两个字——'团结'。发展书画产业最难的地方在于真假难辨，那么为什么青州在真伪混杂的市场中能够独树一帜呢？就是因为团结，团结造就并促成了这种局面……我通过对青州市场的了解，发现其实他们采用的是最传统、最简单的经营方式，使得这个市场得以发展开来。那么这个最简单的东西是什么呢？我认为就是青州人不独大。你到全国其他地方去看，都会有人说自己是中国最大的画商、最大的藏家。但青州没有，没有一个人这样说。再比如说，有客人来一家画廊看画，他可能会问到这家画廊所没有的东西。面对这个问题，画廊主会主动告诉他：某某家有，你去某某家看一下吧。甚至都可以领着客人到别家去，然后就会让客人跟该家的画廊主自己洽谈，跟自己就没关系了（意思是介绍的经营者并不从中赚取差价——作者注）。但是在其他地方，很多经营者明明自己手里没有顾客想要的作品，但他可以说有，因为他可以通过自己的渠道拿到这些作品，赚取差价。这就会在无形当中给买家带来巨大的成本压力。所以，其他区域就不能以'与藏家共享资源'的方式来经营，而只有青州能做到。所以，青州就实现了市场最大，而不是个人最大。这也就吸引了众多外来商户进入青州，因为青州能够包容所有人。你来了，是我们一起来做大市场，而不是做大个人。正是因为青州的市场被做大了，带动几个有基础的经营者，也不断做大了。因为我们'画籍'是走了全国，再来审视青州，就明白为什么其他地方做不到青州这样。包括像陕西、甘肃、河南、河北、广东等地方的文化产业也发展迅猛，但是它不能像青州这样形成一个全员化的状态，就是因为它们唯我独大。"[①] 类似的内容在笔者对青州画廊协会会长左景岳的访谈中，也有所体现。

（三）以"买全国，卖全国"的市场经营为重点

在当前的中国艺术市场中，很少有青州之外的其他地域画廊群体，能够实现"买全国，卖全国"的市场经营效果，这是青州市场经营群体的一个典型性优势。青州地域艺术市场作为全国市场的一部分，二者一直保持着密切的资源互通关系。当前，青州已经吸引了安徽、江苏、浙江、河南、河北、北京、辽宁以及周边地区淄博、泰安、临沂、莱芜、东营、青岛、烟台等来自全国范围内的大量画廊经营者来到青州，了解市场，洽谈业务，更有经营者专程前来学习"经营之道"。

青州画廊业的发展，是从全国范围内发现艺术品、购买艺术品进行收藏或经营，再将手中的藏画或转手、或倒卖给全国范围内的客户开始的，并最终实现了"买全国，卖全国"的经营状态。相较之下，山东乃至全国其他地域的画廊业更多地是以当地市场为主开展类似的交易活动，如山东济南、浙江杭州、天津等地区的同类画廊主要以经营当地艺术品为主，其营销范围也主要局限在当地。

不仅画廊业之间互通，青州的画廊还与全国重要的拍卖行保持着一定的业务往来，这得益于青州市场起源于典型的收藏市场，画廊经营者兼具收藏者的身份。这个群体手中收藏有大量的当代名家精品，在现当代书画拍卖市场崛起

---

① 参见本研究附录二："青州模式"研究访谈文字稿（五）。

后，这些藏品成为各大拍卖行竞相争取的重要资源。

（四）以诚信经营为特色

青州的画廊业发展，不仅使得地方的画廊由个别化向普遍化、由松散化向集群化、由业余化向专业化方向发展，更为重要的是，画廊业在发展过程中发挥资源聚合的效能，形成了以诚信经营为特色的朴素化品牌。这种品牌效力主要可以从以下两方面得以体现：

其一，"青州无假画"。这是青州人最引以为豪之处，也是青州书画产业能够做大的重要原因。在鱼龙混杂且作为高消费品的艺术品交易中，作品的真伪是最为核心的问题。一真一伪之间，背后所涉及的不仅是产业局部（个人）的一点小利，更能牵扯出全局的发展生命力。在青州，买到假画仿佛是件天大的事情。很多经营者都承诺"假一罚十"。若消费者对从自己店中购买的作品存疑，店主可以帮助其进行鉴定。因为青州市场以经营当代艺术品为主，经营者可以帮其找到艺术家本人鉴定。只要涉假，甘愿受罚。在这里，似乎能够看到一丝旧时传统行业间所普遍遵守的，而在市场经济环境下难得一见的"规矩"的意味。

其二，青州画廊人之间若需要彼此资源共享，不需要打收据或凭证。青州画廊经营者之间，谁拿谁的画，都不用互打收条。直接拿走，如果卖不了，或者有其他问题，再拿回来。这在其他地域是难以见到的。针对这一点，青州画廊协会会长左景岳认为："书画艺术产业的行当是最讲诚信的，从历史上一直到现在都还是这样。"而资深经营者唐树良则说："开始的时候，有人打过'收条'作为凭证，但到最后，收条根本没有什么效力，以至弄到后来这凭证会不知所踪，慢慢也就没人再用这种方式了。"

而促成这种诚信经营局面的原因有三点：第一，青州的基础经营者多具有收藏者的身份，在收藏中也会遇到"打眼"的情况，他们从内心深处厌恶、反对伪作。第二，青州地域艺术市场的范围主要集中在市区，且越来越呈现集聚化的发展格局，参与者也多为当地居民，彼此之间相熟、交好，具有一种天然的追溯源头效果，让彼此间无法售假。第三，画廊协会的作用。青州书画经营者从一开始就懂得自发结成以"画廊协会"为代表的团体，互相关注、互相监督、互惠互利。青州画廊协会设有艺委会。艺委会一旦发现谁挂售假画，会立刻让他撤售，甚至会组织会员画廊一致予以抵制。现在，管理者又号召加入"艺术品鉴证备案系统"，就是为了更好地实现诚信经营，真正落实文化和旅游部发布的《艺术品经营管理办法》。

（五）以政府参与主导为依托

青州地域艺术产业生态的发展经历了由单纯的艺术市场形态向综合化的艺术产业形态进化的过程。在系统化的地域艺术产业形成前，参与主导的主体是纯粹的民间群体。这是因为青州的地域艺术市场发端于当地民间收藏群体。由于传统的书画交易场所的运营并非固定的纳税单位，加之其他一系列因素的作用，故而青州的地域艺术市场长期以来一直处于民间群体的自发主导之下。随着国家层面对文化产业的重视，特别是在青州画廊业的群聚过程中，当地逐渐形成了以"青州现象"为市场广泛认知的地域艺术产业发展品牌，促使政府力量开始广泛关注并积极参与到地域艺术产业的发展中，逐渐形成了以政府为主导、民间力量参与配合的合力效果。

近年来，随着国家层面对文化产业发展的重视，政府在参与青州地域艺术产业发展中的力度逐渐加大，能够最直接体现当地政府对艺术产业支持力度的决策性内容，当属历年《青州市政府工作报告》（见表1-4）。

表1-4 青州2009—2016年政府工作报告中的艺术产业内容汇总

年份	报告内容
2009	1. 做大文化产业 2. 完善"四轮驱动"投入机制，突出青州文化内涵，积极发展现代传媒、印刷出版、创意策划等现代文化产业，加快形成文化产业经济能力 3. 高标准完成甲子文化生态园、东夷文化标志园、君怡都书画古玩城建设，提升青州书画艺术城档次水平，推进宋城、广县古城、九州文化园、东方伊斯兰文化艺术中心规划建设
2010	1. 加快发展文化产业 2. 组织举办首届"青州文化论坛" 3. 启动建设创意产业大厦，加快文化创意产业发展 4. 成立文化产业投资运营公司，推出"凤舞东夷"大戏
2011	1. 大力发展文化产业 2. 培植壮大古玩、字画等传统文化产业，鼓励发展动漫、创意等新兴文化业态 3. 加大文物保护力度，搞好非物质文化遗产保护传承 4. 设立古州文化英才奖，提高文艺创作水平

续表

年份	报告内容
2012	1. 加快发展文化产业 2. 编制《青州市文化产业振兴规划》，加快推进由文化资源大市向文化发展强市的转变，促进文化经济互动 3. 规范提升古玩、字画、印刷等传统文化产业，鼓励发展动漫、创意、中介服务等新兴文化业态 4. 加快推进文化体制改革，实施重点文化园区、重点文化企业、重点文化项目带动战略，加强非物质文化遗产和文物保护，大力开发推介地方特色文化产品
2013	1. 增强文化整体实力 2. 完善文化产业振兴规划，着力抓好文化创意与策划运作，做大书画、赏石等文化市场，培育新兴文化业态 3. 实施大项目、园区和大企业带动战略，全力推进海岱·惟青影视文化产业区、中国青州书画城等重点项目建设 4. 筹建非物质文化遗产创意产业园，建设井塘古村落群
2014	1. 切实增强文化整体实力 2. 规范提升书画、赏石、印刷等传统文化产业，鼓励发展新兴文化业态，完善文化要素市场，提高文化产业规模化、特色化、专业化水平，壮大文化产业集群 3. 做大"翰墨青州"书画品牌，打造中国书画之乡，扛起青州书画大旗 4. 全力推进中国（青州）书画城、博物馆群、艺术馆群、美术馆、画家村等平台建设，规范提升现有书画市场，丰富书画及相关艺术门类、形式，占领高端市场 5. 支持发展大众平价艺术超市和网上书画交易，开拓大众消费市场
2015	1. 大力发展文化产业 2. 规范提升传统书画市场，扶持发展大众书画和农民画，完善书画交易、鉴定、拍卖、融资市场，促进书画产业健康发展 3. 发展书画基础性教育，鼓励本土书画人才创作，夯实书画产业群众基础 4. 高水平办好"翰墨青州"书画年会和中国农民画博览交易会，加快中国（青州）书画艺术城、博物馆群等重点项目建设 5. 促进经济文化融合发展，推动文化资源产品化、文化产业集群化
2016	1. 重视本土文化艺术人才培育，筑牢青州文化根基 2. 搞好全民艺术普及，提高群众文化修养 3. 扶持鼓励文化创作，推出一批青州题材的精品力作 4. 壮大产业规模 5. 振兴青州特色传统工艺，培育发展影视产业、创意文化等新型业态。加快中晨国际文化艺术小镇建设，集聚发展大型文化产业综合体 6. 提升传统文化产业，巩固发展书画市场，扶持发展大众书画，鼓励建设写生创作基地，争创中国农民画之乡和收藏文化名城 7. 高水平办好翰墨青州书画年会、艺博会和全国农民画大展，不断扩大"文化青州"影响力

从表 1-4 所展示的 2009—2016 年政府工作报告中关于地域艺术产业发展的规划与要求不难看出，青州市政府对艺术产业在地域经济发展中的地位越来越重视。通过对报告具体内容进行比较分析，我们至少可以解读出能够反映青州市政府管理部门不断加强参与主导地方艺术产业发展的趋势：其一，对文化产业的重视程度不断提升，从历年报告来分析，从 2009 年的"做大文化产业"，到 2010 年的"加快发展文化产业"，再到 2011 年的"大力发展文化产业"，这种内容中措辞的变化，是反映地方政府对文化产业重视程度不断深化的最直观表现；其二，与重视程度不断深化相对应的是，青州市政府在针对发展艺术产业中所提出的规划内容也越来越具体，如 2009—2010 年的报告尚未见提出"如何发展艺术产业"的相关内容；2011 年则明确提出了"培植壮大古玩、字画等传统文化产业"的内容；2012 年，则进一步提出"规范提升古玩、字画、印刷等传统文化产业"的要求；其后，随着发展的深入，更进一步提出了以"品牌""平台""教育"等为核心的具体规划与布局，为当地艺术产业的发展做出了更详尽的指引。显然，这反映出的是一个涉及面逐步扩大、涉及内容愈加周详的规划性内容。

另外，在上级主管部门的带动之下，青州市政府也从地域实际出发，制定了包括发展规划、发展举措、支持策略等在内的一系列部署，充分保障了"青州模式"的全面、深入发展。通过出台书画产业发展优惠政策、成立书画行业党工委、编制发布书画指数、建立银企合作关系等一系列举措，发展壮大书画产业。具体做法为：一是打造全国当代书画交易中心。积极打造包括九大书画市场、六大书画创作写生基地、五个书画交流培训平台、三个民间支持体系在内的"9653"书画产业集群。① 同时，规范提升现有书画市场，丰富书画艺术门类形式，实现书画市场经营规范化、多样化，加强书画电子商务平台建设，增加电子交易画廊数量，逐步打造全国当代书画交易中心。打造青州书画创作基地、培训基地，将青州书画创作基地推向全国，全面建设山东省美术创作基地。依托书画交易市场做长书画产业链条，培育书画融资、鉴定、拍卖市场。

---

① 即 9 个书画市场：书画艺术城、宋城、泰丰书画古玩城、大明衡王城、北门里明清古街、君怡都书画古玩市场、中国（青州）书画城、宝鼎大厦书画城、农民画市场；6 个书画创作写生基地：张家峪画家村、井塘画家村、西南山区写生基地、花卉写生基地、古城写生基地、弥河湿地公园写生基地；5 个书画交流培训平台：青州艺术馆群、青州画院、清华高级美术研修班青州基地、大众书画培训交流中心、中小学书画培训班；3 个民间支持体系：文化行业协会支持体系、青州书法美术家协会支持体系、青州画廊协会支持体系。

培育代表青州书画艺术特色的"青州画派"。二是政府扶持助推,加强引导服务。包括继续实行免税等优惠政策,从投资、财税、金融、土地和价格政策方面,为书画产业项目实施提供宽松的发展环境和优质的服务条件。发展壮大农民画产业,打响农民画品牌,普及推广书画艺术。成立青州农民画研究院、青州农民画协会,对青州农民画进行重新发掘、整理、推动,打响农民画品牌。建设青州农民画市场,总占地面积2.7公顷,建筑面积22574平方米。同时,还积极举办"翰墨青州·中国书画年会"等会展品牌。三是以画廊的基本功能价值发现的集合力量为基础,以强大的市场消费能力为依托,以资产化、金融化发展为动力,建构青州在书画市场的话语权与定价权。整合市场资源,建立研究信息传播体系与平台,建设青州书画信息港。依托文化行业协会、美协、书协、中国(青州)书画艺术城顾问团等特色团队,组织举办书画展览、交流、培训等活动,为书画产业提供咨询服务,发展壮大书画从业、创作人员队伍。依托画廊协会,加强行业自律。使画廊行业纳入有序的管理,提升画廊品位,营造良好的市场秩序。四是以书画产业链为基础,大力发展书画产业。以书画艺术授权为核心,大力发展书画艺术衍生品产业;以书画展览业为核心,大力发展博览产业及书画旅游产业;以书画产业的聚合力为主线,整合高端人脉,发挥人才优势,大力发展美术教育与培训产业,为书画产业注入可持续发展活力。

在民间力量主导下的市场只能保持着单一业态,而正是政府逐步地参与主导,才使得单一化的地域艺术市场向着多样化的地域艺术产业形态进阶。离开了政府的主导,当前大规模、综合功能的艺术区、艺术展会协同发展的局面就无法实现。所以,政府的参与主导,对青州地域艺术产业发展历程而言,是具有深刻的转折意义的。

(六)以推进地域艺术产业生态发展为重点

当前,青州以政府为主导的资源聚合与发力,均是以推进地域艺术产业生态的完整化、全面化发展为重点和目标的。正是基于这种考虑,青州积极地向构建完善的产业链和系统迈进。

在青州当前所形成的地域艺术产业系统中,各组成环节表现出鲜明的独立性。在这个产业链中,每一环都可以作为独立的一环存在,彼此可以借力发展,但并不存在绝对性的依存关系。从彼此联系来看,其一,"青州模式"中的各要素具有联动发展的特征。正是这种发展特性,使得青州的艺术产业并非由点到点的状态,而是呈现出一种联动的发展态势,表现为一个点带动,或撬动一条线或一个面。如青州画廊业在整个模式中异常强大,以画廊业这个点,带动了整个艺术产业链的兴起。其二，在整个产业系统中，表现出一种不平衡的发展状态。画廊业明显占据了很大的比重，是"青州模式"形成与发展的原动力，也较其他组成部分成熟得多。其他的组成部分，包括艺术地产等，都是借助画廊业所自带的"艺术光环"去发展。目前，还远没有绽放出想象中的能量，需要市场的培育与发展。这也是"青州模式"下一步需要重点打造的内容。

事实上，这种现象是由多方面的原因造成的。首先，"青州模式"的发展还处在正常的发展期，必然会有所侧重。其次，艺术市场是一个小众市场，有文化崛起作为背景，尽管大家都看好它的潜力，但无论是市场需求还是民众观念，对它的认知都需要一个过程。所以，在整个产业系统中，它很难做到像房地产产业链那样，环环相扣、互为依存。最后，这样一种状态符合艺术产业发展的一般规律。类比来看，在潍坊银行所打造的融合艺术品质押融资、艺术品竞拍贷、艺术推广、艺术仓储等的艺术金融全产业链中，艺术品质押融资业务肯定是最为核心的，其他的都有待进一步发展。①

（七）以带动地域资源综合开发为导引

青州作为一个文化历史名城，长期以来，尽管当地也有作为第三产业的旅游业，但由其产生的市场份额与影响力，远远无法与青州的地域资源价值相匹配。在国家大力发展文化产业的时代背景下，这种状况出现了一定的转机。站在政府主导的层面来审视，当前，借助地域艺术产业的拓展与建构无疑是一个联动地域资源，以寻求发展的有利契机，重点包括如文化遗迹、古街区等文化旅游资源。所以，在政府主导下的青州地域艺术产业发展是以带动地域资源综合开发为导引来制定发展战略及规划的。

可以说"青州模式"的发展过程，就是一个不断实现资源开发的过程。这个过程可以大致分为三段来理解：第一段为市场正式形成前，对当地潜在"隐性资源"的聚合，这些"隐性资源"指看不见摸不着，却切实存在，能够影响市场的"非物质形态"资源，如地域性群体的文化习惯、追求、兴趣等，而这种对"隐性资源"聚合的结果就是青州自发出现了成规模的收藏群体。第二段是在市场形成后，"青州模式"对艺术家资源、收藏家资源，以及各类市场需求的聚合。从本研究第三章中对青州地域艺术市场及产业具体解构可知，青州地域艺术市场的发展通过多年的累积，已经形成了一个为市场所普遍认可的"集散地"这样一种"身份"，在这样一种身份的背后，则有着多重资源的聚合与累

---

① 曲家辉：《艺术金融传承与创新的有效融合：潍坊银行艺术金融创新实践的战略性启示》，载《当代金融家》，2016年第4期，第73-76页。

积,最明显的如这里会聚了来自全国范围内的各种级别的优秀艺术家,聚合起来自全国各个领域的民众购买艺术品的需求,而与上述资源的聚合相同步的则是青州本地资源的挖掘与整合,其中最具典型性的在于地方艺术品收藏及经营群体的不断涌现。第三段是随着国家层面对文化产业的重视,青州地域艺术产业的发展不断吸引着以政府为主导的一系列配套资源聚合进来。这一内容在青州市政府的一系列规划与决策文件中有着直观的体现。以《2013年青州市政府工作报告》为例来分析,青州市政府在规划中指出要将艺术产业的发展与地方性资源结合起来,放到"努力做强文化旅游产业"一项中展开,指出:增强文化整体实力。完善文化产业振兴规划,着力抓好文化创意与策划运作,做大书画、赏石等文化市场,培育新兴文化业态。实施大项目、园区和大企业带动战略,全力推进海岱·惟青影视文化产业区、中国青州书画城等重点项目建设。筹建非物质文化遗产创意产业园,建设井塘古村落群。类似的内容还可见于《2014年青州市政府工作报告》中,其中的发展目标部分则指出:规范提升书画、赏石、印刷等传统文化产业,鼓励发展新兴文化业态,完善文化要素市场,提高文化产业规模化、特色化、专业化水平,壮大文化产业集群。做大"翰墨青州"书画品牌,打造中国书画之乡,扛起青州书画大旗。全力推进中国(青州)书画城、博物馆群、艺术馆群、美术馆、画家村等平台建设,规范提升现有书画市场,丰富书画及相关艺术门类、形式,占领高端市场。支持发展大众平价艺术超市和网上书画交易,开拓大众消费市场。由此可见,从青州地方政府的视角来审视,以"书画"为核心的地域艺术产业是放置于"增强文化整体实力""壮大文化产业集群"的布局中来考量的,其所发挥的联结其他类资源的作用是不言而喻的。

综上所述,我们极容易捕捉到青州地方政府在发展艺术产业中的资源结合及各类资源间互相促进、带动、开发的意识,是全面解读"青州模式"不容忽视的重要内容。

第二章

青州艺术市场发展进程

本章重点对青州的区域艺术市场及艺术产业的发展进程做具体呈现,从通篇角度来审视,这一部分内容的价值主要有二:其一,按照时间脉络,对青州区域艺术市场及艺术产业的发展进行梳理,是深入认识此案例的一个必备内容;其二,本章内容也是理解与把握青州地域艺术产业特色(解读"青州模式")的一个重要方面和基础。

关于青州画廊业发展的阶段性分期,作为青州本土画廊(宝瀛斋)的经营者,同时也是青州画廊业从无到有的见证者,唐树良在自己的撰文中,依据青州画廊业发展的市场繁盛度,将其分为三个阶段:初级阶段(1985—1995年)、形成阶段(1996—2005年)、发展繁荣阶段(2006年至今)①。就唐树良作为地域市场直接参与者的身份而言,其对青州当代书画收藏及市场的发展阶段所做的划分无疑是重要的第一手研究材料,为本书的研究提供了引导性的有益参考。但从笔者的研究角度来看,这种划分方式存在两点不足:其一,这种阶段性的区分方式,重点针对的是青州画廊业的发展历程,而笔者所做的是针对整个青州艺术市场及艺术产业发展的研究,二者属于部分与整体的关系,因此无法以小容大,需要另做专门的阶段划分。其二,唐树良选择的时间段是十分合理的,体现出了他对青州画廊业发展的熟稔。但在对每一阶段的命名方面,笔者认为其中存在不足。这种不足主要体现为,尽管使用"初级""形成""发展繁荣"等区分,能够对青州画廊业自1985年至2016年的历程进行定位,但这类用词,让这种定位颇有盖棺论定的意味,而青州的画廊业乃至艺术产业是始终处于不断发展中的,未来还有可能出现新一轮的周期。所以,笔者以为在具体用词方面,应该体现这种进化发展性。

基于此,本研究根据青州艺术市场及艺术产业的发展实际,结合笔者的理

---

① 出自唐树良未刊发文章《青州当代书画市场的形成与发展》(发表于自媒体),笔者通过访谈采集。

解，将1978—2016年的发展历程分为"市场培育阶段""'集群化'市场的形成阶段""市场发展趋缓阶段"三个阶段。

第一节 市场培育阶段（1978—1999年）

现代社会的发展与进步，总是伴随着"概念先行"的特征。自1978年起，随着改革开放时代的到来，众多新式的"概念"开始逐渐进入大众的视野。对此时的青州民众而言，"艺术品""画廊""艺术产业"等相关概念是抽象而遥远的，他们所熟悉的只有"画子"（青州人对书画艺术品的独特称谓）、"盆景"、"奇石"、"花木"等寄托着审美情趣的实物对象。因此，这一时期，青州地域民众并未在思想意识中将艺术品与市场做具体的联结，类似于"产业化"这样的概念也尚处于孕育之中。这是由社会大环境所决定的。此时，伴随着改革开放，中国的市场经济才刚刚起步，即使是"市场"——这一现在看来习以为常的概念，对当时的大部分民众而言也是十分陌生的。而书画艺术品还与其他众多的民众喜好，如盆景、花卉、奇石等混杂在一起，并未得到特别地彰显和突出。这是青州艺术市场尚未成形的表现。所以，这一阶段以"市场的培育、发育"为主要特征。

一、地域民众的收藏活动

青州艺术市场的发展是从当地民众对书画艺术品的收藏开始的。事实上，笔者此处所谓的"收藏"，于市场起步之初的青州民众而言，是一个不存在的概念。当时，没有人会将因为骨子里的喜爱而"随缘"式地得到一些字画上升到"收藏"行为的高度，他们更加习惯于将其定义为一种"玩"，所谓"玩画子"是青州人的专属概念。这个"以玩代藏"的时期，大约在20世纪70年代至80年代。回望之下，青州最早一批开始"玩画子"的人，至今不乏已入耄耋之年者，由此不难想见，青州的书画市场发展经历了颇为深厚的积淀。而在青州画廊人王正悦看来，这种以"玩"为主旨的收藏行为，是青州书画市场的开端：

青州人最初对书画就是玩，市场也是玩出来的……当时青州喜欢玩书画的人也不多，有玩的也仅仅玩玩本地书画家的东西，基本上局限在玩当地这一块，能玩到省级画家的作品那时都很有限……而且那个时候还基本没有掏钱买画的概念，请画家吃个饭带点东西，甚至给他送个西瓜，画家就给你又写又画的……八十年代末期，以沈鹏、刘大为等为代表的艺术名家被介绍到青州，把青州市场的视野提升到另一个高度上。

青州画廊经营者唐树良在自己的文章中,以"朦胧期"来形容这个时期,显得十分贴切,青州当代书画收藏的初始约在20世纪80年代……这个阶段我们可称为当代书画收藏的朦胧期。他这样描述这一时期的市场状态:

当时既没有收藏的概念,也没有买卖增值的想法,形式也与现在不一样,一般人都是以索要的方式收藏几幅当地的名人书画。眼界高一些的爱好者,选中了某位名家,由个人或单位出面邀请并安排食宿,然后安排书画家写字或画画,走时再送一些土特产,这已经让当时的书画家们很高兴满足了。也有爱好者提了礼品到书画家那里去索求的,谁会想到书画还可以升值拿出来买卖交易呢。[1]

从上述内容,至少能得到以下信息:第一,青州民众最初的收藏行为与当下所普遍认知的收藏存在根本性的区别,最初的收藏是以"玩"为主,而当下的收藏则更多地裹挟着"经营""增值"等目的。第二,这一时期,无论是艺术家还是青州艺术"玩家"群体,均没有明确的市场概念,时人看待艺术品的眼光都是朴素的。所以,在这个以"市场培育"为主旨内容的时期,一种"潜移默化、蒙昧的状态"成为这一阶段市场发展的重要特征,很多事情都是在无意识中进行的,这种状态也是青州艺术产业发展朴素性的重要表现。

青州后来的一系列市场行为的出现,均以这种朴素化的收藏活动为起点。此时,在青州人还只是发自内心地热爱书画艺术品之际,却没有意识到自己的行为已经触及收藏活动了。在青州收藏群体为了交流而进行藏品之间的交换时,市场交易已在不知不觉间中出现了。在青州收藏群体才刚刚意识到"画子"还能换钱时,书画市场已经形成了。

在为本研究所开展的调研中,笔者发现了一个十分有意思的现象:在青州当地,无论是书画爱好者、收藏者,还是画廊经营者,都习惯于称书画艺术品为"画子",[2] 特别是在青州最早一批从事书画收藏、交易的群体中,最为常见。这种称谓源自何处,尚不得考。但能够确定这是一种青州本土特有的地方性习惯,因为在同属于潍坊辖区的相近县域,如寿光、临朐、昌邑、高密等,均未见类似称谓。恐怕在全国范围内,也是独一无二的。曾有研究者专门发表过相关文章,记述这一现象。[3] 站在自身角度来理解,笔者认为:一个"子"

---

[1] 出自唐树良未刊发文章《青州当代书画市场的形成与发展》(发表于自媒体),笔者通过访谈采集。

[2] 参见本研究附录二:"青州模式"研究访谈文字稿(二)。

[3] 窦吉进:《青州人的"画子情"》,载《大众日报》,2014年5月30日,第20版。

字可以反映出青州人对艺术品的看重。一般而言，在习惯上，国人只有对特别重要的内容或资产才会用上"子"，如孩子、房子、车子、票子等。更重要的是，通过一个"子"字，青州人无形中赋予了艺术品以生命力。当一位青州的画廊经营者操着浓重的地方口音，跟你讨论"画子"长、"画子"短，又或者是"谁家手里有好'画子'"时，这种感觉肯定与简单地将绘画艺术品称呼为"某某艺术家的画"，或是更为直接称呼其为"货"，给人的感觉大不相同。相较于后者所带有的浓重商业意味，从"画子"这一称谓中，不仅能够感受到青州人对艺术（乃至文化）的看重，更能体会到一种生命力。在笔者看来，"画子"——这种发生在青州本土的群体范围内，且是看似不经意的表述方式，却是能够反映出某些深刻问题的"线索"。笔者所认为的这种"生命力"与"画子"这一称谓一样，同样不知发端于何处。或许是源自青州群体无意识的赋予，又或许是由艺术（产业）本身与人类息息相关的特性所引发出的。总而言之，这种鲜明独特性是一种不容忽视的存在。

循着这种认识，在对本研究选题的研究过程中，笔者深刻地察觉到，艺术产业区别于其他产业的最大之处恰在于此：在文化产业相关的体系中，有一种生命性特质存在。无论是以青州为代表的地域艺术产业的研究，还是随着研究视域的扩大，拓展至整个文化产业的研究，相关产业存在着明显的共通性，即"渗透出一种有机性与生命力"。这种认识，与学者胡惠林在研究中的表述有相通处："文化产业应该是这样一种文化源头活水的涵养地和文化种群的种子库和基因库，成为人们的一种生存方式和表现形态，成为人们精神存在着的一种表达方式。"① 在这段表述中，特别是其中的"种子库""基因库"等的表达，无疑将文化产业与人性、生命等要素相连接，将文化产业指向一种生命形态特征（性）。正因如此，胡惠林在对文化产业的研究中，十分强调"树立文化产业发展的生态文明观"②"建构资源成长型和环境健康性文化产业"③ 等观念。青州的地域艺术产业能够做大，"青州"——这一地域案例能够突出，与青州经营者在本体层面对这种艺术产业生命力的契合，不无关联。也正是基于这种文化产业发展所表现出的有机性、生命性，说得直白一点，就是应该将文化产业的发展提高到与人类、人性相连接的高度来。针对这一点，笔者认为在对待文化产业发展中，应该将其与一般产业相区别开，胡惠林指出"以往我们比较多的是

---

① 胡惠林：《胡惠林论文化产业》，昆明：云南大学出版社2015年版，第233页。
② 胡惠林：《胡惠林论文化产业》，昆明：云南大学出版社2015年版，第232页。
③ 胡惠林：《胡惠林论文化产业》，昆明：云南大学出版社2015年版，第392页。

关注文化产业自身的产业链和价值链，却很少去关注文化产业与社会和自然、历史与现实之间的生态链接……因此，大力发展文化产业就不能只有经济效益这一个指标，而且还必须有社会效益的公共文化安全与文化生态安全指标。这就是文化产业发展所应当遵循的文化生态文明的价值取向"①。

二、书画交易与经营意识

随着市场经济的深入发展，书画艺术品的交易活动开始在青州出现，书画艺术品作为商品的功能开始显现，以书画"玩家"为核心的群体开始有意识地涉及书画艺术品的经营。从现有文献来看，青州书画经营意识的萌动始于1987年。特别是伴随着很多具有超前意识的画家外出"走穴"②，青州市场上出现了正式的书画交易行为。当然，这还是一种相对初级的交易状态，与现在的交易状态有着明显的区别。改革开放和市场经济的到来，似乎对时人的思想和价值观念进行了重塑，对早期参与书画市场经营的人，无论是对艺术家还是青州人而言，仿佛一切都是新的。这些来青州走穴的艺术家都"战战兢兢半遮面"，而且作品价格也都极低。此时买一幅中央美院教授的作品也不过几十元至几百元而已。对刚刚开始摸索市场经营的青州人而言，面对着未知的状况，同样表现得诚惶诚恐，青州画廊人王正悦1987年"借钱买画"的字画倒卖经历，细致地反映出这种状态：

我这是第一次买书画，也是第一次花上千元买东西，在回来的火车上我忐忑不安。要知道那个时候我每月的工资才五十六元，这一千元是我将近两年的工资。看着这千元换来的几张纸竟有些害怕和恐惧，如果一旦出不了手或不值钱，我欠人家一千元咋办，怎么还，并感到有倾家荡产之险。

王正悦所描述的这种心情，在今天看来似乎难以想象，但对当时刚刚做市场尝试的青州人而言，却是普遍性的存在。但随着这些作品的顺利售出，王正悦的思想开始逐渐转变，进而开始走上了书画经纪人和画廊人的从业之路：

我忐忑不安地拿着沈鹏先生的六幅作品回到青州后，便请认识的几个文朋画友来看。我能拿到沈鹏先生的作品，大家还是十分惊讶的，相互之间就传开了。很快就有厂长、经理的找上门来，问我多少钱卖，我狠了狠心说了个二百

---

① 胡惠林：《胡惠林论文化产业》，昆明：云南大学出版社2015年版，第232—234页。
② 关于"走穴"一词，祝义兴等人在《走穴 走穴》一文中的解释是："'走穴'，是对旧社会江湖艺人走码头的一种称呼。如今则专指那些在剧团演出计划之外，由一位牵头者串联几位名角和一般演员组织小分队外出演出，'私分私了'。"当代中国书画家袁武有《"走穴"青州》一文，记述了自己参与青州书画艺术品交易活动的几段经历。

五十元一幅，来买的也没有还价的，六幅作品很快就卖完了。这让我又惊又喜，细算下来，我这趟北京之行赚了将近三百元。要知道那个时候我每月的工资才五十六元，几天能挣三百元，对我来说是一笔相当大的收入。就这样我挣到了人生中第一笔靠倒卖字画得来的"巨款"，也让我与字画结下了一生之缘。此后，我就频频往返于青州与北京，不久我能拿到沈鹏作品的消息在青州书画圈中传开，有不少人慕名找到我又订又买。那时只要能拿到沈先生的作品，回到青州就会被一抢而空。

王正悦的经历是青州画廊人早期摸索市场的一个缩影。既能够反映出青州人在市场发展之初摸索市场的状态，同时又揭示出青州艺术市场在培育及起步阶段的整体氛围。1995年以后，具有画廊属性的经营场所（指将书画经营作为专营业务，不代表专业化——作者注）在青州正式亮相，这可以视作青州人走向专营化的开端。此前，青州的艺术品经营机构主要由裱画店来充当，所谓的经营业务不过是这些裱画店在完成装裱业务的同时，兼营几幅很便宜的商品画，这自然无法算是真正意义上的画廊。青州城里最早的画廊出现于玲珑山南路武装部附近，如决澜画社、艺隆斋、宝瀛斋[①]等。[②] 从本研究第一章中对中国艺术市场发展状况的概述中可知，此时，整个中国艺术市场开始活跃起来，市场的环境出现了根本性的变化。当代书画家外出公开要价卖画已经是一种十分普遍的现象，由中间人请来书画家在宾馆出售。如图2-1所示，为艺术家到青州"走穴"场景。在这一时期，青州的书画经纪人邀请大量艺术家前来"走穴"，知名的如沈鹏、刘大为、袁武、冯远、欧阳中石、唐勇力、刘文西、武中奇、于希宁、许麟庐、喻继高、吕云所、王醇、胡勃、赵卫、谢志高、毕建勋等，这些书画家的到来，为青州书画市场的发展做出了重大的贡献。1995年至2000年，青州人购买收藏了大量的当代名人书画，青州的书画市场能够迅猛地发展起来，与这一时期诸多的书画家进入青州且留下大量作品有直接的关系。[③]

[①] 三家画廊的经营人分别为：王润笙（决澜画社）、冯杰（艺隆斋）、唐树良（宝瀛斋）。
[②] 出自唐树良未刊发文章《青州当代书画市场的形成与发展》（发表于自媒体），笔者通过访谈采集。
[③] 出自唐树良未刊发文章《青州当代书画市场的形成与发展》（发表于自媒体），笔者通过访谈采集。

图 2-1　艺术家来青州"笔会"场景（笔者翻拍自艺隆斋画廊）

现在已经是当代中国画坛知名艺术家的袁武，曾在文章中记录下自己第一次"走穴"青州的经历，能够反映出当时青州人邀请艺术家的状况：

1997年5月，我刚完成为庆祝香港回归而创作的《秦始皇》，题完字，盖上印章后，放在桌案上的BP机就响了。那时我还没有手机，一个带汉显的BP机算是很奢侈了。BP机的文字显示：青州张宏军，请回电话，有事相谈。我知道青州在山东，但张宏军是谁却不知道。我在公用电话亭和张宏军通上话，才知道他是邀我去青州"走穴"的。我之前从来不画小品卖钱，也不知道"走穴"一事……在张宏军的叮嘱下，我乘坐下午三点多钟的火车去青州，到站时已经是凌晨两点。青州是个小站，没有几个乘客下车。在昏暗的站台天桥入口上，看见了两个前来接站的人，一个不知是真是假的张宏军，身边有一个高个子的李洪义。经过介绍后我才知此人是谁。我晕晕乎乎地被领到了一个宾馆。这个经历让我现在想来还挺后怕的，好在当时没财没色，否则绝不敢就这么冒失地跟着这两个看上去不像好人的人走。①

从中可以看出当时初次"走穴"的年轻艺术家看待市场的陌生状态。此时袁武的状态与此后频繁接触市场后所表现出的状态有着鲜明差异。但这时青州的书画经纪人们已经有着十分"老练"的从业经历，丝毫没有注意到面对一个

---

① 袁武：《"走穴"青州：记与左景岳先生的书画交往》，见：《翰墨青州：袁武书画收藏集》，济南：齐鲁电子音像出版社2006年版，第3页。
此文为本画册的唯一文章，等同序言。

陌生艺术家时该有的"矜持"。袁武在自己初次"走穴"青州的回忆文章中，详细地记录了当时在青州笔会时的状态，可以作为理解当时普遍情况的一个例子：

> 没睡上多一会，就被张宏军敲门叫醒，说快吃点早饭，好开始画画。因为此前我不画小品，所以是空手而来，只带了一支毛笔和两方印章。他说，"您一幅画也没带，上午就有人来买画，怎么应付呀？"我头一回现场卖画，既不知画什么，也不知画多大尺寸。李洪义发话说画四条屏，并亲自动手裁纸。所谓的四尺对开条幅，裁成三分之二宽，只裁掉一窄条，说这样好看。时至今日，在拍卖会上还会看到我那些超宽的四条屏拍品。在宾馆临时搭起的"画案"上，我极不方便地完成了一套屈原、李白、苏东坡、李清照四条屏人物画。当我准备再构思第二套时，却被告知，不能换样，还要继续画这四个人。我说也可以，但要改动一下动作和背景。但仍然被告之：一切照旧，否则买画的人要比较、要挑剔，摆不平。我只好像流水作坊似的继续画下去……首轮"走穴"三天，共画了七八套四条屏，每套条屏我挣人民币两千八百元，共两万多元。很累，但也很兴奋。那是我挣的第一桶金……此后，我频频来青州，开始了几年的"走穴"行动。①

从袁武"走穴青州"的经历可以想见，这时候受到市场环境和时代观念所限，邀请艺术家的行为较之于现在还十分不成熟。同时，从"仓促作画的状态"以及"原样复制字画的要求"等方面，也能进一步窥见其中的地方性和朴素性特质。

第二节 "集群化"市场的形成阶段（2000—2010 年）

"集群化"形态的出现所反映出的不仅是青州地域艺术市场规模的扩大，更为重要的是"集群化"作为青州地域艺术升级的表现，是地域艺术市场在经历时代发展而遇到发展机遇后的自然演化。尽管，发生在青州的艺术产业"集群"尚无法与当代产业经济体系下的"产业集群"相比拟，但其内在所蕴含的机理等内容是一致的。

---

① 袁武：《"走穴"青州：记与左景岳先生的书画交往》，见：《翰墨青州：袁武书画收藏集》，济南：齐鲁电子音像出版社 2006 年版，第 3 页。
此文为本画册的唯一文章，等同序言。

一、钰铧文化市场时期

2000 年,青州本地出现了第一个集群形态的画廊聚集区——钰铧文化市场。青州钰铧文化市场的建立,是青州画廊聚集形态之肇始,也是青州画廊业发展迈向新阶段的典型性事件。"钰铧文化市场是青州书画市场发展的基础,它为青州书画市场的发展壮大起到了先行先试的重要作用。"①

青州钰铧文化市场位于青州市的城区(青州尧王山西路与衡王府路路口东北侧),属于市中心繁华街道。虽然在本质上都是画廊聚集区,但这时的"市场"与后来出现的"艺术城"有着定位和档次上的差别。以"市场"命名,反映出这种画廊业聚集区的非正式性。从图 2-2 中,能够看出钰铧文化市场的大致面貌:一个四面由两层楼包围起的长方形市场,出入口位于南侧楼中间位置。市场中间为空地,四面上下层依次排布着众多以斋、轩、堂、阁等命名的,以经营书画、古玩等艺术品为主的店面。这时每间画廊都只有 20 余平方米,② 青州画廊业的重要参与者王正悦③这样描述钰铧文化市场:"后来形成了最早的钰华市场,条件非常简陋,就在一个大杂院子里边,小房子连个暖气都没有。"④ 此时的画廊无论是在硬件配套、管理规范与秩序,还是发展追求方面都无法与现下青州的画廊相提并论。

随着青州众多艺术区的兴建、经营机构的大量迁出,钰铧文化市场于 2009 年时被转做他用。现在的钰铧文化市场已转变为纯粹的商业聚集区(如图 2-3 所示)。此前钰铧文化市场的入口已成为超市入口,而其周围的门店,如餐饮店、食材店、日用百货店、广告公司等经营范围众多,路人或许能从以"钰铧"命名的店面招牌中,联系到这里与文化艺术品经营的渊源。

---

① 出自唐树良未刊发文章《青州当代书画市场的形成与发展》(发表于自媒体),笔者通过访谈采集。
② 王正悦:《谈青州书画市场的形成与发展》,http://news.artron.net/20140422/n594360.html(访问时间:2017 年 08 月 20 日)。
③ 王正悦,山东青州人。早年从事新闻工作,1987 年开始从事当代书画艺术品投资收藏和推广,见证和参与了当代书画艺术市场从小到大的发展过程。
④ 王正悦:《谈青州书画市场的形成与发展》,http://news.artron.net/20140422/n594360.html(访问时间:2017 年 08 月 20 日)。

图 2-2　青州钰铧文化市场场景组图（笔者整合制作组图）

图 2-3　现在已转做他用的青州钰铧文化市场（笔者摄于 2016 年 7 月）

青州钰铧文化市场的形成与发展，是青州艺术产业发展进程中的重要事件之一，这一市场聚集区的出现，是市场在迈向成熟发展过程中的必然结果，也因而表现出非同寻常的价值。整体来分析，青州钰铧文化市场的形成，能从以下几个方面对青州地域艺术市场及产业的进化性发展起到积极的推动作用。第一，充分聚合市场资源。这主要可以从两个方面进行探讨。首先，钰铧文化市场为青州此前分散的画廊经营者提供了聚集的场所，无形中起到了为市场积聚能量的作用。作为青州的首个画廊聚集区，钰铧文化市场本身的发展也经历了一个逐步演化、扩张的过程。在初期，聚集的画廊只有几家，随着市场发展，青州从事书画经营的人日渐增多，钰铧文化市场的画廊数量也不断增加。到

2005年，钰铧画廊已经扩充至数十家，并在后来的青州书画城建成青州画廊业的新核心后，又存在了很长时间，在聚合市场资源方面发挥了重要作用。

其次，钰铧文化市场通过组织各类展会，积聚起丰富的展会资源，无形中带动了作为产业系统重要组成部分的展会经济的形成及发育。这里不仅是青州艺术经营机构集群的肇始地，也是众多艺术交易活动的举办地。如图2-4所示，是钰铧文化市场为庆祝中华人民共和国成立五十一周年举办画展的场景。提到这场展览，青州艺隆斋的经营人冯杰这样回忆："我们在钰铧举办第一次书画展览的时候，来了许多外地的书画爱好者。那时候，气氛很热烈，周围的人都很支持。由于地方有限，他们的车都没地方停，附近的商铺店主便主动让他们停在自己门前。"① 从中可以看出，在市场刚起步的时候，包括从业者、普通居民等在内的地方民众，都对艺术活动充满了好奇与新鲜感。当时，钰铧文化市场每年都要邀请潍坊、寿光、淄博等地和青州的爱好者举行迎新春书画展览，主要组织者有艺隆斋、宝瀛斋、决澜画社、雅古斋等。除画展外，另一种重要的活动是古玩艺术品交流（交易）会等，如图2-5所呈现的是2009年在青州钰铧文化市场举办"第九届春季古玩艺术品交流会"的场面。尽管这类活动相较于当下的展会，无论是规模还是正式程度都略有逊色，但不可否认的是，它在组织市场方面的作用是十分实用而鲜明的，甚至可以视为艺术展会的前身。

图2-4 青州钰铧文化市场举办展览场景（笔者采自艺隆斋画廊）

---

① 参见本研究附录二："青州模式"研究访谈文字稿（二）。

图 2-5　青州钰铧文化市场举办"第九届春季古玩艺术品交流会"现场

第二，形成一定的品牌效应及地域影响力。钰铧文化市场的扩展，使其不仅在周边地区，而且在全国也有了一定的名气，成为当时青州最大的书画市场。2005 年淄博荣宝大厦开业，青州地区前去开分店的就有十几家，为当时的荣宝大厦撑起了"半边天"。

第三，是画廊业向多种经营、多元维度拓展的基础。尽管，这一阶段尚处于以画廊业为核心的发展时期，但在画廊业发展中，已经开始向不同的维度展开有益的探索，例如，2002 年，在经营者唐树良的组织下，钰铧文化市场的四家画廊联合办起了专业书画网站——钰铧艺术文化中心，[①] 这种利用网络拓展书画经营渠道的做法在当时无疑很超前，不仅创造出一定的影响力，同时还可以视为与新科技的融合，这也是时代发展的必然。今天，青州几乎每家大型画廊都有自己的宣传网站。

二、青州书画艺术城时期

2006 年，青州书画艺术城建立并投入使用。其所在的大楼此前为某企业用楼，由现任青州画廊协会会长左景岳策划并主持在原址基础上改造为画廊聚集区，成为青州首个艺术地产项目。青州书画艺术城位于青州云门山北路，共七层，建筑面积 8500 平方米（如图 2-6 所示）。一至五层商铺面积从 40 平方米至 250 平方米不等，六层设有 700 平方米的美术馆展厅，是书画及各类艺术品展示的场所。青州书画艺术城与钰铧文化市场一样，都是画廊聚集区。但不同之处

---

①　参见本研究附录二："青州模式"研究访谈文字稿（四）。

在于，钰铧文化市场是在画廊集聚发展初期，经营者因不断集聚而自发形成的经营场所；而青州书画城则是有意识的房产开发项目，已经开始触及艺术地产的范畴。笔者在对唐树良的访谈中，他这样回忆青州书画艺术城初建时的状态，"其实当时他（指青州书画艺术城开发者左景岳——作者注）是为了搞房地产……可能他也没想到会发展成一个像模像样的（画廊区）"。① 从青州书画艺术城建立的初衷来看，随着市场经济的深入发展，特别是在房地产经济开始起步的阶段，青州书画艺术城与同为画廊聚集区的钰铧文化市场已经有了明显的区别，开始突破"画廊业"这个单一的状态，涉足艺术地产的领域，促使青州艺术产业发展由单纯的"画廊业"向模式化、系统化拓展。

图 2-6　青州书画艺术城（现已做他用）外景及内景（笔者摄于 2014 年冬）

将青州书画艺术城定位为"艺术地产"的原因，一方面，固然是因为这里以"艺术"之名，主要用作书画艺术品的经营场地；另一方面，也是一个颇具地方特色的原因，这里的房产并非纯粹以金钱作为唯一的交易方式，而是同时接受"钱+艺术品"的方式进行交易。这种特殊的交易形式也让这个房产表现出了与书画艺术明显的关联性。关于具体的情况，青州书画艺术城的发起人及经营人左景岳做出这样的陈述：

2005 年的时候，市场达到一个高潮。从"非典"结束后，2003 年下半年开始到 2005 年底，我开始搞书画城的装修，等到搞完，到了 2006 年的 9 月了。这时候市场（冷）下来了。为了先把书画城的人气聚集起来，而且凡是到书画城（开画廊）的全是我的朋友。他们说，市场不好，手里都没钱怎么办？我说，不要紧，我知道谁手里有画，可以用画折合房款。他们最多的交了 50%的钱，有的只拿了 40%的钱。那时候我也确实牺牲了很多自己的利益，像书画城这样的

---

① 参见本研究附录二："青州模式"研究访谈文字稿（四）。

房子，公摊率都很高，达到了34%多，我给降到了29%。①

作为亲历者的唐树良证实了这种状态：

> 那个时候钰铧文化市场已经不像样了（指破旧、规模小而杂）。他（指左景岳）是2004—2005年买的这个房子，那时候算是书画市场的第一次高潮。等他装修好了就已经是2006年了。2005年底，市场开始低潮。（因为这些画廊主手里资金有限），那时候的房子就非常难卖了。后来怎么弄呢？就用一半钱一半画的方式买房子，比如这个房子50万元，就给他25万元的画和25万元的钱。其实当时他是为了搞房地产，为了做生意，可能他也没想到会发展成一个像模像样的（画廊区）……2006年成立了（青州）画廊协会……就像现在的（中晨）文化小镇一样，一个主要目的是为依托文化产业来卖房子……当时，老左（左景岳）也是这样的想法。但因为他本人也很喜欢书画，加上当时的房地产市场不是很好，他就慢慢将经营重心转到了画廊业上……②

事实上，以艺术品抵钱的形式购置房产，这种情况在全国范围内都是不多见的。能够这样做，自然是因为青州艺术市场有着自身的特色以及特殊的原因，也能够从中反映出艺术品在青州经营者中的特殊性。

所以，青州书画艺术城可以被视作青州的第一个艺术地产项目，给青州地域艺术产业系统拓展了重要的一脉要素。其后，随着市场的进一步繁荣发展，特别是政府部门对文化产业和房地产的重视，艺术地产开始越来越多地出现。青州书画艺术城成功以后，在青州市政府的主导下，先后打造出了宋城、中国青州书画艺术城［包括中国中晨（青州）国际文化艺术小镇］等，艺术地产的规模逐渐扩大，功能逐渐增多。2016年，青州书画艺术城改作他用，这里的大部分画廊都以房屋置换（1∶2的比例置换）的形式搬到了新建并投入使用的中国青州书画艺术城1区。至此，青州书画艺术城结束了它作为青州首个艺术地产的历史功能。

值得一提的是，青州艺术地产从无到有，从青州书画艺术城到其后的宋城、中国青州书画艺术城，在这个发展过程中表现出了明显的转变及扩容的状态。这主要体现在：青州书画艺术城的艺术地产功能仅仅体现为对旧有地产进行改造，用以销售给画廊经营者使用，并没有宏大的蓝图规划。而其后的"宋城"等艺术区则是在国家大力倡导文化产业的时代背景下，经过了明确的战略规划和蓝图设计而形成的。在这种功能基础上，不仅规模得到进一步扩大，参与者

---

① 参见本研究附录二："青州模式"研究访谈文字稿（六）。
② 参见本研究附录二："青州模式"研究访谈文字稿（四）。

的布局也有了变化。在画廊区的基础上，还拓展了其他相应的功能，如文化旅游、商贸、餐饮、娱乐等多重文化商业街区功能。等到中国青州书画艺术城的建立，则又进一步有所发展，是典型的住宅区与艺术区结合的地产项目，在带动城市发展及特色文化区繁荣的同时，也促进了画廊区的多样态、新面貌，使得青州的画廊更显正规、专业。此后，随着政府管理部门的参与主导，众多新的系统要素陆续显现。如2010年前后，艺术金融要素显现；2014年，在政府的推动下，农民画进入产业化发展渠道。与此同时，以"艺术品备案溯源"为核心功能的互联网技术、大数据技术等艺术科技要素也加入青州地域艺术产业系统中……这在很大程度上显现出青州地域艺术产业的勃兴发展状态，一个全面的艺术产业链由此产生。

第三节　市场发展趋缓阶段（2011—2022年）①

伴随着整体经济的下行，在2011—2016年，青州地域艺术市场呈现出趋缓发展的状态。本研究设定的时间范围截止到2016年，但事实上，笔者认为，在未来数年时间内，青州地域艺术市场行情将进入发展的平缓期，主要表现在三个方面：首先，青州地域艺术产业的系统格局将趋于暂时性的稳定，短时间内不会再有新的要素加入进来；其次，此前一直处于核心地位的画廊业受到整体经济下行、市场竞争加剧、市场发展周期效应等因素的影响，将趋于平缓发展；最后，系统要素之间的比重分配会逐渐发生变化。

一、以市场崩盘论为标志

在这一时期，"青州书画市场崩盘论"（以下简称"崩盘论"）可以视作一个标志性事件。这主要是因为：第一，"崩盘论"是市场进入平稳期时间节点上发生的典型事件。第二，"崩盘论"引发了强烈的社会反响，一时间成为业内热议的话题。第三，"崩盘论"发展之初为青州的艺术产业发展带来了极坏的负面影响，但随着时间的推移，这种影响逐渐消失。这表现出很大的可研究价值，能够反映出深刻的市场生态问题。

作为这一阶段的标志，"崩盘论"从出现到肆虐经历了一个逐步发展的过程。2014年末，一篇题为《艺术品行情调整一级市场金融风险急剧放大——山

---

① 本部分内容已作为既有成果发表于《收藏家》杂志2016年第11期。

东青州艺术市场大调查》的实时性稿件,在通过纸媒及其网站发表后,引发了众多网媒的大量转载。① 很快,此文被赋予了各种新的标题,通过网络传播开来,尤以自媒体间(以微信公众号为主)的传播最为迅速,"崩盘论"初见端倪。想来,撰写此文的记者应始料未及,一篇看上去正常,经过实地采访完成的稿件,会成为"崩盘论"的始作俑者。事实上,客观地来评价,这篇"最初的稿件",并非一篇真正意义上的具有抹黑性或破坏性的文章。因为通览全文,并没有发现任何具有定论性的言论,文中普遍使用的"可能引发""前途难测"等词句,能够从侧面反映出一个媒体记者发表言论的谨慎性。但与此同时,此文又有着明显的失当之处,其一,通读全文,弥漫于文章始末的"看衰"情绪,不言而喻。仅从标题中"风险急剧放大"中的"急剧"、"市场大调查"中的"大"等字眼,就明显地透露出这种意味,至于正文内容所裹挟着的倾向性,更不待言。文章虽未明确地"看衰"青州市场,却能够让读者于字里行间感受到这种倾向。其二,此文存在夸大事实、以偏概全之处。最明显处在于,文章标题为"山东青州艺术市场大调查",但从正文来分析,根本谈不上"大调查",通览全文,所涉及的调研对象仅有一位画廊经营者,这种调研规模完全不能称为"大",只是夸大。综合来分析,这无疑是一篇具有极强倾向性的文章。本研究的"杀伤力"正在于由这种作者的"倾向性"所带来的读者的"导向性"。尽管此文虽未明确提出"崩盘论",却间接地助推了这一论调。

  事后不久,该文从原网站撤下,但其恶劣影响却一发不可收拾……当时恰逢中国艺术市场走到拐点之际,市场走向本就广受关注,待此"投石"之作一出,响应者众。关于中国艺术市场走向的探讨,成为2015年初的重要话题,而各路探讨中国艺术市场发展走向的文章,无不提及青州市场,具有代表性的如纸媒文章《低迷的青州翰墨,何去何从》、博客文章《乱象杂生的艺术资产评估将引发新一轮金融危机?》等,从这些文章内容来看,大有将青州的画廊业等同于整个中国艺术品一级市场之势。本来,一场关于市场现象的讨论因自媒体的参与及其抹黑式的盲目宣传,完全变了味道,事态趋于扭曲化。更有甚者,为达到博眼球、吸引粉丝、提升关注度的目的,损人利己,密集发布窜改标题后的文章,使用众多极端性的措辞,如将标题《低迷的青州翰墨,何去何从》改为《画廊八成关门,青州字画市场或成鬼城》,将标题为《书画市场格局调整、微拍深受年轻人喜爱》的文章窜改为《青州字画崩盘,市场欢呼回归理性》,而

---

① 陈晓红:《艺术品行情调整一级市场金融风险急剧放大:山东青州艺术市场大调查》,载《上海证券报》,2014年12月27日,第8版。

《青州字画崩盘或引发山东银行破产》则窜改自《乱象杂生的艺术资产评估将引发新一轮金融危机？》，显而易见，标题经过窜改，导向完全不同。这些无良自媒体平台以唯恐天下不乱的心态来为自己的浑水摸鱼提供方便，使得"崩盘论"愈演愈烈，呈现被"坐实"之态势，"闹剧"达到高潮，却实为被"标题党"所利用，沦为博眼球的有力工具。而在其背后，是"自媒体"缺乏统一监管，法律对其约束力不强所导致。

事实上，早有专家针对"标题党"的行径对其进行了拆穿："微信（朋友）圈所传播的文章往往冠以崩盘、跳崖等词汇，其实并未有原创内容，经常转载一些其他文章，在标题上做文章，加入一些窜改的内容，配上夸大的图片，以博取眼球。"① 以此试图揭开"崩盘论"的"画皮"，但其效力远远弱于负面情绪的传播。这场"闹剧"只能寄希望于随着时间而逐渐消退。在"崩盘论"肆虐的态势下，青州是唯一只遭受伤害而没有得到任何受益的地方。因为对于媒体人而言，他们至少可以完成自己的工作量；而对媒体而言，则借助青州填充了自己的版面；对于无良的公众号而言，它们是最大的受益者，通过肆意夸大言辞，大大提升了关注度，在这个"粉丝经济"时代，背后的收益，不言自明。而唯独只有青州地区朴素发展的艺术产业，像是一株细嫩的幼苗，无辜地承受着过多的"脏水"的冲击，在一定程度上影响了自身健康的发育。在受到言论冲击的两年（指2015年、2016年）后，观今日之青州，运转景然，"崩盘论"土崩瓦解。《艺术市场泡沫刺破之后，青州书画市场见闻》一文，已经在有意识地为青州的书画市场进行"平反"。只是，这种宣传正能量的文章，因为缺乏吸睛效果和炒作噱头，不符合某些自媒体的利益，也就再也不见其进行转载、宣传，这也能够在很大程度上揭示出这些自媒体不负责任的本质。

二、常态化的发展态势②

在青州模式所处的"趋稳阶段"，特别是在艺术市场的调整期内，青州画廊业无须所谓"坚挺"，"常态化"运营足以应对困境。不言而喻，相信大部分人听到"崩盘论"之际，眼前浮现的状态大致应为：经营者在低价抛售后惊慌退市，画廊经营不善后迅速关门歇业……总之就是一派萧条景象。但在两年后，当熟悉青州画廊的外地人再次来到青州，绝对不会有任何不适感，因为一切如

---

① 隋永刚、傅玛丽：《书画"崩盘论"背后游资身影浮现》，载《北京商报》，2015年1月21日，第G01版。
② 本部分内容已作为既有成果发表于《收藏家》杂志2016年第11期。

常。不仅如此，笔者在调研过程中了解到：部分青州的"第一代"画廊经营者们反映最近一段时间（指2016年以来）的运营行情较之前有明显的提升。这不妨可视为在艺术市场回归"理性"后，逐渐出现"回归"的信号。青州画廊业在几十年的运营过程中，已经形成了常态化的运营体系，面对市场低谷，自有独特的应变方式，这种常态化的运营不仅能让青州欣然迎接辉煌，更有能力应对困境。诚然，并不排除青州有部分经营者因经营不善而转行或退市，但任何有点市场运营常识的人都明白，这种情况适用于所有行业。特别是在经济下行的时期内，出现这种状况是再正常不过的事情。虽然青州书画市场是一个面向全国的市场，但一方面市场需求在发生转变，需求量有所下降；另一方面，市场竞争加剧，很多不能适应市场需求、不能迎合产业发展规律的经营者必然会被淘汰出局。从"崩盘论"者和"噱头论"者角度来理解，这些机构就是"被挤掉的泡沫""被崩掉的盘渣"而已。

由"崩盘论"这三个字所引发的恐慌，是由占绝大多数的"圈外人"对青州画廊业态的不了解所导致的。作为对青州当地画廊业经营历程及状况十分熟悉的研究者，中国艺术产业研究院副院长西沐在"崩盘论"初期，就发表过可谓直击要害的观点："全国很多地方、很多人都在议论青州现象，议论青州画廊的发展，实际上，是因为对青州书画市场的兴起和发展的过程并不是很了解。"[1] 且不论那些奋力炒作"崩盘论"的"知名"自媒体人是否到过青州，即使是撰写《艺术品行情调整一级市场金融风险急剧放大——山东青州艺术市场大调查》一文的作者，从文章内容也很容易看出其对青州的地域文化乃至青州书画市场都知之有限。事实上，青州画廊业之所以能够发展起来，自然是借着"盛世玩收藏"的市场东风，但前提却是青州的画廊业具有自身的地域化特色。相较于市场的导引，这种自身特色显得更为重要。这是青州画廊业的立身之本、发展之本，更是面对压力而巍峨不倒的唯一根源。而这种特色的重要方面在于青州书画产业及画廊市场的独特源起，从青州书画产业发展的历程来看，青州书画市场的源起并非来自市场的刺激，而是收藏及鉴赏风气和文化的演变。

关于青州书画产业的特殊性，西沐同样做出过细致剖析，其中提到："收藏投资队伍及其所承载的市场投资收藏文化与内容，才是青州书画市场最核心的内在灵魂。"所以，青州书画市场及产业最底层结构是一种由当地历史积淀而来的收藏风气及文化，这才是青州书画产业真正的"底盘"所在，假如青州书画

---

[1] 西沐：《要历史、客观地看待青州书画市场》，http://news.artron.net/20150528/n745054_2.html（访问时间：2016年07月16日）。

市场要走向没落,那必将是从这一"底盘"的变质开始,但从青州画廊几十个核心经营者的经营理念来看,这种鉴藏的观念不会变,青州书画产业的真正"底盘"不会动,青州画廊业自然也就不会倒。

在"青州模式发展趋缓阶段"既有基础上,创新性的发展理念及营销模式得以应用并广受重视,青州书画产业的经营表现出与时俱进性。① 青州画廊的从业者大致可以简单分为三类:第一类是因为喜好收藏而进入市场的经营者,是青州画廊业的基础。这类人在经历市场危机时,可以选择暂停业务,从事既有行业,或者可以依靠自己确立的品牌,持续运营,只是收益没有此前丰厚而已。第二类是市场形成后加入进来的经营者,这是青州画廊业重要的继承性发展力量,如在世纪之交入行的从业者,以第一代从业者的子女为代表的经营者等。第三类是以投资或投机为目的加入进来的经营者。当市场遭遇寒冬时,第三类经营者就有随着市场的挤泡沫而首先遭到排挤的危险性;第一类经营者可以利用自身的多种经营模式、多渠道资源、深厚的经营基础,来勉力维持;相比较而言,第二类经营者想要获得生存空间,乃至长足发展,则更多地表现出一种积极的创新态势。

笔者在调研中,发现大量经营者的创新理念,表现如下:首先,营销态度的创新。艺隆斋画廊经营者冯书海是这类创新经营的代表。冯书海作为青州年青一代画廊经营者的代表,从专业美术高校毕业后,于2010年正式接管父辈的画廊经营业务。他的创新主要体现在营销态度及方式上。众所周知,青州的书画市场是一个面向全国的交易市场。在过去,青州人更多地是以当地的消费需求为主,大部分的交易是在青州本地完成的。但随着青州在全国知名度的提升、客户群体的扩大、网络宣传及销售渠道的拓展、市场调整期的到来等一系列因素的共同作用下,经营者的思路与态度不断得到更新。当下,作为经营者的冯书海,时时"在路上",不是在与客户洽购的路上,就是在跟踪展览、发掘好"画子"(青州人对绘画作品的独特称谓)的路上。而这种经营者在当下之青州,不在少数。他们在经营过程中,通过主动拓展营销渠道、积极扩大营销范围的方式,成为独当一面的新一代经营人,也通过这种方式在市场调整期有效地提升了交易成功率,保持了经营业绩。其次,营销模式的创新。锦泉斋画廊经营者王志坚是这类经营创新的先行者。自2015年底起,王志坚主动迎合"互联网+"的创新环境,不断转变经营模式,向"电商"及"微营销"渠道靠拢,充分利用当下所普遍使用的移动互联工具,通过深入挖掘其功能,实现商品交

---

① 本部分内容已作为既有成果发表于《收藏家》杂志2016年第11期。

易更加便捷化、多元化。具体来看，这种创新具体表现在以下几方面：第一，经营理念由过去的重视"作品为王"，强调"提升作品增值空间"，转变为现在重视"销售为王"，强调"提升作品流通量"。第二，由过去的单一产品经营，转变为现在的多种产品营销。第三，主体消费人群由过去的"60后""70后"，转变为以"80后"群体为主。其原因在于，"80后"群体作为"消费新贵"，具有与网络时代相适配的消费理念，有利于新模式的开展。与之相应，经营的产品也以当代书画艺术品为主，其中"80后""90后"画家成为主力创作者。这种创新性较强的模式，在青州尚在少数，但相关部门已经开始重视，青州市商务局正在积极地进行调研，论证书画产业电子商务在青州普及的可行性，以做大面积的推广应用。最后，营销理念的创新，主要体现在跨界经营方面。这种创新的代表如悟所愿画廊经营者佟璐，作为新一代的画廊经营者，在经历过专业的艺术教育后，其经营理念与父辈有了很大的不同，逐渐将研究视野拓展至相关的传统文化领域，将营销重心集中在"茶文化"上，同时注重将禅佛文化、书画收藏文化、雅玩文化等作为辅助，试图加以自己的努力，在青州的文化产业领域开辟一片新的空间。事实上，这种经营理念，虽然在一线城市并不稀缺，但在当下的青州无疑是极具前卫性的。尽管如此，作为一个具有深厚文化底蕴的城市，特别是随着具有现代意识的年青一代的崛起，这种在对传统文化基础上的创新显然是具有挖掘潜力的。

此外，灵兰阁画廊经营者于洋的经营思路，也能够体现这种创新性。于洋毕业于专业美术高校，主修艺术设计专业。当前，他的主要关注点放在艺术衍生品的研发方面。这种思路融合了个人与地方的优势。个人的优势，体现为他本身所学习的专业；地方优势则在于，青州有全国最好的县级博物馆，有大量的古迹及佛造像遗存，有作为海内外孤本的状元卷等。将两者结合而生成的衍生品颇具文创性。值得一提的是，于洋在毕业之初，并未从事艺术相关产业，其当前所经营的灵兰阁并非经营机构，而是纯粹的"雅集之所"，他将从其他渠道获得的盈利，用来支撑艺术衍生品的研发。

第三章

青州艺术产业系统构成

现代系统论认为，系统由整体和部分（或要素）共同构成，整体与部分在系统中的地位和作用不同。整体对系统的存在和发展起着决定性的作用，而部分则起基础作用。只有将整体与部分有机结合起来才能真正认识系统。因而在认识系统时，应该着重把握整体，同时要兼顾部分，并把二者有机结合起来。青州的区域艺术市场及艺术产业在紧随市场经济发展的30余年时间里，在市场规模不断扩大的同时，其内部构成也日益多元、复杂。如果用系统化的眼光来审视，青州的地域艺术产业已经成为一个由多重要素构成并互相作用的整体生态系统。本章内容即从系统论的视角对青州的地域艺术产业进行审视，旨在全面而深入地认识青州的艺术产业发展生态。

第一节 青州画廊业生态

青州当前的地域艺术产业呈现出以画廊业为核心，多产业要素互动发展的态势。可以说，画廊业的发展是青州地域艺术产业发展的关键，也是重点内容。

来自官方发布的数据显示，青州现有画廊800余家（2016年）。首先，这个数据是可信的，并非官方盲目地夸大或虚报。但同时也需要指出的是，此数据背后的画廊，并非单纯指人们一般印象中的专门化、具有同等展厅规模和收藏及经营体量的专业画廊，而是指青州地域范围内主营或兼营书画艺术品的、不同规模的、具有画廊属性的商铺。列入统计数据内的这些画廊既包括经过登记备案的专门性画廊，也包括主营其他业务（如古玩、装裱等）、兼营书画艺术品而具有画廊属性的商店等。甚至包括极其简单形态的店面，有很多在小区里，利用家里的车库，挂个牌子，挂上"画子"卖，这也算是个画廊。① 不难看出，

---

① 参见本研究附录二："青州模式"研究访谈文字稿（四）。

这 800 家画廊在规模、配套设施、经营品类、经营模式等方面都存在不同之处。

一、关于青州画廊业属性的探讨

(一) 当代中国艺术市场中的画廊分类

"画廊"一词是个舶来品，源自西方的"Gallery"，最早由日本传至我国。[①]由于中国传统意义上的书画经营机构没有统一的称谓，所以"画廊"一词在当代得到了较大范围的推广使用。而当下所使用的"画廊"一词，也已经不囿于起初的含义，[②]从当前艺术市场中的应用来看，"画廊"已经成为所有书画（包括油画、版画等）艺术品经营场所的统称。需要认识到的是，中国自古便有从事书画艺术品交易的经营机构，[③]可以视作画廊属性的场所，如宋代就有记载的书画经营场所笺扇庄，时称"画铺"。笺扇庄作为最重要的传统书画经营中介机构，直至清末民初，依然在全国范围内占据有重要位置。据记载，至宣统元年（1909）仅上海一地的笺扇庄数量就达到 109 家。[④] 除笺扇庄外，中国传统的书画艺术品经营场所还包括南纸店[⑤]、古董店、画店、装裱店等，这些店面多以轩、堂、斋等命名，知名的如"松竹斋"[⑥]。

综上所述，以中外传统意义上的画廊经营状态为标准，可以将当代艺术市场中的画廊笼统地分为两类[⑦]：一类是遵循西方画廊形态及运营模式，或者受其影响的画廊。这类画廊在当前市场中的数量十分有限。其中，包括外国籍人士来华创办的画廊，如 1991 年澳大利亚人布朗·华莱士在北京创办的红门画廊、1996 年劳伦斯于上海创办的香格纳画廊等；包括西方画廊机构在中国开设的分

---

① 李乐：《中美画廊业比较研究》，鲁迅美术学院硕士论文，2013 年。
② 在 16 世纪文艺复兴式的府邸或住宅，以及英国伊丽莎白时期和詹姆士一世时期的住宅中，散布或陈列图画用的狭长房间也称为廊，在贵族宅邸中也多有类似的设置，这一意义后来就成为现代"画廊"的词源。
③ 李乐：《中美画廊业比较研究》，鲁迅美术学院硕士论文，2013 年。
④ 郭淑敏：《展示与销售：民国前期美术展览的文化性与市场性研究（1912—1937）》，中央美术学院博士论文，2009 年。
⑤ 南纸店是以经营宣纸等品类纸张为主的商店。
⑥ "松竹斋"为荣宝斋的前身，始建于 1672 年，其初创时即为琉璃厂南纸店，1894 年更名荣宝斋，迄今已有 300 多年的历史。1952 年荣宝斋转为国营，现发展为闻名遐迩的中华老字号、东方艺术画廊。
⑦ 曾有研究者对当下的画廊从不同角度做出过区分，如《中国画廊业经营现状和问题分析》一文有过如下区分：从所售作品的权属分为代销式、自产自销式画廊；从画廊经营的专业化程度分为专营性、兼营性画廊；从画廊经营的档次分为谋生式、作坊式、高档型画廊。

店，如美国佩斯（Pace）画廊在北京开设的分店、美国高古轩（Gagosian）画廊在香港开设的分店；也包括本土成长起来的画廊，如2002年于北京成立的长征空间画廊、创立于上海的沪申画廊等。另一类则是在中国传统书画经营场所及方式基础上建立并发展起来的画廊。由于具有广泛的市场基础，所以，这类画廊数量相对较多。青州的画廊均为此类画廊，尽管画廊规模存在差异，但属性相同。

本研究认为，这两类画廊最重要的区别体现在经营重心方面，第一类画廊的经营更侧重于举办各类不同主题的展览活动，整体更倾向于组织、平台、运营，强调以学术价值的挖掘来带动商业价值的实现；而第二类画廊则侧重于与客户的沟通，整体更倾向于销售、中介。这一点在图3-1、图3-2的两类画廊的网站有着鲜明的体现。其中，图3-1为香格纳（Shangh ART）画廊①网址主页截图，图3-2为青州旷远斋画廊②网址主页截图。从主页内容可以看出，香格纳画廊是以推介自己组织的各类展览为主要内容的，而作为青州画廊代表的旷远斋画廊，则主要以推介与自己有合作关系的艺术家及收藏与销售的艺术品为主。

（二）青州画廊业的基本形态

2011年，在艺术市场掀起一波高潮的时候，知名艺术媒体《芭莎艺术》曾与AMRC艺术市场分析研究中心合力推出了一个独立画廊调查报告——《2010—2011年度中国画廊排行榜》③。其中的画廊均为上述第一类画廊，为达到深入了解两类画廊差异之目的，本研究特节选前49家④与同等数量的青州画廊进行比较。其中，所选择的青州画廊为重要画廊聚集区——青州宝鼎书画艺术城的入驻画廊（具体见表3-1）。

---

① 香格纳画廊成立于1996年，是中国最早成立的当代艺术画廊之一。目前，香格纳在中国上海、北京，新加坡均设有空间。20多年来，香格纳致力于中国当代艺术的发展，其与40多位艺术家有紧密合作，参与国际艺博会并与国内外的艺术机构合作。
② 旷远斋画廊是青州的代表性画廊之一，其经营者左景岳是青州画廊业的重要组织者，现为青州画廊协会会长。
③ 《2010—2011年度中国画廊排行榜》是《芭莎艺术》项目小组经过3个月的数据调研与样本访问后推出的。数据调研与样本访问以中国内地、香港以及台湾地区以经营当代艺术为主的170余家画廊为基础，最终获得有效调查样本100份。在此基础上，《芭莎艺术》与AMRC艺术市场分析研究中心合作，在调查数据基础上加入画廊质量评估体系，得出最终榜单。
④ 具体名单参见本研究附录一。

青州模式：地域文化的产业效能转化案例 >>>

图 3-1 香格纳画廊网站主页

图 3-2 青州旷远斋画廊网站主页

表 3-1 两类画廊基本状态比较

	排行榜上榜画廊	青州宝鼎书画艺术城画廊
画廊形态	●多数使用独栋建筑作为运营场所，如对旧厂房进行改造	●多层楼内的单独使用空间，租赁或购买的商铺式空间
命名方式	●28家"××画廊" ●11家"××空间" ●5家"××中心" ●5家以其他方式命名	●8家"××斋"；4家"××轩" ●4家"××堂"；1家"××社"；1家"××苑"；1家"××画社" ●1家"××画店"；1家"××画苑"；1家"××画社" ●7家"××画廊"，其中以"轩+画廊"命名的有2家，如云隆轩画廊 ●13家"××美术馆/艺术馆"，其中以"轩/斋+美术馆/艺术馆"命名的有4家，如锦泉斋美术馆、盛唐轩艺术馆 ●7家以其他方式命名
经营方式	●代理制	●没有代理制 ●多数为低价买入，加价卖出 ●少数采用代售形式
是否专营	●多数为专门经营	●权衡性经营：不将书画艺术品的经营作为唯一的经营内容，市场好的时候就会加大对书画经营的重视，市场不好也有其他渠道维持生计
参加展会	●多数会参加业内知名展会，如巴塞尔艺术博览会等国际展会、艺术北京博览会等国内展会	●多数会参加地方性展会，如中国画节、翰墨青州·中国书画年会等
艺术品类	●多数为在世当代艺术家、年轻艺术家作品 ●以当代原创艺术品为主 ●涉及国画、油画、版画、雕塑、新材料、装置等各种艺术形式 ●题材多样 ●重视作品的原创性和创新性	●多数为在世当代艺术家、年轻艺术家作品 ●以当代艺术品经营为主，极少数涉及近现代艺术品，多藏而不售 ●以中国画、书法为主，2~3家涉及油画艺术品，其他类艺术品几乎未涉及 ●以传统题材或写实风格为主 ●习惯上将作品分为名家作品，其中又分为一般作品（普品）、精制作品（精品）；创作作品；行画作品，又称"商品画"
运营优势	●与国际画廊平台接轨，有机会接触到各类国际化的画廊生态和高端客户群体	●诚信经营的品牌优势 ●来自全国各地大量的客户资源

续表

	排行榜上榜画廊	青州宝鼎书画艺术城画廊
资金投入	●硬件配置方面的投入较大 ●画廊运营方面，需要相对固定、持续的投入	●无论是硬件配置还是日常运用，都可根据市场情况或经营状况，灵活性投入
对艺术家的判断	●重视艺术家的艺术创作潜力，不过分看重艺术家的社会身份，如是否为美协会员、是否参加过主流美展并获奖等	●看重艺术家的社会身份及职务，将是否为美协会员、是否参加过重要展览并获奖、是否在相关机构（如学院、画院等）担任重要职务作为衡量艺术品价值的重要标准

通过表3-1，可以对青州画廊的基本状态和属性形成大致的认识。对比之下，可以发现青州的画廊属于中国本土化的画廊，其中，最为直观的表现在于青州的画廊大多数以斋、轩、堂等中国传统方式命名，如笔者在调研中深入接触的艺隆斋、宝瀛斋、锦泉斋、池墨阁、盛唐轩等，尤以"斋"命名者最为常见。这种在青州最为常见的画廊命名方式，是对传统店面取名方式的延续，而更进一步的根源则是承袭自传统中国文人为自己的书斋或居室所起的名号，而在当代艺术市场中能够在很大程度上反映出青州画廊业对传统的尊重，同时这种传统也是与以中国书画艺术品为主要经营对象相一致的。

综上所述，青州画廊是在中国传统书画艺术品交易场所的基础上发展起来的中介机构。如果以西方意义上的画廊运营机制来评价青州的画廊，如签约、培育艺术家，具有完整、科学的人才雇用团队等，则二者是存在一定差距的。与之相较，青州的画廊业发展更多地表现出一种本土化的朴素性。尽管青州以传统经营为主的模式仍与西方的画廊经营方式存在着明显的差距，但青州的画廊正在以自己的方式不断地向其学习和靠拢。主要表现在画廊的硬件配置、画廊的功能设置（展览、美术馆）、画廊个体的品牌性（打造百年老店）等方面。

目前，青州有注册备案的画廊近500家，属于画廊协会会员单位的有400余家[①]。根据经营书画艺术品的性质，可以将青州的画廊大致分为以下六类（见表3-2）：

---

① 参见本研究附录二："青州模式"研究访谈文字稿（六）。

表 3-2 青州画廊基本分类列表

经营分类	代表画廊	数量
主营当代中国领域的名家作品	旷远斋、宝瀛斋、艺隆斋等	100余家
主营一般艺术家（如美协会员）或风格鲜明的艺术家作品	青州大部分画廊	300~400家
一般艺术家作品+商品画、衍生品等	东方雅集	100余家
主营商品画、衍生品	位于旅游区内的画廊	100余家
以装裱等为主，兼营书画	旭宝阁装裱字画中心	50余家
综合性经营	锦泉斋等	10家左右

这些商铺主要集中在几个大的聚集区内，这些画廊一般拥有自己的门面，以或租或买的方式使用。画廊往往是集经营与展示功能于一体的综合性场所，有些规模大的画廊则具有单独的美术馆，用以展示自己的藏品。但整体来看，这种美术馆是为画廊这一主旨功能服务的。这些画廊是青州画廊业的主体，使得青州画廊业整体呈现出聚集的状态。但也有部分具有画廊功能的店面零散分布于城市的各个角落，有些甚至在自己的家里就开一个门店，对外经营。

二、青州画廊业的经营场所

当前，全国各地画廊业的面貌大致相同：在一个专门的画廊聚集区或艺术区内，一间间面积大致相同的画廊相邻排布。从基本配置角度来审视，青州的画廊与其他地域相一致。如图 3-3 所示，是青州画廊的典型形态，画廊内的所有墙面均可用来展示作品。同时，画廊主会利用墙面，将整个画廊分割成几个不同的空间。官方公布的数据显示：当前（指 2016 年），青州共建有九大书画市场，有画廊达 800 余家。① 其中的九大书画市场指的是青州书画艺术城（已转做他用）、宋城、泰丰书画古玩城、大明衡王城、北门里明清古街、君怡都书画古玩市场、中国（青州）书画城、宝鼎大厦书画城、农民画市场等。其中作为画廊聚集区或者以书画艺术品经营为主要业务的艺术区主要是青州书画艺术城、君怡都书画古玩市场、宋城、宝鼎大厦书画城、中国（青州）书画城。

随着时间的推移，在市场不断深化发展、经营群体规模持续扩大、地方政策支持力度进一步增加等因素的作用下，青州画廊业经营空间经历了一个不断

---

① 孙克峰：《书画年产值 120 亿 青州能否做聊城的文化产业样板？》，载《聊城晚报》，2016 年 4 月 28 日，第 3 版。

图 3-3　青州画廊基本格局

变化的过程，即明显的由个体经营到集群经营再到拓展经营场域（见图 3-4）。从功能角度来看，青州画廊的功能随着时代的发展而不断进步、增加。最初的基础功能就是接待客户和展示藏品，这种功能在钰铧文化市场时期表现最突出。随着市场的发展以及画廊区和店面等经营场地的增加，一方面，画廊场地成为展示画廊运营实力的硬件配置（见图 3-5）；另一方面，利用画廊自身的场地，青州的画廊也具备了举办各种类型展览的功能，可以用于为自己举办展览，也可以租赁给他人举办展览，以赚取收益。

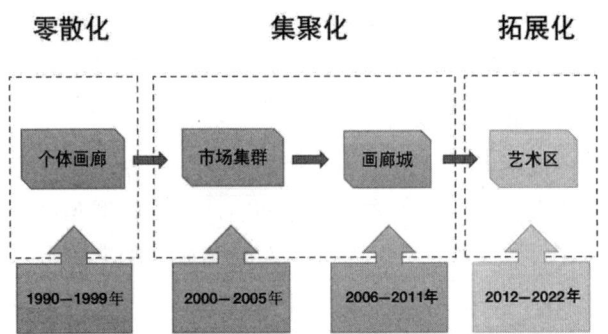

图 3-4　青州画廊形态发展示意图（笔者绘制）

图 3-5　宝鼎书画艺术城举办展览及展厅现场（笔者摄于 2015 年 11 月）

三、青州画廊业参与主体

青州画廊业中的参与人群体量庞大且构成繁杂，充斥着各种身份、怀揣各种目的和追求的参与者，这也在很大程度上反映出全国市场的特征。这种构成市场的参与人群所呈现出的多元面貌，在一定程度上为相应的研究设置了障碍，令研究者难以找到剥茧抽丝的路径。但如果按照艺术品的流转路径来分析，青州乃至全国画廊业的参与者可以分为三种身份：生产者、销售者、消费者。其中，艺术品的生产者主要为艺术家群体，销售者主要是画廊人群体，消费者则是怀揣不同目的和追求购买艺术品的群体。一般而言，消费者购买艺术品的主要目的有三个：第一，用于收藏；第二，用于加价售出，从中赚取收益；第三，作为礼品馈赠他人。

通过图3-6，可以掌握青州画廊业参与者之间的关系。如果从构成人的两两关系来理解，可以得出以下结论：其一，艺术家与画廊人之间基本保持着密切而相对单纯的关系，即艺术家需要通过画廊人进行作品的销售。在青州画廊业语境下，一般很少存在艺术家同时兼任经营者的情况，即便有，也非主流形态。虽然，从全国市场来看，也存在有消费者直接从艺术家手中购买艺术品的情况，但实属少数。这是因为受到艺术品本身附加价值不明确的影响，直接从艺术家手中买画的价格往往会高于从画廊人手中买画。关于这一点，作为青州"画二代"[①]的冯书海在接受笔者访谈中有过详细的说明："很少有人会这样去自己找画家，因为画家肯定会刻意抬高自己的作品价。举例来看，一个画家在画展上的售价可能是2万元/平尺，那么我们从他们手里拿画肯定会低于这个价格。而你去买画家的作品，画家肯定能够知道你的身份，如果是有钱的藏家自己去买，他肯定会远高于2万元/平尺。除非真的不懂市场运营规则，又人傻钱多的人，否则不会越过画廊或者中介商，毕竟我们有自己的圈子，了解市场行情，能够以低于市场行情的价格拿到画家的作品，而又不会漫天要价。"[②] 事实上，如果存在这种情况，无形中将"画廊"这一中间环节排除在外，故不能作为"画廊业"视角中的关系来审视。因此，从画廊业的语境来审视，艺术家的身份一般是单向度的，即艺术品的创作者，也就是艺术商品的生产者。其二，从艺术家与消费者的关系来审视，艺术家一般不与消费者直接联系，除非作为

---

① 一种常用的称谓，指在青州，父辈从事画廊业经营，子女同样经营画廊业的年青一代群体。
② 参见本研究附录二："青州模式"研究访谈文字稿（三）。

中间人的画廊人同时也扮演着消费者的身份，或者是在"非画廊业"语境下来看待，这种关系才会成立。其三，画廊人与消费者两个角色之间的关系显得相对复杂。原因在于，当消费者找到画廊人购买作品时，消费者就是画廊人的客户。而当画廊人本身也产生购买需求时，则会实现角色的转换，即由销售者演变成消费者。这主要表现为，首先，很多画廊人采用以藏养藏的模式经营，在收藏目的的驱动下会进行相应的艺术消费；其次，很多画廊人会针对自身客户的需求，以加价购买的方式，从同行那里买入后再转手卖掉。

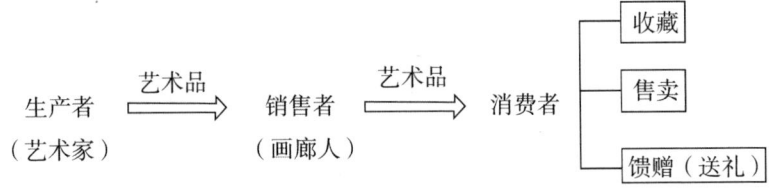

图 3-6　青州画廊业艺术品流转示意图（笔者绘制）

青州本地的书画经营者身份各异，学历不同，经营方式和理念也不尽相同。唯一表现出共性的地方在于青州大部分的画廊业经营者都表现出"权衡性经营"的特点，即不将书画艺术品的经营作为唯一的经营内容，市场好的时候就会加大对书画经营的重视，市场不好也有其他渠道维持生计。"权衡性经营"这种现象的存在并不难理解，因为艺术品作为非生活必需品，会面临跌宕起伏的市场行情。若只是一味专门从事书画艺术品经营，必然会增加风险。从另一个角度来看，"权衡性经营"这种方式存在一定的探索性和尝试性，是符合当代中国艺术市场发展实际的方法，也是促进青州书画市场逐步做强的有利因素。具体来分析，这种特点又存在以下几种情况：其一，青州很多画廊人将书画经营视作副业。这是一种普遍存在的现象，特别是最早一批从事画廊业经营的人，基本上都有能够提供稳定收入的本职工作，以在企业就职者居多。他们是在本职工作之外从事书画经营，或者在退休后专事画廊业。如青州宝瀛斋画廊经营者唐树良，此前就是在本职工作之外从事书画经营，现在则是以退休的状态全职经营画廊。再如青州旷远斋画廊经营者左景岳此前为青州市棉麻公司总经理。笔者接触到的很多画廊人都属于这种情况。另有很多私企经营者看到艺术市场的发展潜力后，拿出一些资产来从事书画艺术品经营的情况，在青州也是十分多见的。其二，多种经营是青州画廊人的常见选择。这样的状态又有很多不同的面貌。举例来看，有很多主营书画装裱业务的店面也同时兼营书画艺术品。此外，可见很多经营者将书画艺术品同其他类商品一起销售的情况，如锦泉斋画廊经营者王志坚现在已经通过电商平台及互联网思维，实现了由专营艺术品向兼营一系列电商产品（包括艺术衍生品、养生保健品等）的转型。再如东方雅集画廊经营者孙景学主营书画衍生品，但在书画艺术市场好的时候，也从事相关原作艺术品的经营。类似的经营方式，在青州呈现出愈演愈烈之势。

在对青州画廊业参与主体的解析中，扮演"销售者"身份的青州画廊人与扮演"生产者"角色的艺术家之间的关系，是一个极不容易清晰界定和论述清楚的问题。因为从在市场关系扮演的角色角度来理解，画廊人既可以是艺术家接触市场的合作者，也可以是介于艺术家与消费者之间的中介。而从依附关系层面来理解，一位艺术家在尚未成名、成家前，想要将自己的作品推向市场，就必须仰仗画廊人群体，这时艺术家很大程度上表现出对画廊人的依赖。而当画廊人面对一位知名艺术家而一作难求时，则自然地表现出自己对艺术家的依赖。所以，试图对二者间的关系进行定量分析，是徒劳的。笔者以为，探讨青州画廊人与艺术家之间的关系，只有围绕"交谊"和"利益"两个概念，方能客观地厘清两者间的关系。因为，两者主要围绕着这两个概念进行交际。

青州画廊业的早期从业者普遍强调与艺术家交朋友，这与他们大部分人看重艺术品的崇高性、尊重文化有直接的关系。因此在与艺术家的接触中，多少有些古代文人的交友意味，强调不以纯粹的商业活动为主。艺术家袁武在文章中记录的关于自己与现任青州画廊协会会长左景岳的交往情景是青州早期画廊人与艺术家之间交往状态的一个缩影，可以作为了解两者关系的重要参考：

我在青州认识了许多与书画有关的朋友，左景岳先生就是从那时开始交往至今的朋友。景岳先生为人处世热情而沉稳，不仅有智慧而且有修养，对书画的理解有独到见识和品位。在我第一次去青州时，他就开始买我的画。我自知本人是个不错的画家，但让别人在十几年前承认这一点，还是不易的。让人预测当年一幅800元的斗方，今天将卖到十几万甚至几十万元，更是天方夜谭。我不知道景岳先生是以慧眼盯上我，还是以赌的心态蒙一把。反正他一直关注我的画，并且仗义疏财地每每捧我的场。在那几年的"走穴"中，无论我哪一次来青州，景岳先生都要请我吃饭、聊天。更难能可贵的是，每当我离开青州的最后一天，他都要到场送别。这不是简单的礼节形式，而且还具有一个执着的保留节目，那就是把没有卖掉的剩画，不论大小、好坏统统买下。几年的青州"走穴"多数兜底的最末一单买卖，都是由景岳先生完成的。尽管那个年月我的小品价格很便宜，当年的左经理，随便一点琐碎银两就可以打包买走我的剩余之画。但积少成多，一直坚守下来就不容易，他不仅需要投入越来越多的资金，还要具备自信的鉴赏力，和对一个发展中画家的真挚热情和有力度的支持！当年"见钱如命"的我会深深记下这份雪中送炭的友情……景岳先生除了自己大量买我的作品，还常常游说他的朋友买我的画，并且都买大作品，如《观沧海》《老子出关》。我唯一作为商品画、重画卖出的《垓下歌》也在此之列……多年的书画交往，使我和景岳先生成为朋友。他像老大哥一样，帮我"罩"着许多事。2005年，我和书法家申万胜先生共同创作了40幅水浒人物，每幅人物都由申万胜先生配上书法。作品完成后，我就一直考虑展览这套作品并出售。因为是和申先生合作，为了让朋友申万胜有收益，我很着急早些结束这件事。但因为要整套卖出，一段时间内很难找到买主，我和景岳先生说明了此事。不几日就得到回复，说是已经联系到买家，并决定在青州书画城举办作品展。当展览和一系列活动顺利结束后，先前答应的买家又不买此套作品了。景岳先生又重新协调此事，最终圆满了结。我不知这件事，他操了怎样的心，付了什么样的代价，但从中感受到了左景岳作为青州地区书画交易的"老江湖"的能力和义气。另外一件事情也能说明景岳先生置身复杂的书画交易潮流中，却能热忱作为和奉献担当的兄弟意识。2010年一个地方小拍，竟然一次性要推出我的拍品100多件，真真假假，精品次品鱼目混珠。当时我正在西藏采风写生，鞭长莫及，很是着急，景岳先生在青州也知此事，急我所急，反复与拍卖公司沟通，同时和我商量化解办法，迫使拍卖公司撤下赝品。又和许多朋友参加现场拍卖，使七八十幅作品顺利拍卖，没有造成针对我作品的不良影响。①

上述这段篇幅颇长的叙述文字中，包含有很多反映艺术家真实内心的细节，可以窥见艺术家袁武对青州画廊经营者左景岳的心存感激。但同时，发现纠葛于"交谊"之中的"利益"因素也是十分明显的。当然，整体来看，在理解二人的关系方面，这种关系的天平显然是倾向于"交谊"一方。另外一个典型的例子，来自知名艺术家史国良和画廊人冯杰，在当代书画领域获得大名的史国良在如今谈到当年到青州"搞笔会"时，十分感激冯杰曾经对自己的帮助，情到浓时，甚至潸然泪下。② 2016年，在青州锦泉斋画廊经营人王志坚的女儿结婚之际，收到了来自全国各地与之合作的众多艺术家的贺礼，以寓意吉祥的艺术品为主。颇具营销头脑的王志坚及时地将这些作品通过手机渠道进行展示，这是一种进行自我宣传、提升自身的有效手段。笔者看见后，认为这是能够反映青州画廊业经营状态的鲜活材料，能够据此反映出艺术家与经营者之间的关

---

① 袁武：《"走穴"青州：记与左景岳先生的书画交往》，见：《翰墨青州：袁武书画收藏集》，济南：齐鲁电子音像出版社2006年版，第3页。
② 参见本研究附录二："青州模式"研究访谈文字稿（二）。

系。无疑，这些"往事"都能够反映出以左景岳为代表的较早一批青州画廊人在与艺术家的交往中，确实有能够感动艺术家的交往之道。而这自然是与青州人的秉性、追求等价值观内容相联系的。也是青州能够聚合起大量发展艺术市场所必需的优质资源的重要原因。在市场语境下，这种艺术家与青州画廊人之间的"交谊"与"利益"相互交织的关系一直存在，二者不可能互相脱离而单独存在。这也是人与人之间交往的正常状态。

在调研过程中，笔者发现，当下，尽管青州的画廊经营者依然会强调要与艺术家交朋友，但这种"交谊"的纯粹程度已经无法与市场刚起步时相提并论。处于青州画廊人和艺术家之间的"关系天平"正在发生改变。随着中国艺术市场的愈发成熟与繁荣、艺术家在市场中地位的提升，特别是在画廊业参与者数量的增加、经营者竞争压力加大等条件的促使下，交往的天平不可避免地倾向于"利益"一面。举例来看，有青州画廊人提及：袁武刚来青州的时候，他必须得按照（经纪人）要求来画，不能按照自己的想法来。到后来，随着他名气越来越大，再请他到青州时，他只按照自己想法来画，这也反映出随着市场的发展及艺术家社会地位的提升，青州画廊人与艺术家之间的关系变化。特别是当市场成为明显的"卖方市场"，即艺术家在市场中占据着主动地位后，这种关系的天平自然会向"利益"一方倾斜，这是不可避免的。更有甚者，所谓"交谊"已经完全赤裸地表现为建立在"交易量"基础上的合作关系。当然，从市场角度来观察，任何一种状态都是正常的，没有对与错之分。

四、经营的艺术品

青州画廊业市场中经营的艺术品，主要表现出以下三个重要特征：第一，经营品类以中国传统艺术门类为主，包括中国画、书法等艺术品，中国画涉及各类题材。从时代性来看，以现当代作品[①]为主。仅有少数画廊经营油画或艺术衍生品。第二，经营艺术品的层次十分鲜明。这种层次的区分，不仅体现于艺术品的水准方面，而且在市场价格、艺术家的影响力等方面均有明显的区别。第三，经营者对艺术品的市场定位十分清晰。在青州画廊业领域内，画廊人对自己经营的艺术品，如哪些属于高端收藏品，哪些属于中端投资品，哪些属于低端消费品（商品画）有着清晰的认识。以此为基础，可以大致将青州画廊业经营的作品分为三类：当代名家作品，如中国美术家协会（以下简称"美

---

① 艺术市场中的时间概念，主要指在世艺术家作品，与之相应的概念是：古代作品、近现代作品。

协")主席或理事的创作或一般作品;非名家但学术性较高的作品,如专业院校教师的艺术创作;艺术性水准一般的作品及商品画。

其中,名家作品或者收藏价值较高的作品多以平尺论价进行销售,如每平尺1000元,在此基础上客户可以议价。而一般的作品及商品画多以单幅作品论价。如图3-7所示,2015年12月,在(尚未转做他用的)青州书画城六楼展厅举行的一场书画"淘宝会",给我们提供了一个深入认识青州画廊业所经营的艺术品类的机会。本次展会是由青州画廊协会组织的公益性活动,"本着自愿参加、自主管理的原则,为购藏者提供直观、朴素的交易、交流方式,既可以现场购销,也可以互相置换"①,在作品征集方面,主办方的规定是:"藏家和画廊自愿送展至(青州)书画城六楼,每家不超过10幅作品……自备作品清单(包括序号、作者、尺寸、价格、备注),'淘宝会'期间,作品自行管理。"②

图3-7 2015年青州书画秋季淘宝会现场(笔者摄于2015年10月)

笔者经过实地调研发现,本次展会展卖的艺术品数量很大,它们或悬挂于展板与墙壁上,或铺陈于地面或展柜中,目测数量可达数百幅(见图3-7)。这些作品水平参差不齐,价格差距悬殊。当代名家作品在数万元至数十万元价格区间,如中央美术学院教授王镛的一件书法斗方,要价10万元;而一件不知名专业书法家的册页书法,仅1000元;业余作者的书法作品仅百余元,其他还有很多一眼便知是业余初学者的作品,画工低劣,完全谈不上艺术性可言的作品,

---

① 摘自活动海报。
② 摘自活动海报。

也出现在现场,售价仅为几元、十几元。此处,笔者的一个亲身购买经历,可做参考,笔者在现场看上一件水墨绘制的花鸟题材作品(约3平尺,绘制的主体内容是天鹅),我的购买心理价位在1000~1500元,向现场工作人员询价,她估计不会超过2000元,但跟老板确认的价格为4000元,并附理由:此作为山东某高校专业老师作品。尽管这个价格超出了笔者的心理价位,但按照自身对市场行情的认知,认为这个价格是符合市场实际的。图3-8是笔者在"淘宝会"现场拍到的展销作品信息,其中涉及作者、作品尺寸、价格等信息,根据这些信息,笔者绘制了表3-3,通过该表,可对青州画廊业经营的艺术品信息有一个大致客观的认识。

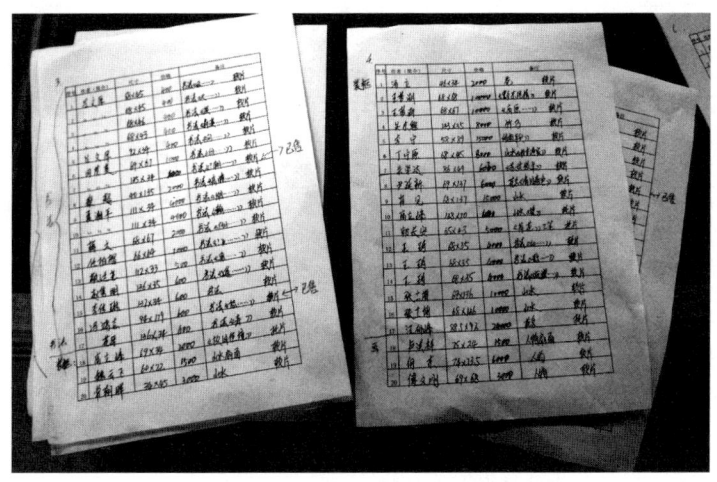

图 3-8 2015 年青州书画秋季淘宝会艺术品信息(笔者摄于 2015 年 10 月)

表 3-3 青州书画秋季淘宝会艺术品信息

序号	艺术家	题材	尺幅 (cm)	价格(元)	备注
1	吕文厚	书法	68×45	400	软片
2	吕文厚	书法	68×45	400	软片
3	吕文厚	书法	68×46	400	软片
4	吕文厚	书法	68×43	400	软片
5	吕文厚	书法	92×34	400	软片
6	田茂真	书法	69×67	1000	软片
7	田茂真	书法	135×34	1000	软片
8	蔡超	书法	40×135	2000	软片
9	夏湘平	书法	111×34	4000	软片

续表

序号	艺术家	题材	尺幅（cm）	价格（元）	备注
10	夏湘平	书法	111×34	4000	软片
11	蒋云	书法	68×67	2000	软片
12	任柏榴	书法	66×64	1000	软片
13	敬廷尧	书法	112×33	500	软片
14	赵隽明	书法	136×35	600	软片
15	李传琳	书法	137×34	600	软片
16	冯鸿志	书法	94×179	600	软片
17	花厚	书法	136×34	600	软片
18	高立峰	绘画	69×34	2000	托片
19	魏云飞	山水（扇面）	60×22	1500	软片
20	常朝晖	山水	34×45	3000	软片
21	汤立	绘画	46×34	2000	软片
22	王梦湖	绘画（《黔东风情》）	68×68	10 000	软片
23	王梦湖	绘画	68×67	10 000	软片
24	吴东魁	绘画（《竹鸟》）	133×35	8000	软片
25	李宁	绘画（《春报平安》）	58×89	15 000	软片
26	丁宁原	山水（《胶东渔家》）	68×45	8000	软片
27	朱学达	绘画（《苏武牧羊》）	86×49	6060	软片
28	尹延新	花鸟（《清园春色》）	69×137	6000	软片
29	崔见	山水	68×137	15 000	软片
30	高立峰	山水（《碧》）	138×70	6000	托片
31	郭长安	（工笔）绘画《（荷花）》	65×43	5000	托片
32	王琦	书法	68×35	4000	软片
33	王琦	书法	68×35	4000	软片

续表

序号	艺术家	题材	尺幅（cm）	价格（元）	备注
34	王琦	书法	68×35	4000	软片
35	张士增	山水	69×136	10 000	软片
36	张士增	山水	68×136	10 000	软片
37	汪×峰	花鸟	88.5×92	24 000	托片
38	卢洪祥	人物（扇面）	75×24	1500	软片
39	何东	人物	74×73.5	6000	软片
40	傅文刚	人物	69×68	3000	软片

无疑，表3-3所显示的是青州画廊业市场日常运营过程中的一个随机性经营"画面"，但恰恰透过这种"鲜活"的内容，我们有机会接触到最为真实的地域市场信息。

五、青州画廊业的经营理念

画廊人的经营理念常常与经营者的出身、入行时间、思维方式、经营形式，以及所处的市场状态和时代背景等紧密相关，是反映画廊业地域特征的重要内容。在本部分，笔者试对青州画廊业的经营理念进行大致梳理与说明。总结来看，青州画廊业运营中所体现出的经营理念主要有以下三类：第一，不以盈利为唯一追求的经营理念。与这类理念直接联系的是"以藏养藏"式的经营形式，以及青州画廊业的那批"奠基人"，即包括前文所提到的左景岳、唐树良、冯杰、王正悦等在内的自20世纪80年代就开始收藏书画艺术品的一批经营人。事实上，在整个山东潍坊，不止于青州，乃至山东淄博的经营者在经营画廊之初，都不是把它当生意来做，主要还是为了收藏。这种收藏的追求包含两层旨趣：其一，因为喜爱而收藏；其二，等待增值而收藏，这种追求背后是一种"文化投资"行为。二者紧密联系，是一体两面之关系。这种经营理念体现出了青州画廊人的基础理念，甚至在不长的发展周期内表现出了一种可被传承性。如锦泉斋画廊经营者王志坚在提到这种理念时，这样回忆道："在'老师'带'徒弟'阶段，就不让我们卖画，无形之中灌输一种不靠卖画赚钱的理念。……我们（这一批画廊人——作者注）大部分人入行，都是在老师的影响下进入的，这个老师指的就是'前辈'。……我最初入行的时候，就是在亲戚的指导下，跟着一起买画。就是知道这些作品会升值。当然，产生这种观念有多方面的原因，一是老师就说它们会升值,好好收藏,以后会更赚钱,他们也没有直接告诉你不让你买卖,事实也确实是那样,收藏家才是最大的赢家。但一般人根本没有实力做大收藏家。……另外,那时候市场也不成熟,倒卖也不方便。"① 这种经营理念有利有弊,利处在于能够充分表现出对艺术品及其背后文化性的尊重与敬畏,能够保持书画艺术市场经营的原生动力和活力,在很大程度上与艺术品的本性相契合。弊端则在于会大量占用经营者的资金,进而需要"以藏养藏"。在当下的中国艺术市场中,受到多重因素(如市场竞争加剧、高盈利的诱惑、经济下行等)的影响,青州画廊业的上述基础理念正在受到动摇,与这种经营理念直接相对的是"现买现卖"的方式,这种经营理念的好处在于"不压钱",即画廊人根据既有资金实力,随机购买艺术品,并尽快出手,从中赚取收益。这种经营形式,能够很好地缓解资金压力,但已经属于将书画经营当作生意做了。随着市场的发展,两种理念相结合的倾向愈发明显,而对不同经营理念侧重的背后,是画廊人对艺术品"身份"的不同认知与评价。

  第二,将艺术品作为一般的商品进行交易的方式,其背后的经营理念与现代商业模式相一致,以纯粹追求成功运营和盈利最大化为目的。这种经营理念,承接自上文提及的"将书画经营当作生意来做"的理念。在当下的市场环境下,这是对上述理念的进一步深化,也日渐成为青州画廊业市场的主流形态。在电子商务的经营途径与理念出现之前,这种经营方式和理念与"不以营利为目的"的理念混杂在一起,呈现出两种理念兼备的经营状态。电商平台出现后,这种观念呈现出一定的独立状态。青州画廊人王志坚是这种经营方式和理念的代表。王志坚是青州最早学习并实践"电商"经营的画廊人。2015年底开始学习并尝试运营。2016年2月开始进行正式的运营及推广。在笔者2016年8月采访王志坚的时候,发现她的经营理念较之于传统意义上的经营理念有很大的不同,具体表现在以下几个方面:第一,从认识重心来分析。由过去的重视"作品为王",强调"提升作品增值空间"的经营理念,转变为现在重视"销售为王",强调"提升作品流通量"。第二,从产品定位来分析。首先,由过去的单一产品,转变为现在的多种产品营销。过去,书画艺术品是唯一的营销产品。现在,围绕书画艺术品这一营销核心,拓展出策展、招商加盟、搭建网络营销平台(移动互联商城)等多款盈利产品。其次,过去经营的书画作品以高价位作品为主,现在为各种价位作品都有。第三,从目标人群来分析。主体消费人群由过去的"60后""70后",转变为以"80后"群体为主。其原因在于,"80后"

---

  ① 参见本研究附录二:"青州模式"研究访谈文字稿(一)。

群体作为"消费新贵",具有与网络时代相适配的消费理念,有利于新经营模式的开展。与之相应,经营的产品也以当代书画艺术品为主,其中"80后""90后"画家成为主力创作者。事实上,从王志坚通过推广渠道(以微信、微博等自媒体为主)时时更新的消息可以发现,她的经营理念已经发生了根本性的变化。在市场运营中,她已经将艺术品作为纯粹的商品与其他类商品一起,通过电商渠道进行营销。在一段时间内(约一年多),王志坚是青州画廊业市场中唯一进行电商探索的画廊人。随着时间的推移,这种尝试者也逐渐增多起来。

第三,以"投机"为主要目的的经营理念。主要指在市场形势好的条件下,怀揣大量资金投身画廊业的经营者。在青州,持有这种经营理念的经营群体具体有多大规模,尚难估量。笔者以为:这类经营理念的存在尽管具有一定的典型性,但对应的青州画廊人数量不会太多。主要原因在于纯以"投机"为目的的经营者很难长久维持下去。因为画廊业经营绝非外表看上去的那样简单,其中门道众多、门槛又高,不仅需要大量资金,还隐匿着风险。没有一个长效、稳定的发展理念与运营机制,其结果不是被市场作为"泡沫"挤掉,就是会随着经营时间和经验的积累,而被具有生命力的理念所同化、改变。

六、经营的艺术家

当前,青州画廊业涉及的艺术家群体十分庞大,包括青州本地、山东省内乃至全国各地的艺术家,粗略估算,可及数百乃至千人规模(如表3-3所示)。各种头衔、各种名气的艺术家均能在青州找到合作的经营者。艺术家绘制的"专供"市场的众多作品,就是通过像左景岳、唐树良、王志坚等这样的一个个画廊人,被销售到了全国各地。值得关注的是,尽管数量众多,但真正占据青州地方市场份额的艺术家很少,仅有十几人,均为当代艺术市场的"一线"名家,包括陈平、冯远、范扬、贾又福、刘大为、史国良、田黎明、王镛、袁武、朱新建(根据姓氏首字母排序)等艺术家。① 表3-4为这些青州画廊业市场中重要艺术家的基本信息。

表3-4 青州地域艺术市场核心艺术家信息

艺术家	出生年	题材	常住地	主要社会身份
陈平	1960	山水	北京	中央美院中国画学院副院长、教授

---

① 参见本研究附录二:"青州模式"研究访谈文字稿(五)。

续表

艺术家	出生年	题材	常住地	主要社会身份
冯远	1952	人物	北京	中国美术家协会副主席
范扬	1955	山水、人物	北京、南京	中国国家画院副院长
贾又福	1942	山水	北京	中央美术学院教授
刘大为	1945	人物	北京	中国美术家协会主席
史国良	1956	人物	北京	北京画院一级画家
田黎明	1955	人物	北京	中国艺术研究院副院长
王镛	1948	书法	北京	中央美术学院教授
袁武	1959	人物	北京	北京画院副院长
朱新建	1953	人物	南京	南京艺术学院教师

青州的画廊人在选择合作艺术家方面，表现出一定的偶然性，特别是在市场发展初期，青州画廊人受到自身市场经验欠缺、审美水平有限的局限，以及艺术家接触市场的意识相对淡薄等多重因素的影响，往往会购买自己身边既有艺术家的作品，表现出很大的随意性和偶然性。如画廊人唐树良曾在自己的文章中有过这样的描述："1991年春天，看到别人都有了一些收藏，而我却没有一幅像样的东西，下决心收购两幅。便找到朋友淘来两幅4尺整纸（的）吴东魁（作品），一幅山水、一幅花鸟（是1986年的作品），因那时啥也不懂，人家要价两幅3000元，也没讲价便买了下来。"这颇能够反映出青州画廊人在初接触市场时的"随意"状态。这种状态尽管当前已经有了较大的转变，特别是对于像唐树良这样的较早进入市场的青州画廊人而言，已经不用再盲目地去寻找合作艺术家。但在整个画廊业中，对很多资历尚浅、经营实力较弱的画廊人而言，这种在寻找合作艺术家、购买艺术品过程中表现出的偶然性依然存在。

随着市场的发展，以及画廊人经验的提升和资源的日益丰富，这种"随意性"逐渐转变为"理性"。青州人判断艺术家、收藏艺术品的根据主要有几个：其一，通过官方信息，如根据"97中国画坛百杰画家"[①]，或者是通过艺术家的身份来选择，如看其是否是官办协会会员、高校教授等。其二，通过画廊主自己的眼光来判断和选择。如左景岳曾在艺术家袁武尚未成名前，就大量收购他的作品。其三，通过其他艺术家推介，如唐树良通过袁武和毕建勋认识了他们

---

① 这一名单是1997年由中国文联、中国美协共同筛选出的。现在网络上能查到的名单不尽相同。

共同的老师，时为中央美院教授的姚有多（已故）。又通过参加姚有多的生日聚会，知道了田黎明等当代知名艺术家，进而开始有意识地关注并收藏他们的作品。其四，圈子里面互相交流，形成共识。青州画廊人王志坚于当代艺术名家宋雨桂先生逝世之际，在微信朋友圈中发的悼念文，其中有涉及选择艺术家的内容，"记得20世纪90年代末刚开始收藏的时候，藏友大部分也似我一样是上班族，白天上班没时间，那时又没有QQ、微信等社交工具，每天晚上三五藏友就聚在一起聊收藏。记得还总结过亚洲'四小龙'：宋雨桂、董欣宾、刘国松、贾又福。年青一代的陈平、卢禹舜、陈向迅、赵卫，也称'四小龙'。"其中提到的"四小龙"的概念是否成立，此处不做探讨，但从中反映出的日后成为青州画廊人的"藏友"选定艺术家的方式是切实存在的。

  画廊人如何与艺术家相识并建立联系，是探讨二者相交往的重要内容。对画廊人与艺术家建立联系方式的梳理，能够在一定程度上反映出地域的特色。因此，这也就成为研究青州画廊业发展业态的重要方面。概括来看，主要的情况有四种：第一，借企业邀请艺术家群体举办笔会活动之机，结识艺术家。改革开放初期，在艺术市场尚未真正形成前，企业以不同的目的邀请艺术家来地方"搞笔会"，是普通人与艺术家接触的重要渠道。关于这种情况，曾经多次参与组织类似活动的左景岳这样回忆："我们当时在企业做这些事情的切入点就是塑造及扩大企业文化的影响。那时候我请过很多的名家到企业来搞笔会。山东省的名家，除了于希宁没来，都曾经来过。比如说孙墨龙、王启华、殷培华等等，多了去了。那时候他们来了，写字、画画，走的时候会给他们几百块钱，带点粮、油什么的，然后用车接送他们。"① 无疑，企业组织的类似活动，为青州后来的画廊人提供了结识艺术家的良好契机。关于这一内容，唐树良也曾在接受笔者访谈中以及他自己撰写的文章中有详细描述，可作为理解这一路径的参考。

  第二，经人引荐，结识艺术家。关于这种方式，作为青州画廊人的王正悦与知名书法家沈鹏的相识颇具代表性。他在文章中详细地记录了结识沈鹏的细节：

  一九八七年九月份，我想倒卖点挂历赚点钱，就借了一千元，从青州坐车来到北京，找到在东总布胡同的人民美术出版社。那时候也不知道找谁，见到一间办公室上挂着"第一编辑室"的牌子就走了进去。屋里坐着一位高个子女士，五十多岁，她十分热情地接待了我。当我把来的目的告诉她后，她笑着说

---

① 参见本研究附录二："青州模式"研究访谈文字稿（六）。

你进挂历得找发行部,我给你联系一下,不过你进一千元的不一定行。打完电话她告诉我说,发行部的同志说挂历都还没出来,再说一千元他们也不值得和你签合同,只有等到下个月挂历出来后你再来,给你个批发价。挂历的事不行了我有些茫然。见她办公室有很多美术书籍就问了句,画画谁画得好啊。她听我问话,想了想就说,我们这里有个叫马海方和张广的画得不错,还有位著名书法家叫沈鹏,他的字写得相当好,是我们出版社的副总编,也是中国书法家协会副主席。也许我是对这个副主席感兴趣,随口就问了句,沈鹏卖字吗?她回答卖,你想买我给你联系他。咱一个小地方来的,一听能见个人民美术出版社副总编和中国书法家协会副主席那还了得,就十分迫切要求她给介绍一下。她打了个电话后,就把我带到了四楼的一间写有"副总编"的办公室里面。屋里坐着一位个子不高,清瘦,白发,十分儒雅,看上去有六十岁的男士。她介绍说这是沈老,然而又把我介绍给了他。我长这么大也没见过这么大的官,有些激动。握手后,沈鹏先生让我坐会,他先审完一篇稿子。

冯杰、唐树良等在初涉经营的1998年,经袁武、毕建勋①等艺术家引荐,结识已故中央美院教授姚有多先生的经历,也属于这种情况。

第三,主动联系,邀请艺术家到青州"走穴"。青州人邀请画家到当地"走穴"或"笔会"是促成画廊人与艺术家相结识的最重要方式,这种方式与第一种方式性质相同,同时也是艺术市场形成后的主要方式。在市场还不太定型的发展初期,青州的画廊业尚在襁褓,所以,采用这种方式的还不能称为画廊人。出面邀请艺术家前来"走穴"的人,是集组织者、经纪人、经营者等多重身份于一身的中间人或中介,通过为艺术家和买家之间牵线交易,赚取差价。此时的艺术品价格标准也不明确。如前文提到艺术家袁武1997年受邀到青州"走穴"的经历,就能够如实地反映这种情况。青州人在与艺术家尚不熟悉,甚至还不认识的情况下,就敢直接通过不同渠道联系艺术家,发出邀请。这能够显示出青州画廊业发展起步时的蒙昧状态;另外,可以从侧面感受到青州人在探索市场方面表现出的一种"生猛"特征,这种地域人群性格方面的特征是促进青州画廊业乃至整个地域艺术产业发展的重要因素。

第四,艺术家自我推介。这种方式,多体现于年轻艺术家身上。在艺术家还处于成长期,在业界的名气和地位均未确立之际,为了能够获得市场的认可和支持,他们会主动来到青州,带着自己的作品,进行自我推销。青州艺隆斋画廊经营者冯杰在接受笔者访谈时曾回忆起20世纪90年代末期,在青州的书

---

① 袁武、毕建勋两人现在是当代中国画坛的知名艺术家,二人都是姚有多的学生。

画产业有了一定名气后，很多年轻艺术家都来这里自我推介，为自己的作品找寻合作经营者：

> 当代画家范治斌是比较有才气的艺术家。当年，他刚进入市场的时候，来到青州寻找画廊，推荐自己的作品。当时是在青州第一家画廊聚集地——钰铧文化市场，画廊是一间挨一间的，我看到范治斌带着一卷"画子"，到各个画廊里，每间画廊也就待不到3分钟时间，估计连画都没有打开就出来了。过了一会来到我的店里，当时有几个客人在这里玩。我问他是做什么的，他说自己是个画家，北师大刚毕业留校。我让他把画打开看看，我一看觉得画得不错，这么年轻画得很老练，我就有心买一批他的画……当时我问他在青州认识什么人，他说谁也不认识，只是听说青州市场挺好，慕名过来看看市场。我问当时他的画什么价格，他说都可以，300元也行，500元也行。我说，那我就给你2000元，拿你两张4尺整纸。然后我中午请他吃饭，他当时很高兴，也很感激，毕竟去别的画廊的经历不太顺利。中午吃过饭后，他又在我这画了几张画，我记得画了几幅册页，给我夫人画了个人物写生，这样我们就成了朋友。现在他的作品价格已经到了每平尺几万元了。

以上几种青州画廊人结识艺术家的方式，背后反映出的也正是他们获取艺术品的渠道。尽管并非全部内容，却是主要的几种渠道。除此之外，尚包括部分获得艺术品的非正式渠道及方式，如很多人手里有画，但不做经营，就会找到青州的经营者代为销售。这种现象虽然在青州也普遍存在，但并非售卖艺术品的主要来源。

另外，一个值得探讨的内容是青州艺术品的"等值交换"问题。在青州，艺术品交易方式并不局限于纯粹的用钱换艺术品，更多地表现出一种资源的交换，比如冯杰和唐树良面对清高的艺术家姚有多不肯卖画的情况，就想出用盆景进行交换的办法。① 与之相类似，存在大量用卖画的渠道来折算艺术品，如早期邀请艺术家来"走穴"，获得成功销售后，艺术家会赠予中间人作品，作为报答。在青州当下的市场环境下，为艺术家举办一场展览，可以以市场价七折的价格从艺术家手中拿画等。另外，青州还部分存在用书画艺术品换房子或折合房款的情况。这些方式从内在反映出一种"交流"的性质，与中国传统的艺术交流方式，如文人间的交游存在一定的相同之处，显示出一种文化传统的传递，也无形中赋予了艺术品经营的一种生命性。与之相对应的是，在市场成熟后，很多以投资和投机为目的的经营者加入后，都是用"真金白银"换画，这样无

---

① 参见本研究附录二："青州模式"研究访谈文字稿（四）。

论是在心理层面还是在经济层面，都增添了风险性，同时也会造成市场的盲目性。如果艺术品的交易纯粹地演变成了物质化属性的交易，无疑与艺术品作为精神消费品的特质不相符，不利于保持艺术与文化的纯粹性发展，更加不利于艺术与文化传承的纯粹性，也未必能够有利于市场的发展。

第二节　两种画廊形态比较：以锦泉斋和方由美术为例

将青州的画廊形态与其他地域的呈现明显区别的画廊形态进行比较，主要基于以下四方面的考虑：第一，作为对前文内容的补充，能够对青州画廊业形态做更深入的把握和细致呈现。第二，通过比较，能够便于总结特色、发现问题，并有参考地提出可行性发展建议。在调研过程中所接触到的青州众多画廊经营者，都希望笔者能够从市场发展的角度提出一些可供参考的建议。可行性建议的提出首先要建立在对问题的发现基础之上，更进一步则需要可供参考的对象。而这种效果的实现，离不开比较分析。第三，长期以来，在当代中国艺术市场中存在着"二元对立"分布的生态表现，最具典型性的如传统风格与现代风格（以"现代水墨"为代表）的对立，表现在一级市场中，则呈现为大陆市场以传统风格为"重"，而港、台地区等与国际市场接触较密切的画廊则以现代风格为"尚"。本研究认为，艺术市场中典型形态间的区别，是当代背景下，不同地域、不同领域、不同民众对不同艺术价值的追求投射到艺术市场的表象。在本质上反映出的是当代民众在不同文化、不同艺术追求之间的联系与纠葛状态。这正如在当代艺术创作领域，有人倾向于传统风格，有人则强调现代意识表达，更有甚者两者相纠结，很难对其进行清晰梳理。但从艺术市场角度来梳理，就相对容易得多。不同画廊的发展状态，背后潜藏的就是这种文化与艺术价值追求的区别。第四，尚未见有研究者对当代中国艺术市场中存在的典型画廊生态做出建立在细致比较基础上的探索，尽管其中可能存在不完整性，但本研究希望在此领域做出有益的尝试，作为相关研究的补充。

综上所述，本部分特选择对青州的锦泉斋画廊和香港的方由美术画廊（Galerie Ora-Ora）二者进行有针对性的比较，二者进行比较的前提条件包括：首先，两个画廊虽然都依托中国艺术市场进行发展，但二者是各自独立的个体，几乎没有任何交集，是泾渭分明的两类市场形态。以锦泉斋为代表的青州画廊，多属于中国传统型画廊形态；而以方由美术画廊为代表的香港地区画廊，则更多地属于西方画廊经营模式。此外，二者经营侧重、经营理念、面对的客户群体差异明显。笔者在调研中，发现香港方由美术画廊经营者梁徐锦熹对青州的画廊业毫无概念。其次，两个画廊分别是青州和香港两地颇具典型性的代表性画廊。两个画廊又存在一些相同处，第一，体现于画廊的基本属性方面，这两所画廊均为商业性画廊，纯粹由私人投资经营，其运营以获取商业利润为主要目的。第二，体现于画廊的经营者方面。两画廊经营者都为女性，二者均为从其他领域转型至画廊经营中，且都表现出很强的发展势头。锦泉斋画廊的经营者王志坚是青州最早开始尝试通过电商渠道经营艺术品的人，而梁徐锦熹则是香港画廊协会的重要筹办者。事实上，整体来看，作为典型的商业性画廊，二者在很多方面的追求都是一致的，比如参加展会、尽可能地挖掘优秀艺术家等，这为二者提供了可资比较的前提，而其中的差异主要来自一些细节方面，比如经营理念的差异、主营艺术品的差异等，这也是进行比较的主要内容。

一、基本状况的比较

青州锦泉斋画廊（以下简称"锦泉斋"）创办于1999年，其创办者及核心经营者王志坚此前的职业为高校教师。其进入艺术品经营领域缘起于青州当地的收藏风气，起初有当地的前辈收藏家作为引导者，她开始尝试购买当代书画家的作品进行收藏。后来，随着市场的发展，开始接触到艺术品的交易。后随着经营的深入而辞去旧有工作，专门从事画廊经营。当前已经发展成为青州画廊业较具代表性的画廊之一。

从经营场所来看，锦泉斋在发展中曾经历了多次地址的变迁。2006年，青州书画艺术城成立后，锦泉斋位于一楼，可利用面积约200平方米，是一个集展览、办公于一体的空间，此时的空间尽管也能够用于展示，但尚不具备真正的美术馆资质。青州大部分的画廊都呈现出这种状态，即能够用于一般展示，但想要举办展览则往往需要租赁专门化的场地。2015年后，随着青州书画艺术城转做他用，王志坚又在马路对面的宝鼎艺术城一楼购买新的店址（见图3-10），同时还以青州书画艺术城原有店面，置换到了位于青州艺术小镇46号楼的锦泉斋美术馆。从画廊成员来看，锦泉斋画廊以王志坚为总经理，聘用副总经理一位，一般在每个经营时期都配有5~8名职员。这些职员大部分为青州本地青年，以女性居多，没有专业及学历方面的要求，主要负责日常接待、参与展览、作品销售等事务。

图 3-9　位于青州宝鼎艺术城的锦泉斋画廊（笔者摄于 2016 年 8 月）

在青州，像锦泉斋这样以"美术馆"命名的画廊有很多。这种命名方式，是青州画廊业在当代市场发展中的产物，能够体现出青州部分画廊经营者的独特思考：相较于画廊的称谓，美术馆显得功能性更为全面，也能够于无形中增强它的专业性。在"锦泉斋美术馆"这个称谓中，包含了两部分的内容，"锦泉斋"是承袭中国传统书画经营店面的命名方式，代表了地方性的画廊属性；而"美术馆"则体现出经营者想要进一步丰富自己所经营店面的综合性功能这一追求。事实上，在青州大部分的经营者并未对画廊或者美术馆进行深入的学术探究，这种命名方式也能够体现出青州画廊业的朴素性发展特质；但也能够反映出青州的大部分画廊经营者对自己所经营的画廊缺乏稳定、核心的定位。

位于香港的方由美术画廊（以下简称"方由画廊"），其更准确地命名为"Galerie Ora-Ora"，这种命名方式背后是经营者明确的定位和价值追求，Ora-Ora 反映出的是"深信艺术可以超越时间"的价值追求，其内在含义是：由一个时代到另一个时代。方由画廊的经营者梁徐锦熹祖籍广东，拥有美国西北大学凯洛格商学院（Kellogg Business School，Northwestern University）工商管理硕士学位、加拿大女王大学（Queen´s University）经济学学士学位和心理学学士学位。她有 11 年在金融领域（银行）的从业经历，曾任职花旗集团和汇丰银行企业融资部，主要业务包括香港公共部门、房地产和本地顶尖企业的融资项目，是相关业务领域的专家。因为自身对艺术的热爱，她放弃此前的高薪职位，转而从事画廊的经营。笔者在对其进行访谈中,当问及她为何放弃金融领域工作时,她的回答简短而令人印象深刻:我爱画画,自少(幼)就是。事实上,为自己梦想冒险的一个重要前提是梁徐锦熹有着过硬的金融业务能力,"我在之前领域内的业务排名是数一数二的,即使是我想回去,也随时都可以"。由此可见,她参与画廊经营是一种没有后顾之忧的状态。

从经营场所来看,方由画廊在香港的中环善庆街7号(见图3-10),是一个集艺术品展示、交流等功能于一体的画廊空间。现在他们正准备搬迁至香港中环艺术聚集区HQueens,位于大厦的17楼,以租用的方式使用。在这里汇聚着来自世界范围内的画廊,如纽约、东京、苏黎世等。笔者在访谈中了解到,这里的年租金高达百万(港币)。方由画廊以梁徐锦熹为领导,聘用3名职员,平常也会有来自不同国家的实习生参与运营。

图3-10 位于香港的方由美术画廊(采自方由美术画廊官网)

对上述内容进行提炼,就二者的基本状态生成以下对比列表(见表3-5)。

表3-5 锦泉斋与方由美术差异比较列表

	锦泉斋	方由美术
使用名	锦泉斋、锦泉斋美术馆	Galerie Ora-Ora
成立时间	1999年	2006年

113

续表

	锦泉斋	方由美术
经营人	王志坚，曾为高校教师，因自身收藏而进入画廊业经营	梁徐锦熹，曾为国际银行部门高管，因自幼热爱艺术而进入画廊业
常用名	锦泉斋美术馆	Galerie Ora-Ora
所在地	山东青州（县级市）	中国香港（特别行政区）
场地	自有（资产）	租赁（使用）
定位	致力于中国书画的收藏和交流，并推介极具升值潜力的青年艺术家，为广大书画收藏爱好者提供保真、保质、保值的艺术精品	以研究为基础，推动亚洲当代艺术发展的画廊，专营当代水墨和雕塑作品，以及发掘新晋年轻艺术家
员工	5~8名，对专业无特殊要求	3名，专业化要求程度较高

从两者的基本情况来看，二者都属于专门的画廊机构，基本的配置及功能设置也大致相同，但其中存在的明显区别体现在内部机制方面。第一，职业化程度并不相同。主要体现为：方由画廊相较于锦泉斋，其作为画廊的定位更加明确，其经营的范围也更为集中，因而显得职业化程度更高。而锦泉斋的这类状态是青州画廊业的普遍状态。第二，使用经营场所的状态不同。锦泉斋所使用的经营场所为自有资产，而方由画廊为租赁使用。产生这种状态的原因固然与青州和香港地产价格悬殊有直接的关联，但更为重要的是，青州的画廊普遍存在资产化的发展状态，即将房产作为一种投资渠道。这是青州画廊生态的独特之处。而以方由画廊为代表的此类画廊，则仅将画廊场地作为纯粹化的经营条件，这也从侧面反映出此类画廊的专业性。

二、地域市场环境比较

不同画廊所处的区位市场环境，是塑造画廊不同状态及特征的重要因素。一个画廊在某地能够取得成功，到其他地域则可能会面临经营亏损。梁徐锦熹的一段市场经历能够充分说明这一状况。梁徐锦熹所经营的方由画廊在香港地区的经营状况一直处于稳中有升的状态。鉴于香港的成功运营经验，2008年她尝试入驻北京798艺术区，却出现了当年入驻、当年撤离的"水土不服"状况。同样的情况也曾出现在台湾画廊业中，在艺术市场全球化的发展进程中，大陆艺术市场曾一度吸引了一些具有交流和发展意识的台湾画廊，知名的如索卡艺术中心、大未来画廊等，都纷纷在北京开设分支画廊。但在区位差异的影响下，往往难以有效拓展藏家及消费者和资源,加之经济波动的影响,这些画廊中不乏退回台湾者。① 而导致这种状况的重要原因在于地域市场状况的差异。由此可见,这是认识画廊业态的重要内容。本部分对锦泉斋与方由画廊所处的地域市场状态进行比较,作为对其全面审视的内容,根据两所画廊所处地域市场环境的差异,本研究绘制了表3-6。

表3-6 青州艺术市场与香港艺术市场比较列表

	青州艺术市场	香港艺术市场
区位优势	●拥有丰富的历史人文资源 ●民众具有收藏的传统	●多元文化汇集 ●重要的对外窗口
市场形态	以本地藏家为基础,发展起来的一级市场	融拍卖行、画廊、博览会为一体的多元市场形态
市场构成	●书画经营机构达800余家,大部分经营者为本土人士 ●主导型画廊100余家 ●经营艺术品来自全国范围内的艺术家	●拥有苏富比和佳士得等国际级拍卖行 ●香港巴塞尔国际艺术博览会 ●来自世界各地的100家左右现当代画廊 ●经营艺术品来自世界范围内的艺术家
消费群体	●面向全国市场 ●本土收藏者众多,很多经营者同时也是藏家、消费者	●面向国际市场 ●本地藏家数量有限

整体而言,方由画廊所身处的香港的整体艺术市场形态,要优于锦泉斋画廊所在的青州地域市场形态,这不仅是因为二者在行政地域级别上不相对等,更重要的是无论在发展的成熟程度、市场构成,还是市场份额等方面,香港的市场状态都远优于青州。但两者作为在业内具有一定影响力的市场地域,具有各自的特有资源。从地域发展资源角度来审视,两地均有能够提供画廊业发展支撑的不同优势资源。在青州,主要表现为,青州作为一座古城,有着千年传承的历史文化及丰富的文物遗迹,与之相应,民间群体中有着从事收藏的传统,这种潜移默化的影响是青州具有本土化特征的书画艺术品交易市场形成的重要基础和条件。而香港的优势在于,香港特殊的发展历史及经济政策环境促使其在当代发展成为一个呈现多元化形态的文化大都会城市。同时,作为中国

---

① 赵力:《2009—2010中国艺术品市场研究报告》,长沙:湖南美术出版社2010年版,第17页。

当代最为重要的对外窗口，香港民众更容易接收到新鲜的事物，这在很大程度上成为香港艺术市场发展的内在动力。

从两地的市场形态来看，青州的艺术市场主要是在地方藏家的收藏及交易活动基础上发展起来的以画廊业为核心的"一级市场"，其中，有规模不等的画廊机构达 800 余家，而处于主导地位的画廊有 100 余家，经营的艺术品主要来自中国大陆各地域的艺术家。尽管这里的画廊机构与国内众多拍卖行存在密切的业务往来，但此地并没有拍卖机构。而自 2013 年开始举行的书画年会虽然具有艺术博览会的性质，但与国际化博览会的运营体系相比，尚存在明显的差距。而相较之下，香港却呈现出拍卖行、画廊、博览会等多业态协同并进的发展状态。其中，像苏富比、佳士得等国际知名拍卖行于 20 世纪八九十年代入驻，并一直发展至今。而画廊的数量从 2006 年开始不断攀升，至今已达 100 家左右。在 2010 年前后，更是有 30 余家国际顶级画廊入驻香港。现在的香港画廊业有来自美国、英国、瑞士、比利时、荷兰等不同国家的画廊，以至形成了画廊业的"联合国"现象[1]。至于博览会，香港有以香港巴塞尔国际艺术博览会为代表的国际级博览会，与当地画廊业形成良性互动。而在香港市场中流通的艺术品均为国际艺术家创作的作品。

两相对比，锦泉斋画廊和方由画廊所处的市场环境的共同点在于：都不囿于本地域的市场，而是积极向外拓展。但青州的拓展范围仅限于国内市场，而香港由于区位的优势，则必然地向国际市场拓展。在此基础上，青州的地域市场环境更加倾向于"本土化"，呈现出以画廊业为主的"单一化"发展状态；而香港的市场环境则呈现出鲜明的"国际化"趋势，市场形态也更加的多元、丰富。这种整体的市场环境是导致青州和香港画廊业态区别化发展的最重要因素。

三、经营理念比较

经营理念的差异是造成不同地域画廊业发展不同状态的关键，锦泉斋画廊在建立之初，其发展定位体现为：以敏锐的艺术视角和深刻的市场洞察力，长期致力于中国书画的收藏和交流，并积极稳妥地推介极具升值潜力的青年艺术家，唯艺不唯名，重利更重义，本着互惠互利、以画会友的原则，不断为广大

---

[1] 徐锦熹：《香港画廊业发展的经验及启示》，载《美术观察》，2016 年第 1 期，第 20-21 页。

书画收藏爱好者提供保真、保质、保值的艺术精品。① 其中以或"隐"或"显"的方式,透露出画廊的几个核心功能,如直接表达的功能在于"收藏"和"推介艺术家",而处于"隐"性状态的功能则是艺术品的经营,尽管其中未出现任何"经营"的字眼,但这一功能性却是占主导地位的。这种对经营艺术品的隐晦表达方式以及对"唯艺不唯名,重利更重义""互惠互利"等的强调,无不显露出浓重的中国传统商业文化气息。随着锦泉斋大型展览空间的配备,其自我定位有所转变,"一家致力于国内外主流文化艺术传承与发展的专业艺术机构,经营范围涵盖艺术品销售、文化艺术交流、承办展览展示、艺术品投资信息咨询等众多领域"②。明确提出艺术品经营是其重要功能之一,但由于其他功能,如交流、展示、信息咨询等的存在,同样处于功能不集中的状态。事实上,这种状态反映出的是一种中国书画艺术品经营市场的普遍状态,其发展定位是根据自身的条件及市场需求来决定的。这种状态能够显示出中国本土画廊的共性特征,但其中也能部分地反映此类画廊机构功能的分散性。

方由画廊的自身定位与锦泉斋有着明显区别,"是一间以研究为基础推动亚洲当代艺术发展的画廊,专营当代水墨和雕塑作品,以及发掘新晋年轻艺术家。作为一家建基于香港的画廊,方由美术为亚洲杰出艺术家提供接触国际舞台的机会,我们深信艺术可以超越时间,正如画廊品牌 Ora-Ora 意指由一个时代到另一个时代,也体现了这一使命"③。

锦泉斋与方由画廊在经营理念的区别方面表现出两个十分典型的特征。第一,在市场属性及主导功能方面。锦泉斋的市场属性及市场主导功能并不明确,既试图横亘画廊与美术馆之间,又想兼顾收藏、展示、销售等功能。但方由画廊的经营功能相对显得突出,明确定位自身的机构属性就是画廊;而在经营功能方面,则明确指出经营艺术品及发掘艺术家两项功能。所以,后者相较于前者显得专业化程度更高。同时,方由画廊更加看重画廊作为一个专业机构的特色与文化内涵,这从命名的含义中可以体现。

第二,在经营理念的稳定性方面。锦泉斋的经营理念随着自身及市场的发展而呈现出明显的变化,这种变化不仅体现为由"画廊"向"美术馆"的演变,更为明显之处体现在锦泉斋经营者王志坚看待艺术品的态度上。在调研中,笔者了解到,她在刚入行之际,在"师傅"的教导下,将收藏艺术品作为进入

---

① 引自锦泉斋画廊官网:http://www.jinquanzhai.com/。
② 引自锦泉斋画廊官网:http://www.jinquanzhai.com/。
③ 引自方由美术画廊官网:www.ora-ora.com。

该领域的"正念"。其时,她是将艺术品当作珍贵的藏品来看待的。即使是在从事经营多年后的 2014 年,她依然强调"作品为王"的理念。但随着她在电商领域研究的深入,当前,她看待艺术品的态度有了根本性的转变:在电商渠道中,艺术品完全等同于商品。① 而与之相较,方由画廊的发展理念呈现出十分稳定的状态,其在发展中的探索或转变只是体现为对艺术家挖掘的数量不断增加,这即说其核心的追求始终没有改变过。而其发掘艺术家的前提则是对优秀艺术创作的认同。

四、经营状态比较

(一)功能侧重

方由画廊的一个很重要功能在于对艺术家的发现与推介,它希望将中国当代的优秀艺术家推向国际。该画廊自创办以来,已经营世界各地的知名艺术家达 40 位之多,这些艺术家来自欧洲、北美、大洋洲、亚洲、中国大陆和香港等世界不同地域。但青州的画廊合作的艺术家仅限于国内,其对艺术家价值进行挖掘的功能最终以作品市场价值获得提升的方式呈现出来。在这个过程中,青州的画廊人尽管同样也与艺术家群体进行了密切的互动,但其并没有明显表现出对艺术本身价值的发现与提升。所以,对于艺术家而言,青州只是一个接触市场的有利平台,而其对自身艺术价值的提升作用并不突出。针对这种状态,曾有研究者专门撰文提出批评,这其中以《从"赌主席"到"赌博士"的"市场转型"》② 一文最为典型。本研究认为:市场之内无绝对的对与错,青州的画廊业作为一个相对稳定的市场存在状态,自有其价值与道理。

(二)经营方式

锦泉斋主营艺术品为传统中国画及书法作品,其主要的经营手段为传统的"待客上门"方式,在互联网时代,又通过互联网开展多渠道营销。而方由画廊是香港以中西当代艺术为主营的主要画廊之一,高频率地举办专业化的展览、参加国际化的艺术博览会,是方由画廊区别于锦泉斋的重要经营方式。方由画廊大概每两个月便会在香港和北京策展一个高水平的展览。而其重点参与的艺术博览会包括香港巴塞尔艺术展(Art Basel Hong Kong)、香港国际艺术展(Art HK)、香港典亚艺博(Fine Art Asia)、迈阿密亚洲当代艺术博览会(Art Asia

---

① 参见本研究附录二:"青州模式"研究访谈文字稿(一)。
② 贾廷峰:《从"赌主席"到"赌博士"的"市场转型"》,载《美术报》,2015 年 8 月 22 日,第 3 版。

Miami)、新加坡艺术博览会（Art Singapore）、台北国际当代艺术博览会（Young Art Taipei）等。

方由画廊在培育艺术家方面投入了很大的精力，不仅与画家签订合同，而且每年都要固定为画家提供资助。同时，也会用心为画家宣传、出版画册、举办画展等，通俗点讲，方由画廊这类画廊心无旁骛地将画廊经营当作专业、职业来做，以至其在所有方面都尽可能地追求专业化。而以锦泉斋为代表的青州画廊尽管也有自己的特色和发展优势，但相比较而言，表现出在多个定位中的游离，如一个经营者可能会是一个藏家，一个经营者在经营画廊的同时可能有其他的收入来源或资产运营等。在这种状态下，青州的画廊普遍表现出受制于市场行情的被动状态。在经济红利期，就会相应的有盈利；反之在市场低潮期，就只能被动等待下一波高潮的到来。而方由画廊却能够持续保持稳定的经营和持续的盈利状态，这是与它的运营理念分不开的。

方由画廊所表现出的自身定位的明确性与画廊经营状态的稳定性，及经营者自身对画廊的认知及态度有着密切关联。在方由画廊经营者梁徐锦熹看来，首先，面对中国艺术市场"一、二级市场倒挂"的情况，画廊的重要性需要得到突出，画廊是组织、培养艺术家的有力机构。其次，经营画廊并非简单地挂画展示及营销，而应该多多积累经验、深入研究，开展长期的宣传、推广等活动。[1] 也正是基于这样的认知，为了能够最大限度地积聚画廊群体的力量，梁徐锦熹作为主要发起人，于2012年成立了香港画廊协会，希望以此为依托获得更为有利的发展。

五、价值体系比较

在上述内容中，尽管展开对比的是两家画廊个体，但其所代表的不仅仅是山东青州或者中国香港某一地域的画廊，其背后是中国艺术市场最具典型性的两类画廊形态。这两类画廊形态一类属于对中国传统书画经营的延续，可以视作本土化的画廊形态，其所面对的消费群体也主要是国内市场。另一类则表现出受西方画廊经营方式的影响，同时面对国内、国际不同的市场群体。两类画廊都表现出相对平稳的生存状态，尽管因为经营理念及发展侧重不同，而各自表现出自身的优势与不足，却绝无优劣之分。通过以上对比，笔者认为，中国本土化画廊形态发展的一个重要瓶颈在于：很多内容尚停留在形式层面，未对

---

[1] 徐锦熹：《香港画廊业发展的经验及启示》，载《美术观察》，2016年第1期，第20-21页。

内容进行深入挖掘，如举办展览，更多的只是实现三种功能：为合作艺术家进行作品展示；换取作品；尽可能地销售艺术品。而没有深入地将展览本身作为一个重要的内容进行打造，更加不会将一个优秀的展览作为持续化的品牌作品看待。这是当前国内画廊业的一种常见性问题。改变这种状况需要地方政府的支持，需要专门化人才的引入等一系列的方式来合力作用，非一日之功。此外，在前文的比较中可以发现一个十分耐人寻味的现象：青州的画廊业无论是所处的市场环境，还是自身的产业构成都较香港地区简单得多，但反观经营者的经营理念，则要"花哨"许多。造成这种现象的主要原因是职业化程度的欠缺。而提升职业化程度，是青州画廊业在将来发展的一个重要方向。

上述比较所反映出的更为深刻的一点在于：不同经营理念之下"深埋"着的是以画廊为核心的不同价值追求。作为产业经济学中的重要理论，迈克·波特所提出的"产业价值链"理论中描述了价值在产业链中的传递、转移和增值过程，特别突出了"创造价值"的目标。① 具体到以艺术品产业实际来分析，艺术品在市场中所表现出的价值是由作为人的主体所赋予的，而在具体的表现中，不同"变量"因素的存在，使得这一价值体系呈现出复杂的状态。图3-11为笔者结合上述两类画廊的对比内容以及市场具体情况绘制的"画廊业市场价值体系模型示意图"，试图从"内在逻辑"层面揭示不同经营理念背后的价值追求。

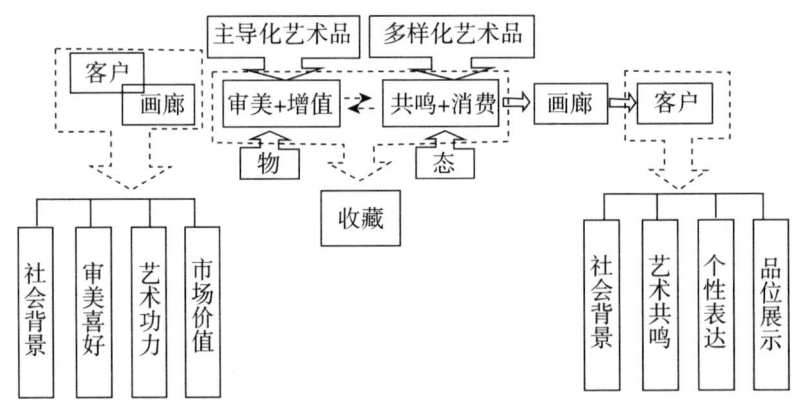

图3-11 画廊业市场价值体系模型示意图（笔者绘制）

如图3-11所示，在画廊业的运营中，"收藏"为购买艺术品的恒定、核心

---

① 任永菊：《价值链理论的历史演进及其未来》，载《中国集体经济》，2012年第6期，第82—83页。

价值追求。而这种"收藏"的价值追求反映到市场中的价值体现大致分为两类：一类是以"审美+增值"为表现形式的价值追求，其中"审美"是指购买者对艺术品审美价值的认可，而"增值"是指购买者对艺术品市场价值提升的期待。所以，此类价值追求强调的是对艺术品本身价值的认可，笔者将其定义为"物"的属性。另一类是以"共鸣+消费"为表现形式的价值追求，其中"共鸣"是指购买者能够从某件艺术品中找到与自身相一致的价值认同，而"消费"则是指购买者将购买艺术品作为一种正常的消费活动。此类价值追求强调的是由艺术品所引起的对自身价值的体现，笔者将其定义为"态"的属性。承载这两类价值体现的艺术品分别通过两种不同经营形态的画廊进入客户手中。其中以锦泉斋为代表的本土画廊更多地与"审美+增值"的价值追求相联系，这决定了其本身既是购买者也是经营者，这是此类画廊呈现定位多样化的主要原因。而以方由画廊为代表的专业化画廊则更多地与"共鸣+消费"的价值追求相联系，其所扮演的角色与客户完全分离，因而这类画廊呈现出专业化、定位清晰等特点。而在不同价值追求所对应的不同客户间，决定其购买艺术品行为的因素也不尽相同，如不同的社会背景决定其选择承载着不同价值的艺术品。以"审美+增值"为价值承载的艺术品客户，着重于根据"（自己的）审美喜好""（艺术家的）艺术功力""（艺术品的）市场价值"等因素来进行判断。而以"共鸣+消费"为价值承载的艺术品客户则着重于根据"（艺术品是否能够引起）自身共鸣""（艺术家能否体现）个性表达""（艺术品是否能够展示）自身个性与社会地位"等因素决定是否消费。

更进一步来分析，青州画廊业市场所表现出来的价值追求，呈现出明显的"二元化"结构，即兴趣、增值。具体来分析，有人购买艺术品是因为"喜欢+增值"的双重追求；而有人只是因为喜欢，则其对应的行为主要是收藏；有人只是为了增值，则其对应的行为主要是投资（或投机）。

如图3-12所示，消费者在购买艺术品时的价值追求主要包括兴趣、增值两类。"兴趣"对应的就是喜爱（以图3-11中的"审美"为代表），无法再进行深入剖析。而在"增值"这一追求之下，则可做进一步剖析。能够保证并促使艺术品增值的途径，同样也表现出"二元化"。能保证艺术品在市场流通中增值的重要条件在于：其一，学术性高，能被学界认可。这种认可又分为两种情况，一种是为当代学界所认可，另一种是为美术史所认可。双方互不影响，但可兼备。其二，艺术品或创作艺术品的艺术家社会名气大，能被大众认知。这种"认知"又可分为两种情况，一种是创作艺术品的艺术家具有较高的社会职务，如协会主席等，另一种是艺术品或创作艺术品的艺术家具有很好的民众基础，为较大范围的民众所熟知，如文化名人。这些都是有效提升艺术品名气的关键。

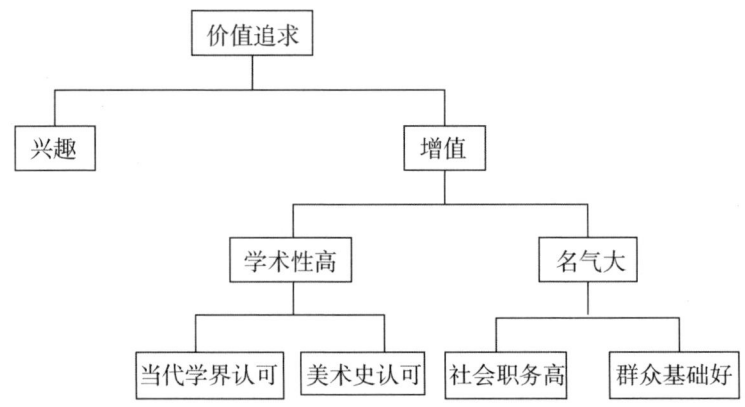

图 3-12 中国艺术市场价值追求"二元化"结构示意图（笔者绘制）

不难发现，"学术性高"和"名气大"这两个因素的共性在于"知名性"，即说这两种因素都是能够促成一件艺术品成为知名艺术品的因素。更进一步理解，保证艺术品价值的因素并非其表面的价值或名气，而是一种"知名性"，即认知这件作品的群体范围越大，则其市场价值越高。此外，同样可被认知的是："学术性高"和"名气大"这两个因素表现出不可逆性，即"学术性高"能最终实现"名气大"，但"名气大"的艺术品未必就"学术性高"。所以青州的很多画廊经营者，特别是最早从事书画经营的画廊人，特别看重艺术家及其作品的"学术性"，强调对艺术家未来潜力的挖掘与把握。与之相应，在收藏与经营中，尤其强调个人的眼力。说到底，决定艺术市场行情的主要因素是认知，认知的人越多，市场就会越好。所谓艺术市场是信心市场，也正是对应着大众的认知。

第三节 青州艺术产业系统中的其他构成

一、艺术地产、艺术展会及艺术培训

青州（地域）艺术产业中的艺术地产、艺术展会、艺术培训等产业构成要素均表现出与"画廊业"相伴相生的密切关联，如青州最早的"艺术地产"正是青州画廊协会现任会长左景岳开发的专门用于开设画廊的"青州书画城"，

"艺术展会"的参与主体是青州众多画廊机构,青州地区"艺术培训"聚集地的出现,也正是源于当代画廊业发展的带动,培训过程中完成的作品,会通过当地的画廊体系进入市场销售。而在青州(地域)艺术产业体系中,这类构成要素都是近些年时间里才逐步发展起来的产业形态。尽管构成这一要素的相关产业当前并不处于产业系统的核心位置,也无法根据数据对其在整个系统中所占据的份额进行明确估量,但无法改变其在系统中占据重要位置的事实。

(一)艺术地产

青州的"艺术地产",是指以"艺术"作为使用目的或展示特色的地产。整体来看,主要是以三种形态出现,其一,以艺术品经营为主要使用功能的地产项目,如以青州书画艺术城、宝鼎大厦书画城等为代表的画廊聚集区的房地产。在这类地产形态下,经营者以或买、或租的形式获得相应地产的使用权。这是"青州模式"体系下最为原始的一种"艺术地产"形式。其中,最早的地产项目——"青州书画城"主要是个人开发行为,与政府或地方规划无关。因此,这种行为在很大程度上是与青州活跃度颇高的艺术市场拓展活动相契合的。其二,文化产业发展与地方特色文化挖掘及开发背景下的艺术地产,如宋城、"中国中晨(青州)国际文化艺术小镇"项目中的部分地产等。这类地产的主要特点体现为经由地方政府统一规划实施,多与地方发展的长期规划紧密相连。这类地产与"艺术"的相关处主要表现在两方面:一方面,在整个地产项目的宏观规划中,包括用于画廊业经营的部分;另一方面,还包括将"艺术"作为一项特色主题,进行艺术旅游开发的部分内容。其三,围绕"艺术"这一主题所逐渐打造起的民用住宅及商用地产,目前这类地产在青州还并不突出,只是在"中国中晨(青州)国际文化艺术小镇"项目的规划中有所涉及。

值得一提的是,"中国中晨(青州)国际文化艺术小镇"项目作为一项综合性的地产使用项目,其中涉及上述各种形式的艺术地产,是一个具有综合性、典型性的研究对象。

(二)艺术展会

在青州的艺术展会中,以自2013年开始举办的"翰墨青州"中国书画年会最具代表性。目前,它已经成为每年一届的品牌性展会,在持续举办中,该展会的规模、内容等都在不断拓展和进步。特别是在国家倡导重视"展会经济"发展的当下,相关的文化会展活动也普遍得到地方政府的重视,如文化艺术品博览会等。这些都能反映出"艺术展会"作为青州(地域)艺术产业系统的组成部分在未来的发展潜力。以"翰墨青州·2016中国书画年会"为例来看(见图3-13),此届书画年会以"艺术为人民"为主题,集展览、交易、研讨等活动于一体。年会展出总面积达 16 万平方米,展出艺术品 4 万余件,涵盖了书画、紫砂等多种艺术形式。年会展览活动包括翰墨青州·2016 全国中国画作品展、山东省画廊协会理事单位精品展、中国国家画院国画院 2016 年展、辽宁北镇市美术家协会邀请展、青州市美术家协会精品展、翰墨青州·2016 中国(青州)大众书画交易会、全国百家画廊联展、卢禹舜中国画作品展、中国美协太和基地邀请展、全国省市美协作品展、首届紫砂精品交易会等 10 余项展览。

图 3-13 "翰墨青州·2016 中国书画年会"开幕式现场(笔者摄于 2016 年 9 月)

艺术展会产业形态在青州的出现与发展,主要得益于两方面的内容。其一,以画廊业为核心所主导的各类画展、交易集会等活动的长期发展。可以说,青州的"艺术展会"是以青州大体量的画展活动为基础发展起来的。如图 3-14 所示,是 2000 年青州画廊人联合举办首次画展的场景,经过十几年的发展,青州画廊业举办展览已经成为一种常态化现象,在市场繁荣的时期,青州画廊业每年举办的大小展览可达千余场次(如图 3-15 所示)。以展示与交易等为基础功能,青州画廊业逐渐产生出可以视作当前艺术展会"雏形"的活动,具有代表性的如青州书画淘宝会。这类活动均以青州画廊人为主导,这些画廊人也就构成了当前青州"艺术展会"的主要参与群体。

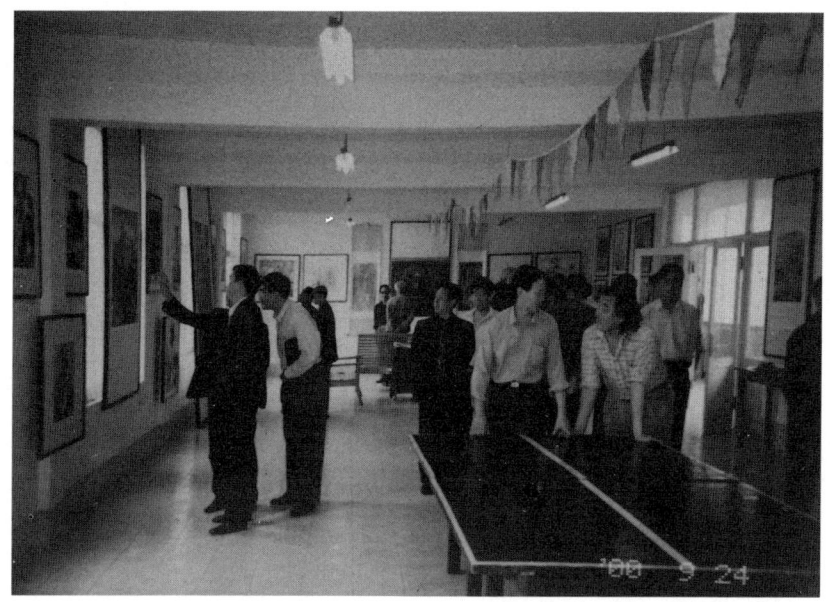

图 3-14 青州画廊人联合举办的首次画展现场（笔者翻拍于冯杰处）

图 3-15 青州画廊举办的展览及展销会现场（笔者摄于 2016 年 9 月）

其二，国家鼓励与倡导文化产业的时代背景，以及中国艺术市场繁荣发展的态势，这是青州"艺术展会产业"逐步发展起来的有利条件。在近年来的政府规划及政策中，均有明确指向性的内容提及相关产业的发展。如 2012 年发布的《文化部"十二五"时期文化产业倍增计划》中明确指出："开展特色文化产业示范区创建工作，在特色文化资源富集地区，培育 100 个左右特色鲜明、主导产业突出的特色文化产业集群和一大批特色文化产业乡镇……重点发展演艺、文化旅游、艺术品、工艺美术、节庆会展等文化产业，走特色化、差异化、集聚化发展之路……鼓励资源型城市合理利用其闲置旧厂房、废弃工业设施等，发展创意设计、演艺、会展、文化旅游等文化产业项目。鼓励发展农村手工艺品、民间演出和乡村文化旅游，培育打造一批特色文化产业乡镇和文化产业特色村，扩大农村就业，增加农民收入。"其中的"特色文化产业乡镇""节庆会展""会展"等关键词均能与青州（地域）艺术产业当前的发展要素相对应。国家层面的重视与市场的发展，促使地方政府积极促进相关产业的发展。在这种环境与条件下，青州打造出了综合性的"中国中晨（青州）国际文化艺术小镇"。该艺术小镇的建立及投入使用，为青州书画会展的发展提供了优质平台和便利条件，使得很多大型展会得以举办。

（三）艺术培训

"艺术培训"是在青州书画艺术产业发展的核心作用带动及影响下出现的产业形态。当前，这种"艺术培训"主要通过几方合作的方式在进行资源整合后开展。主要的合作方包括：培训活动组织方，主要负责相关教学活动的组织、招生、宣传等事务；师资方，主要为专业高等院校或画院机构的教师团队，担任主要的教学任务；地方资源提供方，主要提供教学场地、学员与市场接触的画廊机构等相关资源。常见的艺术培训均以"知名院校+高研班""教师+创作（或分析）班"等形式命名，如"清华美院书画高研班""杨德玉中国画综合画展创作与分析班""殷双喜工笔画展创作与分析班"等。这种艺术培训业态的主要价值体现于几个方面：其一，丰富地域艺术产业生态，有助于促进地方产业的发展并提高相关产业的收益，如提高地方餐饮、房屋租赁（见图3-16）、食宿行业的收益；其二，有助于参与者各取所需。各方需求体现在：组织方想通

图3-16 中国中晨（青州）国际文化艺术小镇内的培训场地（笔者摄于2016年9月）

过组织赚取收益，师资试图通过教学谋求价值，而求学者一方面希望学有所长，另一方面希望可以借助青州的画廊业进行市场接触。图 3-17 青州火车站发布的"书画培训基地导师学院作品展销会"广告，同样能够反映出这种特点。

这种能够满足各方不同需求的表现，有助于实现业态构成主体的联动发展，是青州（地域）艺术产业系统下"艺术培训"的主要特征。

图 3-17　青州火车站发布的"艺术培训"作品销售广告（笔者摄于 2016 年 10 月）

二、艺术金融与艺术科技

（一）艺术金融

关于"艺术金融"的定义，研究领域存在不同的解释。笔者以为，目前还难以对"艺术金融"的概念做出一个准确的界定。这主要是由以下几方面原因造成的。首先，艺术金融作为一个创新型的研究和发展体系，呈现出明显的系统性和进化性发展状态。这种特性直接决定了艺术金融体系处于"运动变化"的状态。具体来看，以艺术金融的系统性而论，在这个系统领域内，很多内容正在随着时间的推移而加入进来或者生发出来，使这个系统得以不断扩大化。参考当前业态来理解，几种常见的艺术金融业务包括：银行业机构围绕艺术经营开展的各类艺术品融资业务（如艺术品抵押贷款），如潍坊银行的艺术品质押融资业务；拍卖机构利用自有资金或通过与金融机构合作开展的带有金融属性的业务（服务），如中国保利拍卖进行的相关尝试、潍坊银行开设的竞拍贷业务等；具有相关资质的机构或企业做的各类艺术品资产业务，如各地文化产权交

127

易所积极开展的以产权交易为核心的系列业务①、经过国家授权的文化产权要素市场机构等。其次，不同领域的人群在看待艺术金融方面各有侧重，对艺术金融的理解各不相同。例如，很多人将艺术金融简单地、囫囵地理解为"艺术+金融"，而金融机构的从业者可能会认为艺术金融是以艺术品为基础拓展的金融业务，而艺术金融的研究者则从行业的发展特性角度提出自身的理解，不一而足。

目前，青州（地域）艺术产业系统中出现的艺术金融业务主要是围绕艺术品经营所开展的"融资"业务，更具体地说就是画廊人或经营机构通过银行渠道所进行的贷款业务，未涉及艺术金融的其他形态（如文交所业务）。所以，当前阶段，青州（地域）艺术产业系统中的艺术金融业务主要为作为重要金融机构的银行业针对青州书画市场经营开展的贷款业务。而开展相关业务的银行主要有三家：青州市农村商业银行、潍坊银行、中国银行青州支行。

关于这三家银行在青州开展"艺术金融"业务的基本情况，青州画廊协会会长左景岳的陈述颇具参考性，"青州的艺术金融贷款，有三家银行在做。画廊协会最早参与了这项业务。当时，三家银行提供了接近2个亿的贷款，除了潍坊银行外，还有青州农村商业银行和中国银行。在借贷中，'出事'（指出现还贷困难）的画廊只有2家，而且我们也进行了化解。所以说，从青州画廊协会的贷款优良程度与其他众多协会相比，出现问题的情况很少，金融风险要小得多。"② 从左景岳的陈述来看，青州的艺术金融业务发展势头较好，这也能从侧面反映出青州书画产业发展的相对稳定性。笔者以为，是几方的合力共同作用，促成了艺术金融业务在青州的开展。其一，从国家的经济大环境来分析，在2008年底，国务院推出"四万亿"资金规模，用以拉动内需、稳定经济。在这种"刺激"下，中国书画市场正在经历新一轮的上涨周期，是近年来最重要的一波"市场行情"。而市场的发展，也同样为金融业带来了诸多机遇。其二，从青州的艺术市场发育来看，在当地艺术产业颇具规模和影响力的大环境下，很多画廊经营者面对着难得的一波"市场行情"，在价格"疯长"的艺术品面前，表现出明显的融资需求。其三，从银行角度来看，时代发展的创新要求、行业竞争的加剧、市场需求的催促等因素，促使着以逐利为动机的银行展开相关的业务。其四，从地方政府角度来审视，出于发展地方特色产业的需要，而将作为"青州模式"核心要素的画廊业作为政策支持对象，要求银行通过开展艺

---

① 辛欣：《广东省南方文化产权交易所案例研究》，载《艺术品鉴·中国艺术金融》，2016年第2期，第112-120页。
② 参见本研究附录二："青州模式"研究访谈文字稿（六）。

品质押贷款的方式来支持其发展。

在青州,参与艺术金融业务的三家银行,尽管都以"贷款业务"为核心,但由于企业级别、发展目的、业务模式、贷款规模等不尽相同,从而呈现出了不同的面貌。

1. 青州市农村商业银行

青州市农村商业银行是一家地方性小型商业银行,也是最早在青州开展艺术金融业务的银行机构,时间在 2010 年前后。青州市农村商业银行主要采取"三户联保"的方式,为当地画廊提供贷款。① "三户联保"即由三家画廊彼此做担保而获取银行的信用贷款。这是一种传统的贷款方式,即使是非画廊人也可以用这种方式进行贷款。对该行业务十分熟悉的青州画廊协会会长左景岳这样描述,"农村商行采用三户联保的形式,都是画廊之间联保,手续比较简洁,利率也相对低一些,额度最高好像是三四百万元。处理方式也比较灵活,比如可以贷新换旧,帮助画廊渡过困难"。② 因此,尽管青州市农村商业银行的贷款业务,是青州(地域)艺术产业系统中最重要的"艺术金融"组成部分,但事实上,这种方式并不足以表现出"艺术金融"的创新性。也正是因为如此,青州市农村商业银行的相关业务主要在青州当地开展,且主要是通过具有号召力和可信度的"青州画廊协会"参与完成。

2. 潍坊银行

潍坊银行是一家中小型城市商业银行,但其级别和规模要远优于青州市农村商业银行。潍坊银行在青州开展"艺术金融"业务的下属机构共有两家,相应的业务模式也有两个,其一,为潍坊银行青州金鼎支行。2011 年,潍坊银行青州金鼎支行对青州书画艺术城经营业户进行认真筛选,组建信用联盟,创新"信用联盟+担保+反担保+抵押"组合信贷模式,进行了集体授信。2011 年 9 月初,潍坊银行金鼎支行在青州书画艺术城举行集体授信仪式,现场对 40 家画廊业户授信 40 笔,共计 3690 万元。③ 其二,为潍坊银行文化金融事业部。2013 年潍坊银行文化金融事业部成立,并通过创新性较强的"预收购人机制"面向全国范围开展"艺术品质押融资"业务。

"预收购人机制"是以"用市场的力量解决市场的难题"为创新逻辑而生

---

① 陈晓红:《艺术品行情调整一级市场金融风险急剧放大:山东青州艺术市场大调查》,载《上海证券报》,2014 年 12 月 27 日,第 8 版。
② 参见本研究附录二:"青州模式"研究访谈文字稿(六)。
③ 冯殿佐:《执着:来自山东青州的发展报告》,北京:中国言实出版社 2012 年版,第 302-303 页

成的"艺术金融"业务实践机制。① 所谓的"预收购人机制",是指银行在放款前找到一个对拟质押艺术品鉴定评估结果和质押价值认可的专业机构或艺术品投资业内人士担当该质押艺术品的预收购人,由预收购人与借款人签订《质押艺术品远期交易合约》,一旦借款人部分或全部违约,预收购人可以按照借款金额收购质押品,代为偿还银行借款。由于银行放款时一般都要对艺术品进行打折,一旦借款人违约,预收购人就有可能以较低的价格获得质押艺术品。"预收购人机制"的意义至少体现在以下两个方面:一方面,通过"预收购人机制",潍坊银行有效解决了艺术金融开展中"复杂"的风险问题,同时体现出"要用市场的力量解决市场的难题"的巧妙设计理念;另一方面,通过"预收购人机制",潍坊银行能够最大限度地实现资源整合,充分利用市场资源,而同时又能让自己擅长的功能得到最大限度的发挥。由于是面向全国范围的业务,除青州外,潍坊银行文化金融事业部的客户至少还涉及山东省内外多个地域,笔者了解到的包括(潍坊)高密、(潍坊)临朐、(潍坊)昌邑、(潍坊)寿光、(山东)淄博、浙江、北京、天津等省市。此外,除画廊机构外,拍卖行也是其重点业务对象,故潍坊银行文化金融事业部在青州的客户群体十分有限。青州通过"预收购人机制"开展业务的画廊仅有10余家。

3. 中国银行青州支行

2014年中国银行青州支行也介入了这个业务。② 尽管有国字头的资质作为依靠,但该行参与艺术金融业务表现出明显的尝试性。因为该行拿出的授信额度十分有限,仅有1000万元,且定向对5家画廊机构进行授信。当前,该行已经停止了此项业务。据笔者调研了解,之所以参与这项业务,一方面是因为该行管理者十分喜爱及关注艺术品,另一方面则是因为受到青州当地艺术产业蓬勃发展势头的带动。

除银行开展的业务外,尚有很多民间资本加入相关的金融活动中来,笔者在由青州画廊人建立的微信群中曾见到群组成员发布的"艺术金融"业务的广告信息,具体内容如下,"急需资金?可用名家书画质押贷款。特点:审核简便——自有鉴定评估团队,三天完成初、复核估值;放款快捷,2000万元以内当天到账;利率低——根据借贷金额、用款时长灵活定息;门槛低——可抵押

---

① 史跃峰:《艺术金融的创新逻辑》,载《艺术品鉴·中国艺术金融》,2015年第8期,第67-73页。
② 陈晓红:《艺术品行情调整一级市场金融风险急剧放大:山东青州艺术市场大调查》,载《上海证券报》,2014年12月27日,第8版。

范围涵盖近现代大、中、小名头，当代一、二线名家书画作品；为客户保密。"在笔者的观察中，这类不同形态、不同规模，但运营原理大致相同的民间金融组织，针对艺术市场开展金融活动的组织者与机构，不在少数。特别是在"艺术金融"的概念叫响之后，全国艺术市场中陡然出现了众多以"艺术金融"为名的机构。而至于这类金融活动的规模及相关属性的具体详情，笔者并未进行专门的深入研究。

"艺术金融"业务对青州（地域）艺术产业的作用主要包括：首先，"艺术金融"对青州（地域）艺术产业的发展，在很大程度上起到了刺激性的促进作用，特别是在活跃市场、提升画廊人的发展积极性等方面发挥了毋庸置疑的作用。其次，以"贷款"为核心的"艺术金融"业务，在缓解经营者的经营压力、提高经营收益方面发挥了重要的作用。有数据显示："2011年10月份，青州书画艺术城实现月交易额4120万元，较上年同期增加1700万元，同比增长68%。书画城的唐先生，贷款200万元增加货源，10月份卖出冯远的作品《八仙过海》和《竹林七贤》等，实现利润45万元，较去年同期月份利润增加30万元。"① 在业绩增长的背后，"艺术金融"的作用不可忽视。而与这种积极性影响相对应的是其中一些负面的因素。如笔者在调研中了解到，面对银行针对艺术品及行业所开展的史无前例的贷款政策，青州的一些画廊人出现了不理智的"金融"行为，以攀比贷款额为能事，无形中增加了还款的压力和信贷风险。

综合来看，青州（地域）艺术产业中的"艺术金融"活动，表现出一定的传统性。"艺术金融"作为一项创新性较强的金融活动及业务，其在青州地域范围内大部分的贷款都是以相对保守的"额度"来完成的，同时这种"艺术金融"业务在产品设计方面并未表现出过于明显的先进性与创新性。基于此，笔者认为青州（地域）艺术产业中的"艺术金融"活动，尽管对活跃地方市场、促进产业发展起到了很好的助力作用，但随着市场瓶颈期的到来、经营者盈利水平的降低，此前活跃的"艺术金融"将会进入一定的平静期。同时，尚需认识到的一个情况是：在当代这个以金融为经济主导的市场环境下，金融业不仅能够直接用于支持经营，同时还能与其他要素相互合作。如在下部分要阐述的艺术科技方面，就有运营者在自身的发展规划中，将金融的因素纳入其中，反映出市场参与者对金融要素的日益看重。

---

① 冯殿佐：《执着：来自山东青州的发展报告》，北京：中国言实出版社2012年版，第302页。

（二）艺术科技

"艺术科技"要素在青州（地域）艺术产业发展中的应用表现出逐步变迁、逐渐强化的特性。起初的"艺术科技"要素，仅仅表现为利用互联网平台进行营销宣传，如钰铧网站的建立及应用。在此基础上，随着互联网时代的到来，以及"互联网思维""互联网+"的广泛应用，电商平台逐渐进入艺术品行业，青州逐步出现了利用互联网平台作为重要营销手段的经营者。几乎与之同步，随着市场研究者与管理者对艺术市场发展思考的深入，国家主管部门对艺术品行业规范要求的提出，利用互联网进行技术创新和创业风潮的崛起，在诸多因素的共同作用下，以"艺术品鉴证备案"为技术核心的"艺术科技"开始进入青州，并深深影响着未来艺术市场的发展走向。

1. 以"网络营销"为核心的科技应用

利用互联网技术进行营销的方式是青州（地域）艺术产业发展中科技要素的重要表现形式。前文有述，从20世纪90年代起，随着电脑及互联网的普及，青州画廊经营者唐树良就与其他画廊联合组建了专门用于营销的网站。这种通过互联网科技拓展营销渠道的应用主要有三种形式：建立门户网站、与专门的平台合作、拓展多渠道的电商模式。

第一，建立门户网站。通过建立网站来对画廊及经营的作品进行展示与宣传，是青州画廊人进行"艺术科技"探索的最早方式。2002年，钰铧画廊聚集区的四家画廊联合办起了专业书画网站——钰铧艺术文化中心，① 这可以视作青州最早接触"艺术科技"的实践举动。尽管这种方式在今天看来已经十分平常与普通，但在互联网技术刚刚起步以及电脑应用尚未普及的当年，已经是不小的创新之举了。当然，受到技术的限制，此时的网站，还仅具有展示、宣传的功能，主要宣传的内容包括画廊基本信息、经营作品图像展示、作品基本信息等，尚未具备全面的营销"一条龙"服务。尽管如此，这已经成为画廊"获客"的重要渠道与技术支持。当下，这种主要用于宣传和展示的网站，已经成了青州乃至整个中国画廊业的标配。

第二，与专门的平台合作。随着互联网技术的进步，以及社会经营群体中资源整合意识的提升，越来越多的互联网平台开始通过集结优质艺术品营销资源，以谋求分享式、共赢式的发展，这为青州艺术市场提供了应用科技的新机遇。以北京的艺术品运营平台机构"博宝艺盟"为例来分析，"博宝艺盟"对外宣传的内容是，由博宝艺术网联合1000余家艺术品经营机构共同发起的艺

---

① 参见本研究附录三："青州模式"研究访谈文字稿（四）。

品经营机构产业大联盟，旨在开创艺术品经营新模式（"合作+分享+共生＝共赢"的模式），重塑艺术产业新生态。该平台所要实现的功效在于：为投资者提供优秀、有价值的艺术品，为创作者提供作品销售渠道，为经营者提供第一手价格的艺术品。除"博宝艺盟"外，类似的平台机构尚有很多，如网络平台"中国书法超市"等。尽管其运营的方式不尽相同，但发展理念及应用技术大同小异。

第三，拓展多渠道的电商模式。"电子商务"是当下乃至未来很长一段时间内，包括艺术品领域在内的诸多经营行业，最为重要的技术应用之一。青州最早开始应用电子商务开展运营的人是锦泉斋画廊的经营者王志坚。王志坚从2015年开始学习与摸索这种"新模式"，2015年底，开始试运营；2016年2月13日开始进行正式的运营及推广。从这个时间一直到2017年近一年的时间内，青州一直只有王志坚一人在通过"电商渠道"开展经营。其后，陆续有为数不多的画廊开始效仿。王志坚是通过"报班学习"[①]的方式接触到电商渠道和互联网思维的。在以手机为主的智能移动设备大量普及的当下，王志坚所使用的电商渠道以"微电商"为主。"微电商"的运营理念突出体现为：在"互联网+"时代背景下，充分利用市场中所普遍使用的移动互联工具（主要指在智能手机系统中广泛使用的 App 软件，包括商品展示及交易软件等），通过深入挖掘其功能，实现商品交易更加便捷化，进而能够汇聚起更多的人脉资源，达到吸引更多分销商之目的。一系列的功能拓展，不仅可以让所有的互联网用户成为自己的潜在客户，而且能够成为自己的潜在业务员，最终实现更大的交易量。

锦泉斋画廊"新模式"运营的基本路径可以分成三个模块来理解，分别是：供货商模块、运营商模块、消费者模块。供货商模块的核心是锦泉斋画廊，主要职能是提供货源、进行销售，为实现运转顺利，计划储备作品达到1万件左右；运营商模块的核心是线上商城，主要职能是提供配套的运营服务，包括提供技术支持、资金管理及分配等；消费者模块中的消费者兼具潜在客户及潜在分销商双重身份，主要职能是参与购买艺术品，或参与商品的加价销售，以获取直接的收益（提成）。整体来看，这种运营路径实现了"闭环"模式。其运转的基本路径共分三步：第一步，供货商将可用于营销的作品的相关信息（包括图片、基本信息、详细介绍、作者简介等），上传至由运营商搭建的锦泉斋线上商城进行展示。第二步，消费者浏览到锦泉斋线上商城呈现的商品信息，进

---

① 笔者在对王志坚的采访中了解到：她于2015年初偶然在一次"饭局"活动中，遇到在现场分发宣传广告的服务人员，通过扫描二维码的形式认识和加入相关的培训中。

行下单购买，或者选择进行加价销售，成为该件商品的分销商。第三步，如果消费者购买该商品，则支付至运营商提供的中介处，由锦泉斋画廊发货，完成交易。如果消费者选择成为锦泉斋画廊的分销商，那么在交易完成后，由运营商自动完成进而分配，定价成本直接划拨至锦泉斋画廊账户，分销利润则划拨至分销商账户。以上三步内容仅为大致状况，在具体运营过程中，还存在很多细分环节。

从运营效果来看，截止到2016年4月9日，在大约2个月的时间里，锦泉斋的营业额达到了200万元。其中的100万元，就是4月4日至4月9日不到一周的时间创造的。通过分析数据可以发现，这些盈利存在明显的不均衡性，随着运营时间的增加以及运营经验的积累，营业额逐渐攀升。此外，需要特别强调的是，以上仅是从营业额方面反映出的良好运营状态。与之相应的人气增长也应该归入运营业绩之内，尽管无法进行具体量化，但从中产生的无形效益是不容小觑的，这也是媒体时代下应该格外注重培养的重要内容。

"电商"技术及相关经营理念能够为行业运营带来一系列的创新，从"锦泉斋"的发展实例来看，具体可以从以下几方面得以体现：其一，从经营理念来分析。经营理念由过去的重视"作品为王"，强调"提升作品增值空间"，转变为现在重视"销售为王"，强调"提升作品流通量"。在创新理念的支配下，艺术品的营销产生了众多的改变，很多甚至是对旧有方式及规律的颠覆式改变。举例来分析，从传统意义来看，艺术品销售的一大特点在于作品价格的不公开、不透明，但在互联网的公开营销平台上，作品全部公开标价，虽然也设置了议价的功能，但这种公开标价的做法在艺术品一级市场的营销中已经是一种很大的革新了。其二，从产品定位来分析。首先，由过去的单一产品，转变为现在的多种产品营销。过去，书画艺术品是唯一的营销产品。现在，围绕书画艺术品这一营销核心，拓展出策展、招商加盟、搭建网络营销平台（移动互联商城）等多款盈利产品。其次，过去经营的书画作品以高价位作品为主，现在为各种价位作品都有。其三，从目标人群来分析。主体消费人群由过去的"60后""70后"，转变为以"80后"群体为主。其原因在于，"80后"群体作为"消费新贵"，具有与网络时代相适配的消费理念，有利于"新模式"的开展。与之相应，经营的产品也以当代书画艺术品为主，其中"80后""90后"画家成为主力创作者。

2. 以"鉴证备案"为核心的科技应用

①在中国艺术市场未来的发展进程中，"鉴证备案"将作为一项重要的科技对该领域产生深远的影响。在青州的艺术产业发展中，"鉴证备案"已经在积极

地发挥着作用。艺术品鉴证备案，简单地来理解，即在对艺术品进行准确鉴定后，将能够指向鉴定结果的（相关）信息进行备案性存储，以用于此后鉴定的参考。其中，"鉴"指鉴别艺术品之真伪，"证"可以理解为证明鉴定结果的准确性、客观性，"备案"指对艺术品基本信息及鉴证信息（通过数据库技术）进行留案存档，以备使用。整体来看，艺术品鉴证备案是一种体系性的鉴定方式，具有很强的创新性和时代性，其内容集合了多样的手段与方法。它是以现代科技为基础，以通过艺术家本人（或可资信赖的亲属等）提供鉴定意见为特色，以为艺术品建立有据可循的"身份证"信息为主导形式的现代艺术品鉴定。① 正是基于上述种种条件，艺术品鉴证备案所主要针对的艺术品是现代艺术家创作的作品。显然，相较于对鉴定结果在当下的应用，这种鉴定方法，更加强调后来的"功德"。换言之，相较于当前的价值，艺术品鉴证备案在后世的价值会显现得更加鲜明。②

②当前，在市场体系下，从事艺术品鉴证备案研究及推广的机构主要有四家，分别为：国家市场监督管理总局推出的艺术品鉴证质量溯源体系，③ 中国版权协会推出的艺术品鉴证备案服务，雅昌文化集团推出的艺术品鉴证备案体系，④ "画籍网"推出的艺术品真迹管理系统。四家机构虽发展的目的不尽相同，业务名目也稍有区别，但其运营原理、方法与思路基本一致，都是建立在艺术品"鉴证备案"技术基础之上的。在青州推广艺术品"鉴证备案"技术的就是"画籍网"。

"画籍网"从2014年6月开始运营，其发展的内在逻辑在于：针对艺术市场中"伪作横行"的乱象，进行创新性突破，旨在利用"鉴证技术+大数据技术+互联网技术"的模式，搭建起一个能够保证消费者放心购买艺术品的综合化运营及服务平台。"画籍网"平台运营的基本路径是：第一，与全国范围内的艺术品经营机构（如画廊）建立合作。第二，通过"画籍"采集系统，对合作机构销售的艺术品进行数据采集。将相关数据存入"鉴证备案"数据库，并生成

---

① 曲家辉、西沐：《艺术品鉴证备案及其相关问题研究》，载《艺术品鉴·中国艺术金融》，2016年第8期，第25页。
② 曲家辉、西沐：《艺术品鉴证备案及其相关问题研究》，载《艺术品鉴·中国艺术金融》，2016年第8期，第26页。
③ 曲家辉：《把艺术市场发展推向质量时代：专访全国政协委员、中国检验检疫学会会长、国家质检总局原副局长魏传忠》，载《艺术品鉴·中国艺术金融》，2016年第8期第60-66页。
④ 袁粒：《雅昌艺术品鉴证备案案例研究》，载《艺术品鉴·中国艺术金融》，2016年第8期，第102-108页。

"画籍证书"（如图 3-18 所示）。第三，依托"鉴证备案"数据库，打造交易平台，"画籍网"作为中间商，为买卖双方提供交易的支撑性服务，专门买卖经过备案、能够寻根溯源的艺术品。截至 2017 年 5 月，中国现有画籍授权"备案、鉴定及担保资格"的艺术机构 500 多家，遍布 30 个省，日均备案作品 1000 多幅，销售网络遍布全国。而青州是此范围内的重要组成部分。整体来看，"画籍网"平台的优势和创新之处体现在，能在很大程度上解决艺术市场中的"真假难辨"问题，其解决之道并非"保真"，而是通过数据库及"画籍证书"，让消费者有迹可循。这能在很大程度上解决艺术市场长期以来难以实现"诚信经营"以及诸多不规范的现象。

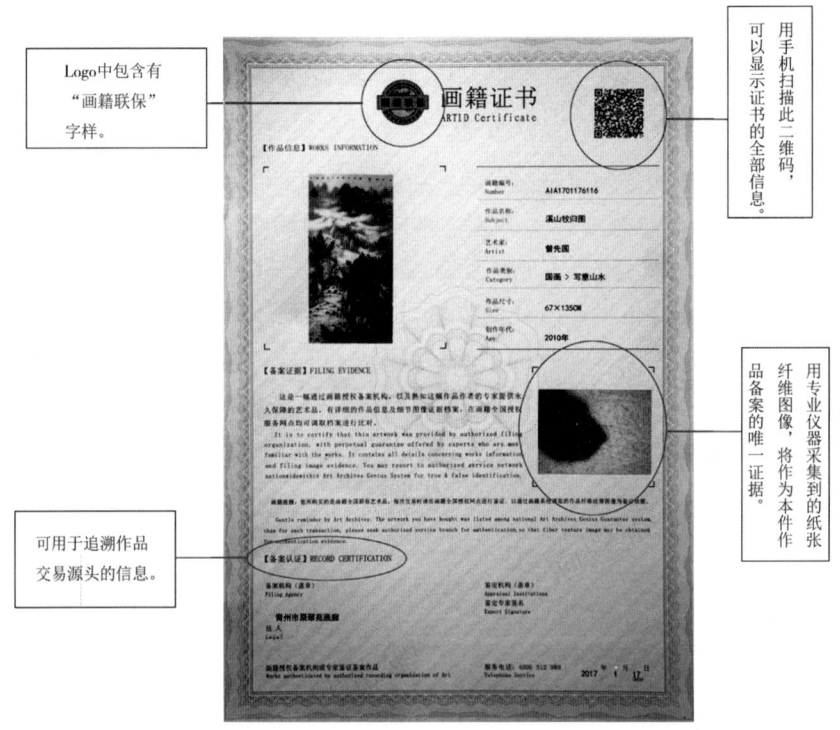

图 3-18　"画籍证书"要素解析（笔者拍摄并制作完成）

笔者在调研中了解到，"画籍网"作为一个创业性项目，已经具备了一定的核心功能，但其相关的功能体系还在进一步完善与创新中。关于这一点，"画籍网"负责人魏庆来有着清晰的表述："其实，我一上来是想要做一个交易系统、电商平台，因为我是搞互联网的。艺术品行业没有这样一个用于放心购买、投资的平台，我觉得要做这样一个平台，就一定需要一个第三方的担保平台。所以，我所做的不仅仅是备案这样一种东西，备案这种技术其实很简单。'画籍'现在只是一个数据库，2017年5月，我们会上线一个交易系统，我会把全国范围内有保障的画廊机构的好的作品放进来，而且我只会做可投资品的经营，经营者就可以通过这个平台进行交易。"① 所以，在互联网技术的支撑下，"画籍网"是一个全国性的运营平台，致力于帮助中国画商成为具备顶级标准的"诚信画商"，帮助艺术家的经典作品在未来的任何时代、任何地点都能永世传承。

随着科技进步、艺术市场的深化发展、市场监管力度的加大，以"鉴证备案"为代表的艺术科技将与市场的关系越来越密切。举例来看，2016年初文化和旅游部发布《艺术品经营管理办法》，这一举动是官方试图加强艺术市场监管，引领艺术市场向规范化方向发展的明证。其中的多项规定，对市场经营者进行了约束，反映出未来中国艺术市场发展的规范化方向。而以"鉴证备案"为代表的艺术科技恰恰是与这种趋势和潮流相吻合的。

三、艺术衍生品与农民画产业

（一）艺术衍生品

从整体上把握，青州艺术衍生品产业的表现极不活跃，只是作为一种产业要素构成内容存在而已。这种状态主要体现为参与运营者匮乏。当前，相关的从业者十分有限，且主要以文博体系为代表的官方组织为主。因此，依据这种市场状态可以判断出，在当前的市场阶段，艺术衍生品这类产业要素所占据的市场份额以及在整个产业中能够贡献的"产能"十分有限。但这种特定历史阶段内的态势，并不能代表将来的发展情势，也不会影响其在未来的发展潜力。从笔者自身角度来看，艺术衍生品产业的发展前景是非常值得期待的。当前青州（地域）艺术产业系统下这类产业的不活跃状态，主要是由于地方艺术产业从业者的重视程度不够（认知层面的缺失），以及缺乏正确发展路径及运营经验，特别是缺少能够迎合市场需求的、以创意为主导的产品研发（实践层面的缺失）。但从整体产业形态发展趋势及市场来看，艺术衍生品产业表现出充分的发展潜力和市场空间。

当前，按照产品特性来区分，青州（地域）艺术产业系统下的衍生品，可以大致分为两大类："复制"衍生品、"创意"衍生品。其中，"复制"衍生品即根据原作艺术品进行复制而成的衍生品；"创意"衍生品则是在原作基础上，加入新的创意元素或手法，如将原有艺术品元素与其他形式相结合，进行重新

---

① 参见本研究附录三："青州模式"研究访谈文字稿（五）。

设计和包装后形成的衍生品。

1. "复制"衍生品

青州是一座历史文化名城，这样的底蕴和背景为今天的青州民众留下了大量的本土艺术资源，如青州出土的大量石雕佛像、距今时代最早的状元卷（明代赵秉忠）等，而这些资源又都成了青州推出艺术衍生品的重要参考资源。其中，尤以状元卷衍生品因为其唯一性、便携性等特性，而成为青州最为常见的一类衍生品。（如图3-19所示）

图3-19　青州博物馆藏状元卷衍生品（笔者摄于2016年3月）

青州艺术衍生品的销售主要通过博物馆和店面来完成，在电商繁荣的今天，也通过网络渠道进行销售。根据制作原材料、制作工艺、附加价值、销售场所等的不同，这类衍生品的价格多在几十元至数万元不等。如其印刷复制的衍生品价格在50~1000元。另有当地书法爱好者，以临摹状元卷为业，将临摹后的作品装裱，市场售价在数千元至万元。

"复制"衍生品在青州销售的另外一种状态是经营者以画廊业为平台，进行以仿真复制技术完成的衍生品的生产与销售。主要的艺术品类是中国画、书法、油画等。但这类从业者在青州数量十分有限，具备制作能力的经营者在青州不足10家，由此可以反映出传统画廊经营者对这一领域缺乏相应的重视。这类衍生品具有代表性的经营者是东方雅集画廊，该画廊经营者孙景学为专业美术院校毕业生①，他从事相关的经营主要得益于自身在该领域积累的从业经验。而这种学历背景及从业经验，是反映该领域产业生态的重要内容。孙景学本科毕业后，即入职北京某专门从事艺术品仿真复制经营的公司，在此过程中，积累了一些从业经验和相应的资源。其后，作为青州人的他，回到老家发展，开设了画廊，作为年青一代经营者，他一方面学习原创艺术品的经营，另一方面则从事复制类衍生品的制作与经营。在艺术市场行情低迷的情势下，复制类衍生品是其主要的经营业务。仿真复制的书画艺术品，主要的功能体现在以下几方面：其一，可作为研究经典原作的辅助材料（如作为教具使用）；其二，可替代原作，作为装饰品进行展示；其三，具有一定的收藏价值。基于这三种功能，孙景学经营此类衍生品的主要渠道包括：其一，直接销售未经装裱的作品；其二，对作品装裱后，再进行销售；其三，将这类衍生品与装潢业务相结合，进行市场销售。

2."创意"衍生品

"创意"衍生品的研发与经营，在青州的实践者十分稀有。据笔者调研，真正开展相关活动的经营单位只有一家——"艺术口袋"文创平台。尽管数量罕有，但需要认识到的是，"文创产业"这一被国家寄予厚望的产业形态，其发展是需要以内涵丰富而又贴合社会实际的"创意""创作"作为依托的，是需要集结参与者独特的智慧才能获得深入发展的产业。所以，一般而言，真正的"创意产业"只在人才资源相对集中的一线城市才会有较为健康的发展环境和发展前景。一方面，青州作为一个县级市，能够出现这样一家真正做"文创"的机构，已实属不易；另一方面，这家缘起于青州的文创机构，是与北京这样作为"文创产业"优良土壤的一线城市保持密切联系的，其首家店面即开设于北京市朝阳区的一家大型商场内。

这家"文创"机构以首都为前沿阵地，之所以将其纳入青州（地域）艺术产业系统中，主要因为以下几点：其一，这些衍生品是由青州人联合青州本土艺术机构主导完成的。一方面，"艺术口袋"这一文创机构的主导者孙晓飞、于洋均为青州籍年轻创业者，且二人均为专业美术院校毕业。孙晓飞毕业于中央美术学院，于洋毕业于西安美术学院；另一方面，由其创作的艺术衍生品，很多是与青州本土艺术机构合作完成的，如作为重要衍生品的一组五套项饰（如图3-20所示），就是由"艺术口袋"联合青州博物馆打造的。其二，该文创机构所重点研发的艺术衍生品，主要从青州本土文化资源中汲取创意灵感和设计

---

① 孙景学毕业于首都师范大学美术学院2005级本科，艺术市场专业。

元素。如陈列于青州博物馆的状元卷、龙兴寺佛教造像等。如图 3-21 所示，为以明代状元卷为元素制作的各类衍生品，从这些产品的设计中能够感受到青州浓重的地域性气息。

 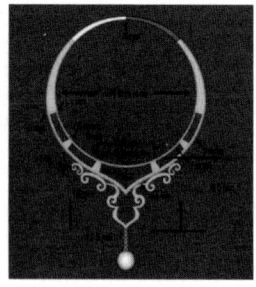 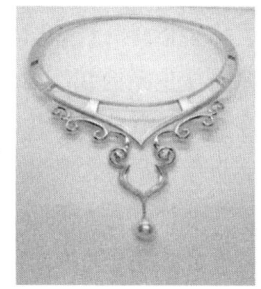

图 3-20 "艺术口袋"依据东魏贴金彩绘菩萨立像制作的首饰（笔者采自制作方）

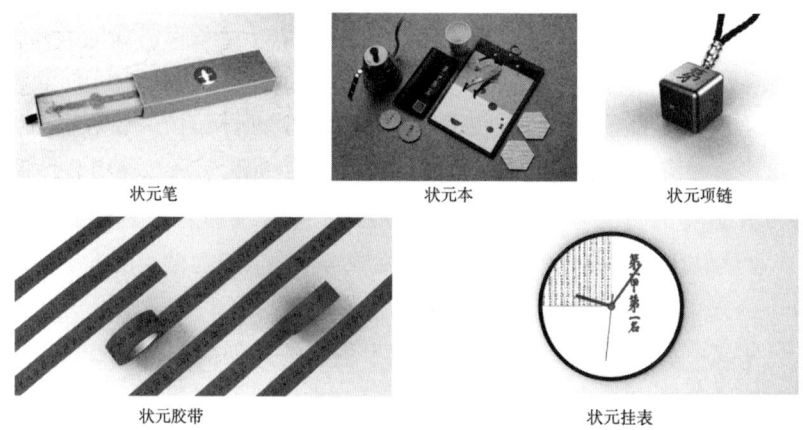

图 3-21 "艺术口袋"依据明代状元卷制作的各类衍生品（笔者采自制作方）

"艺术口袋"以青州本土艺术资源为主题，着重推出了文具类、日用品类、纪念品类、时尚品类、家具类等多元衍生品。涉及的设计方向则包括："佛缘青州"——龙兴寺造像系列、"高古青州"——苏埠屯商文化系列、"文化青州"——金榜题名系列、"现代青州"——风景名胜系列等。这种"创意"衍生品研发机构在青州的存在，具有十分重要的价值和意义。首先，以"艺术口袋"为代表的文创机构的存在，及相关"创意"衍生品的研发，不仅能够在很大程度上丰富青州（地域）艺术产业的内涵，更重要的是能够有效带动品牌价值的提升。在当前的时代背景和政策背景下，文创领域代表了该产业内最重要的发展方向和发展空间,这种数量稀少却个性鲜明的产业元素的存在,能够使得其载体与传统化产业形态相区别开来。其次,有利于对青州各类"隐性资源"的挖掘。"隐性资源"强调的正是与地域民众的价值追求、审美喜好等相关的,以"非物质"形态普遍存在的各类地域资源。专门化人才的存在,有助于对这种潜在的"非物质"形态的市场资源进行深入的挖掘,能够进一步促进地域产业的深化与进步。最后,有利于青州文化产业更大范围地延展资源,也能够更好地与各类资源对接。在此过程中,能够提升青州艺术市场及艺术产业的品牌宣传及影响力。举例来分析,2016年9月第34届世界艺术史大会特展"破碎与聚合:青州龙兴寺佛教造像特展"在中央美术学院举办期间,"艺术口袋"联合青州博物馆在中央美术学院美术馆贵宾厅发布了第一批首饰衍生品。类似活动的举办和信息的发布,很好地将青州与"文化大县""美术高等学府""国际性高端学术研讨会"等联系起来。对"青州模式"的品牌带来的影响,是鲜明而深远的。

在青州艺术衍生品产业的发展中,有两个鲜明的特征值得注意:第一,这类产业要素的存在数量十分有限;第二,这类产业的参与者以年轻人居多,且均为受过高等教育者。如上文提到的于洋、孙晓飞、孙景学等从业者,均为专业美术院校毕业。这两种特征能够鲜明地反映出青州大部分书画产业经营者普遍对相关产业领域或方向漠不关心,或者说这一领域对大部分青州从业者而言是十分陌生的。更深层次的原因在于传统经营者的观念问题。以画廊业为核心的经营者,更多的是从固有的价值体系角度出发,一味看重原作的价值,不能从时代发展需要的角度去认识这一新兴产业的潜力,这无疑是当地需要进一步展开探索的方向。

(二)农民画产业

农民画,是通俗画的一种,多系农民自己制作和自我欣赏的绘画和印画,这类绘画均风格奇特、手法夸张,其范围包括农民自印的纸马、门画、神像以及在炕头、灶头、房屋山墙和檐角绘制的吉祥图画等。此处的农民画特指现代农民画,主要是农民创作群体在纸面上所绘制的乡土气息较浓的绘画作品。

青州的农民画产业主要是借由政府部门的主导与扶持才得以发展的。在农民画发展方面,青州有着深厚的历史根基和广泛的群众基础,这为青州农民画的产业化发展提供了难能可贵的条件。青州的民间群体自古就十分重视绘画艺术的应用,常见的应用领域如在纸鸢上绘制各类图案等,这可以视为一种重要的农民画形态。中华人民共和国成立后,出于革命宣传之需,青州农民画得到快速发展。当时的政府机构,通过宣传性极强的农民画来表扬先进、批评落后,对农业生产起到了积极的推动作用,甚至创作了一些表现颇具时代感的大型宣传壁画,对生产活动产生了很大的促进作用。20世纪80年代以来,随着改革开放的发展,人们的思想意识和审美情趣都发生了变化,作为大众文化的农民画进入低潮期,只有极少数老农民画家还在坚持创作,主要以绘制实用性较强的农家门楼、影壁墙为主。进入21世纪以来,随着国家对"三农"及文化建设的重视,农民画重新回到民众视野中。

青州农民画具有想象力丰富、色彩鲜明、构图饱满等特征,表现出鲜明的地域性特色(如图3-22所示)。作为一种重要的产业形态,农民画产业的发展,对促进地方产业发展起到了积极的作用,主要体现在以下几方面:首先,能够丰富农村产业形态,丰富地方农民群众的日常生活。其次,能够形成一定的产业回报,有效提高农民的收入。最后,有助于更加深入地挖掘与保护地方产业资源。

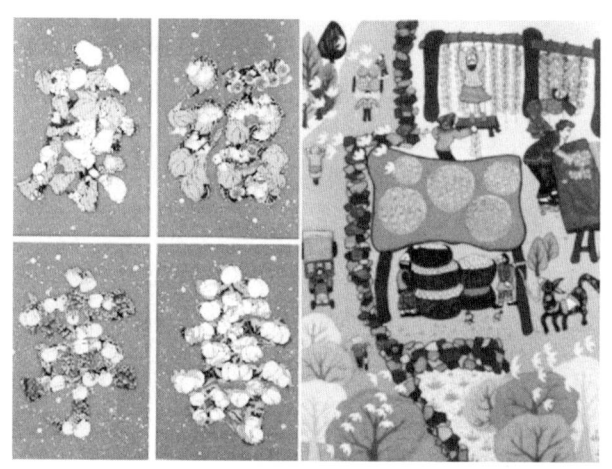

图3-22 青州农民画作品(笔者采自制作方)

当前,青州市委、市政府从促进"三农"发展的战略角度出发,十分重视农民画产业发展,鼓励青州农民群众参与到农民画群体中,"农忙种田,农闲作画",逐渐形成了"市委市政府有力领导、部门单位大力支持、各镇街道积极组织、广大群众踊跃参加"的局面,在全市形成了集培训、创作、交流、交易于一体的农民画产业发展体系。概括来看,青州政府在促进农民画发展方面主要做了以下举措:第一,成立青州市农民画产业发展领导小组,依托地方农民画的传统,启用专门人才力量,对农民画进行深入而系统的挖掘、整理,并做相应的传承保护工作。第二,先后建立中国青州农民画画院、青州市农民画艺术研究院、青州市农民画培训中心、青州市农民画博物馆、青州市农民画展览馆、中国青州农民画网站等相关展览展示机构与平台。第三,建立13处乡镇农民画培训基地和写生基地,成立10个农民画专业合作社,发展农民画电商。第四,组织展览与培训活动。实行"一月一展""一月一培训"。曾先后多次组织农民画人才到陕西户县、浙江秀洲、吉林东丰等农民画乡进行考察学习,不定期组织农民画人才开展相应的培训。

  除上述衍生品、农民画等两种产业形态外,尚包括其他与画廊业联动发展的内容,如青州本土艺术家群体在这种情势下,得以与艺术市场有了更为深入的接触,并以此为契机,得到了更多销售自身作品的机会。由于与之相类似的产业形态,其塑造的产业规模十分有限,且难以进行量化统计,故此处不做进一步展开论述。

第四章

地域文化在青州艺术产业中的效能转化

在面对诸如"青州人为何如此喜爱书画艺术品?""为何偏偏是青州能够成为'当代书画风向标'"等问题时,不同身份、不同背景的人,却能或直接、或间接地给出一个大致趋同的回答:青州这座古城所自带的厚重历史、文化内涵,对这里的民众产生了潜移默化的影响。这自然是无可非议的客观存在。但当用它来回应"青州模式"——这样一个"系统"的成因时,就明显会因为局限于一种单向度、线条式的状态而显得单薄、证据不足。

这是因为面对着"青州模式"这种系统性的内容,其成因自然也应该是多向度、结构化、综合性的。笔者以为,至少应该涉及几个方面的内容:"青州模式"因何发端,"青州模式"的进化成因(何种原因促使"青州模式"不断发展)。在图4-1中可以清楚地看到促成"青州模式"原因的多样性。

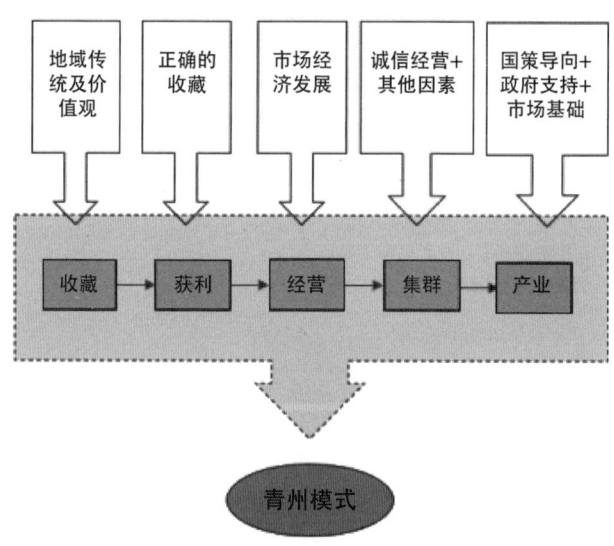

图4-1 "青州模式"成因剖析示意图(笔者绘制)

基于这种状态，本章分为三节展开，第一节重点剖析"青州模式"何以发端，第二节从"形成机制"角度剖析"青州模式"在发展进化中的一众原因，第三节将青州模式与通渭模式进行比较。

第一节 地域观念：关于"青州模式"源头成因的探讨

在谈到文化与社会、历史的关系时，费孝通曾有过这样的论述："文化具有历史性，它是跨越时间、空间和生命的东西，也是先于个体而存在，不随个体的消失而消失的东西。所以我们看文化，必须历史地看，只有在历史中，文化才显示出其真实的意义……研究社会也好，改革社会也好，绝不能抛开历史，没有一个社会结构是完全凭空构建的，它总是要基于前一个社会结构，继承其中的某些要素，在此基础上建立新的东西。"[①] 恰如费氏所言，追根溯源之下，可以发现：青州地域艺术市场的发展，乃至"青州模式"的形成，是以地方性的文化和历史为根本的。

一、对青州书画收藏传统的考据

由青州地域艺术市场发展历程可知：青州地域艺术市场的发展最早是以"零散化的地域民众收藏活动"为开端的。因此，探讨青州艺术产业的源头，所要做的就是厘清这种"地域收藏"活动的成因。从当前的文献来分析，专门论证青州书画市场成因的内容十分匮乏，仅有少数撰文者在文中做出过零星提及，而这些文章的作者多为青州本地的画廊经营者。所以，针对这一问题进行全面而深入剖析的成果少之又少。当谈及关于青州地域艺术市场起源的相关问题时，如青州为何能成为当代艺术市场的重要地域，大部分人都会将其归结为"青州深厚的历史底蕴以及因此而形成的传统"等类似的解释。如在青州宝瀛斋（画廊）主人唐树良看来："青州人喜爱书画艺术，来自几千年丰厚的文化积淀，来自对书画艺术的执着追求，这种精神化为青州人对书画艺术的热爱之情，从而成就了成千上万的收藏爱好者和繁荣的书画市场。"[②] 而青州画廊协会会长左景岳认为："青州人喜爱书画艺术，是几千年来传统文化熏陶的结果，是一种近似

---

① 费孝通：《费孝通在2003：世纪学人遗稿》，北京：中国社会科学出版社2003年版。
② 唐树良：《青州书画市场的形成与发展》，https://blog.artron.neVspace-306596-do-Iblog-id-1169268.html（访问时间：2016年4月25日）。

于遗传的习惯,是性情中的潜意识。"① 不可否认,悠久的地域历史、厚重的文化传统能够对民众的生活习惯及好尚产生潜移默化的影响,而上述解释出自市场经营者的有感而发,也是可信的。但其中的不足之处在于:其一,缺少科学的分析论证,显得过于笼统;其二,历史悠久且底蕴厚重的古城在我国有很多,为什么其他城市不会有这种效果?基于这些疑问,笔者认为这显然不能成为解释"青州模式"起源的根本原因。

曾有研究者对甘肃通渭"书画热"现象②的成因做过专门而深入的剖析,其中提到:"用书画装饰居室"和"收藏书画之风的盛行"是"(通渭人)祖辈留下来的风俗",是"(通渭)自古就有"的。③ 联系起来思考:青州历史上是否也有"蔚然成风"的书画艺术品收藏及交易活动,或者青州民间是否有似通渭那般的"书画热"?带着这样的疑问,笔者重点对青州发展史上从明代嘉靖时期至20世纪90年代的"地方志"进行了全面的梳理排查,涉及的地方志包括:明·嘉靖《青州府志》、明·万历《益都④县志》、清·康熙《益都县志》、清·咸丰《青州府志》、清·光绪《益都县图志》、1960年《益都县志》。通览之下,这些文献所记载的资料以构成社会的重大内容为主,如地理、政治、文化、民俗、名人传记等,其间并未发现青州历史上有涉及书画收藏或交易活动的记载。这种状况至少能反映出青州历史上并没有出现大规模的,或者形成风气的艺术品交易或收藏活动。

那么,在青州是否有像通渭那样"家家户户挂字画"的"现象"呢?本研究的结论依然是否定的。判断的依据来自两方面:其一,如上所述,在文字形式的史料中,没有相关的记载。其二,从笔者收集到的图像资料中,依然看不出青州旧时有大范围、密集化的痴迷书画艺术品的信息。如图4-2至图4-6⑤所示,为笔者采集到的一组(5张)清末民初时期青州民众的日常旧照。从照片中的陈设来看,背景多为家中(非照相馆),且这些家庭的生活条件都不算

---

① 左景岳:《浅谈青州书画艺术市场》,http://news.artxun.com/1507209.shtml(访问时间:2016年4月25日)。
② 下文有对通渭进行详细论述的章节。
③ 常君睿:《教育主导的乡土艺术文化变迁:通渭书画热的社会成因研究》,西南大学博士论文,2008年。
④ 益都为青州的别称,"益"字由来于禹帝的继承人伯益,"益都"一词的含义是"供祀伯益的都邑"。在历史上有将青州与益都等称谓结合使用的情况。如:1986年3月,经国务院批准,撤销山东省益都县,设立青州市(县级),以益都县的行政区域为青州市的行政区域,仍属山东省潍坊市辖,市内区划沿用原益都县的建制。
⑤ 孟庆刚:《古城旧影:青州历史图片》,济南:山东画报出版社2014年版,第32页。

差。可以发现，在墙上，竟然没有出现一张书画艺术品，只是在图4-6中的墙上挂有一张类似于艺术品的展示物，另有一张从装裱形制、悬挂方式、画面内容等可以判断为西洋画。相较之下，反倒是盆景更受时人的喜爱，而巧合的是，青州当前是北方最大的花木基地。

图4-2 20世纪初的青州商人

图4-3 青州的满族一家人

图4-4 革命先驱魏嵋家人

图 4-5　民国初年的家庭合影　　　4-6　民国初年的青州一家人

以上老照片中反映出的历史上的青州人对待书画艺术品的态度与甘肃通渭人家中满壁字画的状态能够形成鲜明的对比（如图 4-7 所示）。据此，至少可以判断：青州近代历史上的民众对待书画艺术品的态度是与通渭人不同的。他们远没有通渭人那么痴爱，更达不到"成为传统或风俗"的地步。当然，如历史照片中所呈现的青州人"不悬挂、不展示"书画的状态，并不代表他们不收藏、不看重。以"地方志"和历史照片为代表的文献材料，是反映青州历史实况的重要参考资料。而与这类材料中"展示艺术品"的相关内容的缺失状态不同的是：在青州的文人笔记中，不乏与"收藏"相关的人物、器物及活动记载。其中，民国时期《百壶斋拾遗》的作者就是一个典型的民间收藏家，同时也是一个研究者。此书的前言部分有关于他的介绍：

图 4-7　通渭普通农家墙上挂满字画的场景①

① 郑红伟：《通渭人家》，北京：中国文联出版社 2004 年版，第 79 页。

丁汉三，回族，原名树杰，后以字行。壶工，青州知名收藏家。主要以收集各地府县志及地方文献资料、诗文集为主。对地方掌故文字苦心搜探，遇奇书或购藏，或抄录，常请贾焕章、房灼三、丁树震、张雪庵、刘化均等先生代为眷录，乡邦文献多得以保存。丁氏以打铁壶为业，并藏有紫砂名壶多把，故以"百壶斋"为号。①

从中可知，丁汉三用以谋生的职业是"壶工"，却因为"收藏"而得到志同道合地方群体的重视。这与当下青州画廊人以收藏字画为爱好，以画廊经营为副业的状态十分相似。另有关于近代金石藏家孙文澜的专门记载，则呈现出一种专业化、研究化的收藏状态。孙氏也是青州近代重要的收藏家，其收藏活动在金石收藏领域影响极大：孙文澜是甲骨文早期收藏家，他所收藏的甲骨，虽然数量仅有30余片，但其中10余片是整块甲骨，文字信息量丰富，由于真伪之争更是声名鹊起。② 此外，《百壶斋拾遗》中还涉及少量关于收藏实例的内容，详细记载了相关的时间、器物面貌、交易过程等：

光绪丁未，友人某以瓦砚一枚，倩余代售，云是草庙庄某氏物。质坚色紫，形如月上弦后一二日，盖瓦当之半。长四寸八分，阔二寸六分。一面作龙文，高起二三分，甚精致；一面平，复平其中以受墨。右侧刻"皇明宗室珍藏"六字，小篆；下端刻"质古格雅，半面全神"八字，隶书；款曰"三桥"，行书。明衡藩故物也。余售之中学堂监学董君继萱，价京钱七缗。董，隶直玉田人，旋携归矣。③

在上述简短的材料中，竟然分别涉及了多类收藏器物：地方文献、诗文集、紫砂壶、甲骨、瓦砚。青州时人的收藏品类之丰富，由此可见。而这是青州历史收藏风气之盛的重要体现。与上述记载相似，在民国时人周贵德所著的《青州纪游》的"益都县民众教育馆"部分，同样有关于收藏活动的详细记载。此处，笔者将其中的典型器物及相关收藏信息，以列表形式呈现如下（见表4-1）：

---

① 孙忠礼：《青州文献：志乘汇编：明清民国笔记四种》，青岛：青岛出版社2010年版，第143页。
② 孙忠礼：《青州文献：志乘汇编：明清民国笔记四种》，青岛：青岛出版社2010年版，第252页。
③ 孙忠礼：《青州文献：志乘汇编：明清民国笔记四种》，青岛：青岛出版社2010年版，第94页。

表 4-1　《青州纪游》中收藏器物及活动详情①

收藏	基本面貌	收藏活动
瓷画	以彩色细瓷制成，嵌木板内，方可六尺。有碧荷数木，莲子蓬蓬，与绿叶互相掩映。旁立鹭鸶探足鼓翼，左啄食状。有篆印二：一"唐英之印"，一"隽工"	清初法庆寺方丈以巨价购得者。民初某巨公曾拟以三千金易之，经地方人士之反对，始行中止
康熙瓷盘	盘大一尺有四寸，为数二。彩绘鹿鹤同春图，姿态生动，为法庆寺故物。又有素地磁盘二，绘蓝色螭龙，姿态夭娇，大小亦如之。两者式样古朴，瓷质细腻，具为康熙时出品也	系该馆自冯文毅公后裔购得者
衡宫宝座	盖以极大荆树根，就其天然之势，不假斧凿	衡宫故物也，衡府被抄没后，归法庆寺保存
青铜器	民国二十年（1931）五月，益都县城北苏埠屯，农人掘得之。有铭文者九件。式样古朴，色泽碧绿，花纹精美，凝翠层叠，世所罕睹	中外古玩商咸以为金石中珍品，争相购买。卒以索价太昂，终未成交。事为郭县长所知，以为本县文化攸关，遂易以银饼三百，付民众教育馆保存
宣德炉及铜佛	铜佛有数十尊，高低不一，姿态各殊。宣德炉有四	具为法庆寺物
明五彩瓷墩、瓷香炉	具构制奇古，式样玲珑，彩色鲜艳，亦所罕见	
书法	刘墉行书条屏、臧启谟②草书中堂，具为珍品	

在表 4-1 中所呈现的《青州纪游》记载内容中，详细地记录了种类繁多的民间和官方收藏艺术品的活动及交易信息，涉及艺术品种类包括青铜器、瓷器、瓷画等，而关于书画艺术品，尽管文中也有收藏范例，但并未涉及相关的交易信息。周贵德作为一个外地游客，在青州做了短暂的停留后，就挖到如此丰富的信息，可见青州历史上的收藏风气之盛。据此，可以大致推测：青州历史上的收藏活动，并不像今天的青州一样以收藏书画艺术品为主，而更多地以"古董"为珍。

---

① 孙忠礼：《青州文献：志乘汇编：明清民国笔记四种》，青岛：青岛出版社 2010 年版，第 306 页。
② 臧启谟为乾隆年间进士，诸城人，善书，与刘墉齐名，未出仕，名不显。

二、价值观念主导的收藏传统

根据上述材料,可以大致得出这样一种推断:青州(近现代)历史中所开展的与艺术品相关的活动以地域民众的收藏行为为主。而"收藏"这一活动之所以未被作为一项重要的社会风气载入地方志,主要是因为这类收藏行为在青州并非主流形态,仅有少部分民众自发参与其中。但追溯历史,不难发现青州地区的这种收藏行为表现出一定的历史延续性。如在金石收藏方面,宋代,赵明诚、李清照夫妇屏居青州,① 于政和七年(公元1117)秋完成了《金石录》初稿,集金石刻辞2000种,分30卷。这部学术巨著奠定了金石学基础,是史学研究的宝贵财富。清代乾嘉年间,青州籍李文藻作为重要的金石学家,经过多年的搜寻积累,完成了《泰山金石考》12卷、《益都金石考》4卷、《金石书录》4卷、《山东元碑录》1册、《云门碑目》1册、《尧陵考》4卷等大量金石学著作,金石著作之多和考释之精,超越了前人。② 更有醉心金石的清代学人段松苓继之积数十年之功,完成《益都金石记》,这是继赵明诚、李文藻之后又一部系统介绍考证青州地区金石文物的著作。③ 这种金石鉴藏传统直至近现代不衰,民国时期涌现出孙文澜、邱琮玉、丁汉三、祁天民等研究者、收藏家。(见图4-8)

这可以视作青州本地有一定古董收藏及研究的传统,这种收藏更多地体现为以多样化的器物为核心,而并非仅有书画艺术品的收藏或以书画艺术品为主的收藏。而在书画收藏方面,明清两朝,一代名臣赵秉忠、康熙时的重臣冯溥④等都曾有丰富的藏品。青州博物馆现藏的《状元卷》《清明上河图》等多是从作者后人家中征集而来。中华人民共和国成立后,青州民间也有许多地方收藏

---

① 王立胜:《青州通史:第二卷》,北京:中国文史出版社2008年版,第403页。
② 王立胜:《青州通史:第二卷》,北京:中国文史出版社2008年版,第226页。
③ 王立胜:《青州通史:第二卷》,北京:中国文史出版社2008年版,第230页。
《益都金石记》共4卷,光绪九年刊印。卷前有武亿、朱文藻序。卷一收三代青铜器铭文,有尺寸说明,有释文,有部分考证文字。后三卷收石刻。
④ 冯溥(1609—1691),清初大臣。字孔博,号易斋。卒谥"文毅",益都(今属山东青州)人,冯裕六世孙。清顺治三年(1646)进士,初授编修,后擢吏部侍郎。康熙年间为刑部尚书,拜文华殿大学士,加太子太傅。

图 4-8　青州博物馆陈列的金石古籍及篆刻（笔者摄于 2016 年 3 月）

家藏品颇丰。如原益都县委副县长马跃如①、原益都县政府办公室主任赵老梅②、原工艺品厂厂长冯长荣、原益都师范学校教师严边③、原青州报社社长张作双等。这些真实存在于历史各个时期的鲜活案例，足以表明青州切实存在着地域性的收藏风气与传统，这种内在传承性的存在，自然可以视作当代青州书画收藏风气形成的重要原因。

但是，这里需要就一种内在的逻辑关系进行厘清，是不是因为青州历史上有散见的民间收藏行为，就一定能形成现当代的收藏风气呢？笔者认为，这二者之间虽然存在着一定的联系，但并不等同于现在的收藏风气就是源于此前传统的延续或传承。其中更深层次的原因在于：地域发展历史上这类收藏的传统与风气从根本上培养了青州民众对艺术品的价值判断，而这种"价值判断"就是青州人所说的"熏陶的结果""近似于遗传的习惯""性情中的潜意识"等的实质内容。

关于这种状态，在地域艺术市场发展中存在一些典型案例：

---

① 马跃如自 20 世纪 50 年代开始就十分重视收藏，且藏品丰富，现存于青州博物馆的清乾隆年间著名画家杨涵的《凤竹图》即由马跃如收藏后捐赠的。
② 赵老梅，名显福，擅花鸟，尤工兰梅，师从知名艺术家许麟庐。自 20 世纪 70 年代开始收藏，现藏有郑板桥竹子残片、徐悲鸿《翠竹大鸡图》等。赵老梅是青州影响较大的收藏家，1999 年领衔成立了青州市收藏协会。
③ 严边，收藏有清代名家赵之谦的书法楹联等藏品。

记得20世纪70年代末，青州一位原在武装部工作的冯老先生，那时便开始接触当代书画家。有一位来自菏泽的年轻画家吴东魁，时在青州工艺美术厂上班，画一些简单的工艺品。冯老先生喜爱书画，也懂得书画的优劣，所以他慧眼识珠，发现吴东魁年轻有为，花鸟画画得很出色，便极力扶持这位年轻人。那个年代生活比较困难，冯老先生便经常给他一些接济，有时会把吴东魁请到家里吃饭，后来冯老干脆就让他吃住在自己家里，成了要好的朋友。这位吴先生后来去了北京，并发展得很出色，这不能不说与当时冯老先生的接济、扶持、推荐有着很大的关系。当然，冯老先生也因此而收藏了吴先生的不少作品。冯老先生如今已经作古，同时期目前还健在的像王老师、赵先生等，他们都已八九十岁高龄了，但仍然关心着青州书画事业的发展。他们的后人，像冯老先生的儿子、王老师的女儿等，也都继承了爱好书画的家风，如今仍然活跃在青州书画市场，成为当今青州书画市场的中坚力量。①

这里的"冯先生"对书画艺术的喜爱、崇拜俨然已经到了狂热的地步，青州当代民众对艺术品的热爱之心，可见一斑。同时，在调研中，当笔者对青州资历最老的画廊从业者冯杰做出"你为什么会收藏艺术品"的提问时，他的回答是：第一，因为喜欢；第二，知道它们有价值。冯杰嘴里的这种"有价值"就是一种典型的、朴素的"价值判断"，但究竟有什么"价值"，他无法明确阐释清楚。从他的回答中，笔者感受到的是艺术品的"可贵性"，其中包含人文价值、研究价值、古董价值等，而在市场语境下，"能够'增值'的价值特性"就自然得到了突出。

法国知名社会心理学家古斯塔夫·勒庞在其研究群体（集体）心理的著作中，曾对群体的心理状态做过（相对）深入的系统剖析，这可以作为我们解析青州地域群体性"收藏热"的理论参照：

构成这个群体的个人不管是谁，他们的生活方式、职业、性格或智力不管相同还是不同，他们变成了一个群体这个事实，便使他们获得了一种集体心理，这使他们的感情、思想和行为变得与他们单独一人时的感情、思想和行为颇为不同。②

显然青州的众多收藏者或经营者，是以一种群体的形式出现的，从本质上就表现出一种特别的群体心理。这种群体心理的最大特点及突出表现在于"这

---

① 引自唐树良未刊发（发表于自媒体）文章《溯源"青州现象"》，笔者通过采访采集。
② ［法］古斯塔夫·勒庞：《乌合之众：大众心理研究》，冯克利译，北京：中央编译出版社2005年版，第6页。

一群体对艺术品价值的肯定"。而在分析"群体心理"的形成原因时，古斯塔夫·勒庞明确指出：

> 与精神生活中的无意识因素相比，有意识因素只起着很小的作用……有意识的行为，是主要受遗传影响而造成的无意识的深层心理结构的产物。这个深层结构中包含着世代相传的无数共同特征，它们构成了一个种族先天的秉性。①

而"遗传影响""先天秉性"等的形成，最大的影响介质莫过于环境，包括自然环境、历史传统、文化风气等（关于这一分析，下文还将做详细展开论述）。所以，基于调研实例及来自集体心理理论的解析，本研究以为：青州的历史底蕴、文化、收藏传统等特殊的地域资源（环境）有助于培养民众对艺术品的价值判断（这是一种群体性心理的体现），而这种价值判断直接促成了青州的"书画热"。其中的作用机制如图4-9所示，地域文化（包括历史文化氛围及传统等综合性内容）的影响，对民众看待艺术品的价值观念产生了明显的塑造作用，形成了一种具有鲜明地域特点的"价值判断"（反映群体心理）；而这种"价值判断"的作用，是青州人传承收藏传统、延续收藏行为的核心因素。同时这种不断发生的新的收藏行为，又会随着历史的推移，并入到既有的地域文化中，成为其中的一部分，并继续发挥作用。

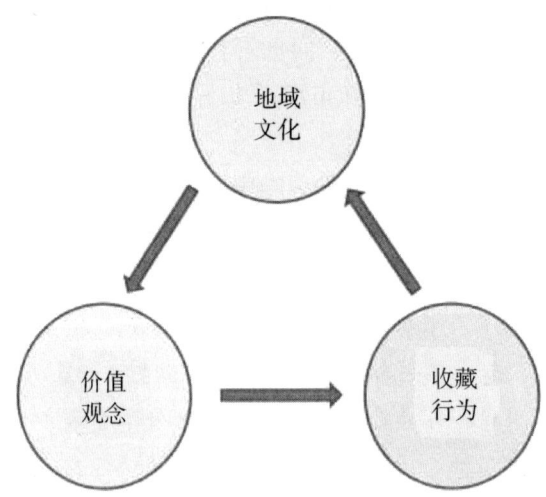

图4-9 青州收藏"价值判断"的作用机制示意图（笔者绘制）

---

① ［法］古斯塔夫·勒庞：《乌合之众：大众心理研究》，冯克利译，北京：中央编译出版社2005年版，第6-7页。

此外，能够从侧面反映"地域文化（包括历史传统等）影响价值观念"这一观点的实例是青州各文化行业都有一批活跃分子，他们不图名、不图利，自觉自愿地尽自己所能做着行业挖掘、传承的理论和实践工作。许多还成立了协会组织，据统计，仅文化艺术类协会就有 38 个。这些人以自己热爱的行业为对象，深入探讨某一现象的历史起因、现实状况，或者把某一项文化活动研究、推广、实践到极致。典型实例如：

青州的孟庆刚先生，退休后喜欢写文章。他发现古代青州的寺庙很多，但没有系统的记载，于是自费开始调查研究。用了几年的时间，他跑遍了青州的各个角落，搜集整理青州寺庙的文字资料和老照片。出版了《青州寺庙纵览》一书，填补了青州寺庙文化的空白。他还曾写过像《古州寻踪》《青州民俗》等有关青州的书籍十几本。都是作为一种业余爱好创作的，他自觉自愿地去做这些挖掘整理工作，所有的开支都是自费，没有想到任何好处和回报；青州黄楼镇龙塘村一位老农民（姓高），自 2001 年开始，历经 9 年，写成了 61 万字的《龙塘村志》。其后，他于 2012 年筹备成立了弥水文化学会，创办了《弥水》杂志，杂志的编辑都是文友们利用业余时间无偿奉献，印刷也是文友们凑钱印制，这也是青州人追求文化的一个缩影。[①]

类似的例子在青州尚有许多，笔者认为，这都是青州的历史文化传统对地域民众价值观念影响与塑造的绝佳例证。

笔者的上述推断，可以从甘肃通渭的书画热成因中得到佐证。决定通渭收藏传统的同样是一种（群体心理及）价值判断，着重体现为民众对艺术品所承载的文化修养水平的仰慕与向往：

在乡土社会，人们更加看重的是书画艺术的社会属性，人们崇尚这种艺术，是因为它表征着精英文化。从调查资料的分析看，这一事实在通渭明确地体现在当地人在书画艺术与读书文化之间所建构的意义联结和他们已然形成的书画艺术审美意识之中。通渭人认为，只有教育的成功者，比如专业艺术家、官员、一些公共机关和事业单位的干部、教师等人才拥有生产书画艺术的能力。如果自家的亲戚或朋友能够生产书画，意味着他们已经拥有一定的受教育水平，也意味着这些亲戚或朋友已经取得了一定的社会成功，他们的作品则是社会成功的标志。所以，他们喜欢在家中悬挂亲戚朋友的书画作品，以此向来客显示

---

① 引自唐树良未刊发（发表于自媒体）文章《溯源"青州现象"》，笔者通过采访采集。

"一种光荣"。①

当代知名作家贾平凹曾用十分鲜活的对比,揭示出通渭民众看待书画艺术品的价值追求:

在西安城里,书画的市场是很大的,但是在通渭,字画更多的是普通老百姓自己收藏,他们的喜爱成了风俗,甚至是一种教化和信仰……在别的地方,维系社会或许靠法律和金钱,而通渭崇尚的是耕读道德。②

在青州民众看来,艺术品所承载的价值突出体现为它的"稀缺性""高尚性"。所以,青州人与通渭人的"价值判断"有相通之处,却又不完全相同。在通渭人看来,能写会画代表着一个人的文化层次,进而能反映出他的社会地位。而青州人看待"收藏品"与常见的价值判断相类似,凝结着传承价值、研究价值、古董价值等。这也就是为什么青州发展重点为经营,而通渭则会形成规模化的民间创作者队伍。但需要认识到的是,即使很多个体都明白艺术品或古董有价值,但真正想要做到从"认识到有价值"到"切实地开展收藏",其中又有着实质性的区别。这也是青州收藏群体的一个可贵之处。

三、价值观念的成因分析

而更进一步来思考这种价值观念形成的原因,笔者将其归结为:青州有着让地域民众接收到这类价值培养的、独一无二的教育环境与资源。这种教育环境与资源可以分为两类,一类是直接的教育场所,如青州旧时所设立的民众教育所、博物堂等;另一类则是历史、文化、传统潜移默化的教化与影响。

(一)直接的教育——以民众教育馆和博物堂为例

1. 民众教育馆

民国时期,青州曾有专门的民众教育馆——益都县民众教育馆。周贵德在《青州纪游》中,曾专辟一文对该教育馆做了详细记录:

(民众教育馆)馆址在益都县文庙。馆中收藏金石佛经,颇为宏富。再后进为益都县政府第五科。进门数重有阅报室,陈列平津京沪青济各地新闻示数种,逐日来阅报者,颇不乏人。室周陈列蚕、茧、烟、棉等标本甚多,附加说明,益都土产也。庙宇建筑伟大,正殿祀孔子,悬隶书"孔子庙"三大字,秀媚可

---

① 常君睿:《教育主导的乡土艺术文化变迁:通渭书画热的社会成因研究》,西南大学博士论文,2008年。
② 贾平凹:《通渭人家》,见郑红伟主编:《通渭人家》,北京:中国文联出版社2004年版,第80页。

爱，不知何人手笔。内储佛经两千七百余部，系由法庆寺移来保存者。图书室在东庑，有书一千七百余种，约共五六千册。以万有文库为巨帙，已整理之佛经亦极多。①

通过这一内容，特别是"逐日来阅报者，颇不乏人"可以看出民众教育馆在当时能够切实起到影响民众的作用。而在此馆中，不仅有书籍、报刊，更有专门存放艺术品的空间，无异于今日的博物馆和图书馆，这为普通民众提供了亲密接触、深入了解"收藏文化"的机会：

西庑为金石陈列室，收藏颇富。以苏埠屯出土周代铜器为最精美。余如衡王宝座、唐英瓷画、刘墉行书等，亦极名贵。大部精华，多来自法庆寺。法庆寺古物之来源，以衡宫为最多。顺治朝，自天岸禅师进京朝见，敕建法庆寺后，声名大著。其后衡藩籍没，珍品流入不少，又加寺僧代有添置，遂蔚为巨观。民十八年图书馆成立，其后又改为民众教育馆。地方绅民，将该寺古物，陆续移馆陈列，吾侪始得一饱眼福。②

如前文所述，《青州纪游》的作者作为一个外来者，在不长的时间内就能够对民众教育馆内"收藏品"的基本信息以及包括"价格""交易过程"等在内的交易信息有深入的认识，能够充分说明这些信息在当地的公开状态。在同等的条件下，地方民众间的口口相传，更具传播效力，特别是对"爱好者"而言，对这些信息内容的获取，自然是再平常不过的事情了。而这些信息所包含内容对于青州民众对各类艺术品（地方民众一般会笼统地称之为"古董"或"古货"）价值判断的形成是最为直接的。

2. 西方学堂、博物堂

青州历史上的另外一类具有艺术教育及影响功能的机构是外国人来此建造的各类机构，以西式学堂（见图 4-10）、教堂和博物堂（见图 4-11）最具代表性。

---

① 孙忠礼：《青州文献：志乘汇编：明清民国笔记四种》，青岛：青岛出版社 2010 年版，第 304 页。
② 孙忠礼：《青州文献：志乘汇编：明清民国笔记四种》，青岛：青岛出版社 2010 年版，第 304 页。

图 4-10　青州共合神道学堂首届师范毕业生合影
①（前排右三为院长卜道成、中间为美籍教授赫士）①

图 4-11　青州博物堂外观室内陈设场景（摄于 20 世纪 40 年代）②

青州博物堂是中国第一家西洋博物馆，它于 1887 年由英国基督教浸礼会创办。《青州纪游》载：

基督教及天主教礼拜堂，在中山街南首，规模宏大、建筑壮丽。而基督教之博文堂，略仿济南之广智院，虽收藏不多，极富教育精神。内有成化瓷瓶一

---

① 孟庆刚：《古城旧影：青州历史图片》，济南：山东画报出版社 2014 年版，第 166 页。
② 孟庆刚：《古城旧影：青州历史图片》，济南：山东画报出版社 2014 年版，第 70-72 页。

对，高数尺，瓶质细致，画意飘逸，向所罕见。①

从图4-11所示的青州博物堂内景中可以看到，在一个面积不大的房间内，摆放及挂满了多类物品，从图中多个动物标本及墙上所挂的科普图像来分析，建造博物堂的主要目的是将西方科学认识世界的知识传播给当地民众，但其中也有书法作品、瓷瓶等中国的古董器物，因此当时的西方人并非想对青州民众实行"全盘西化"的教育，这一点从图4-10所展示的师生合影照中也可以窥见端倪，其中几乎人手一把折扇的学生面貌，让人明显感觉到他们身上所保留的传统文人气质，或者是对这种气质的传承。所以，这类由外国人建造的博物堂，同样能够影响到民众的"价值判断"，特别是在西方列强以强者的姿态出现在国人面前时，他们所看重的东西，自然地会在民众心中形成一种"更加珍贵"的价值判断。

如前文所述以"民众教育馆""博物堂"等为代表的青州独特的教育机构，以及其所承载的实际功能，是其他古城所无法比拟的，这为群体性的民众价值认同的形成提供了最直接的来源。

（二）隐性的教育——地域氛围的作用

1. 悠久的历史及传统

从远古时期的"东夷文化"，到后来成为当地核心内容的"齐文化"，青州的地方文化及传统在一脉相承中不断丰富，海纳百川地吸收了各地、各方之文化精粹，使自身的文化"硬盘"不断地充盈。古代青州文化的核心承袭自"齐文化"，而又有所丰富与发展。至汉代，随着"罢黜百家，独尊儒术"的施行，"鲁文化"在青州与"齐文化"得到充分的浸润融合。到魏晋南北朝时期，青州作为兵家必争之地，在民族交融之际，文化也获得了强烈的融合，北方少数民族多次占据青州，带来了草原的勇猛之风和燕赵的壮烈之气。南朝宋刘裕灭南燕，夷广固，江南士族相继而来，为青州带来了水乡秀丽之风和吴越文雅之气。佛教文化在青州的兴盛，又为青州的文化内涵增添了一笔重要的财富。正是在这些不同文化的加入与影响下，青州文化内涵随着时代而不断丰富。②

除去时代之风，名士也构成了青州地域的一脉重要文化渊源。古时，青州作为州府重地，吸引了大量文人名士在此驻足。历史上与青州有过渊源的文化名人数不胜数。其中知名的如青州是唐朝李邕任太守之所在，是李白、杜甫拜

---

① 孙忠礼：《青州文献·志乘汇编：明清民国笔记四种》，青岛：青岛出版社2010年版，第281页。

② 王立胜：《青州通史：第二卷》，北京：中国文史出版社2008年版，第111页。

访李邕畅谈痛饮之地；欧阳修、范仲淹等曾在此地任太守，颇有惠政；赵明诚、李清照夫妇曾寓居此地，留下众多文化名迹。在当代来看，斯人远逝，但他们作为历史上重要的文化名人，所遗留下的声名如今早已转化为潜在的文化资源，这些文人雅士就是文化根脉的重要有机组成部分。

青州的文化根脉在当下的时代中，是隐遁的，是无所捕捉的。却可以从当地的文物及古迹中捕捉到相关气息。当具体谈到文化根脉在当代青州人身上传承的表现时，最具典型性的自然要属青州人对具有审美性的艺术品或其他器物所表现出的那种发自内心喜爱的"劲头"。更具体的表现是，像唐树良、王正悦这样的画廊业经营者都热衷于将自己从事书画经营的所历、所感，落实成文。特别是唐树良先生虽然学历不高，但撰写的文章，不仅数量多、形式众，尤其可贵的是其中不乏具有深刻见地的观点，并积极地通过纸媒、网媒、自媒体等多种渠道公开发表出来，这无形中表现出的朴素文人情结，背后是地方文化对他们潜移默化的影响。此外，前文所提到的冯杰作为画廊人，不仅自身坚持习练书法，更是积极参加民间的雅集和笔会活动，谁又敢说不是地方风气熏陶、带动的结果呢？

2. 浓郁的艺术氛围

青州在漫长的历史发展中，形成了特色鲜明、内涵丰富的艺术氛围，这无疑是对地域民众起到潜移默化教化作用的重要因素。首先，古往今来从青州走出了众多在艺术领域具有重要影响力的研究者，对民众产生了深刻影响。从艺术家来看，名家包括：一代山水画大师李成，明代"墨竹"名家冯起震，杰出艺术家、天安门广场人民英雄纪念碑大型浮雕《金田起义》的创作者王炳照，获张大千赞誉"天下一品"的寇培深，当代绘画名家刘国松等。从艺术研究者来看，如我国美育心理学创始人、著名现代心理学家刘兆吉。这些青州历史上培养出众多优秀艺术研究者足以反映出青州的艺术传统渊源之深。

其次，在青州，以美术展览为代表的艺术鉴赏活动一直存在，不仅能够表现出一种艺术延续性，同时，展览也能对民众审美产生直接影响。如表4-2所示，为青州市1953—1973年的主要美术展览活动，即使是在"文革"时期，青州的艺术展览也未曾被阻断。

表 4-2　青州市（1953—1973 年）主要美展一览①

时间	名称	地点	主办单位	备注
1953.10	文物书画展	人民银行城里分理处	县文教科	现北门街西侧
1954.5	美术展览	师范学校	师范学校	师生画展
1961.7	美术展览	文化馆	文化馆	
1962.10	美术展览	偶园佳山堂	文化馆	
1973.10	美术展览	大众剧场	文化馆	

最后，青州有大量的艺术遗存，是青州民众能够时时处处接触到的艺术品。其中以摩崖石刻、佛教造像等最具代表性（见图 4-12），这些都是地方民众能够经常接触到的内容，会对民众的"价值判断"产生潜移默化的影响。1996 年 10 月，青州师范学校在对操场进行改造施工时，发现了龙兴寺大型窖藏佛教造像遗址，共计出土北魏至北宋时期各类造像 400 余尊。佛像的材质有石、陶、铁、木等，以石灰岩石雕为主。其数量之大、跨代之久、种类之全、雕刻之精、贴金彩绘保存之完好，在中国佛教考古中都是罕见的，被学术界称为"改写东方艺术史的重大发现"。这些无法以言语形容其珍贵的佛造像，作为一种重要的文物资源，现在大部分存放于青州博物馆、山东博物馆等地。除佛像外，这里还有史上仅存的明代状元卷②、汉代宜子孙玉璧③等珍贵文物。这同样也是能够影响当地民众"价值判断"的教育资源。

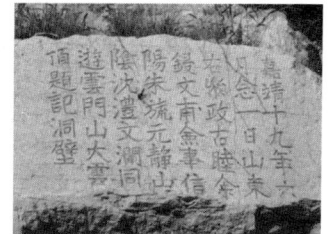

图 4-12　青州的石刻艺术遗存

---

① 青州市志编纂委员会：《青州市志》，天津：南开大学出版社 1989 年版，第 815 页。
② 为明代万历二十六年（1598）青州状元赵秉忠殿试卷。此卷为 19 折册页，每折通高 47.6 厘米，宽 14.1 厘米，封面、封底均为全凌装裱。
③ 为国家一级文物。

第二节 效能转化:"青州模式"形成的内在机制

所谓机制,系由拉丁文意译而来,原意指"机械、机器的构造原理和动作原理,包括其结构的组成部分之间的相互关系"。这种关系不仅是指静态的关系状态,而且是指机器、机械完成一个动作各部分协调配合的联系方式。后来这一概念又被类比使用在生物学、生理学、医学中,说明有机体组织、器官实现功能的相互联系方式。被引入到社会学领域的研究系统中后,"机制"的主要含义是指系统内各要素发生相互作用,以及这些要素与所处环境之间相互作用的内在依据。①

本节重点通过对"青州模式"形成机制的梳理,来对过程成因及各成因间的关系做全面呈现,根据"青州模式"形成过程中的诸多因素,提炼出六项相关内在机制,分别为人才与支撑服务机制、市场开放及平台机制、品牌效应带动机制、政策管理推动机制、画廊业发展拉动机制、产业要素聚合机制。(见图4-13)

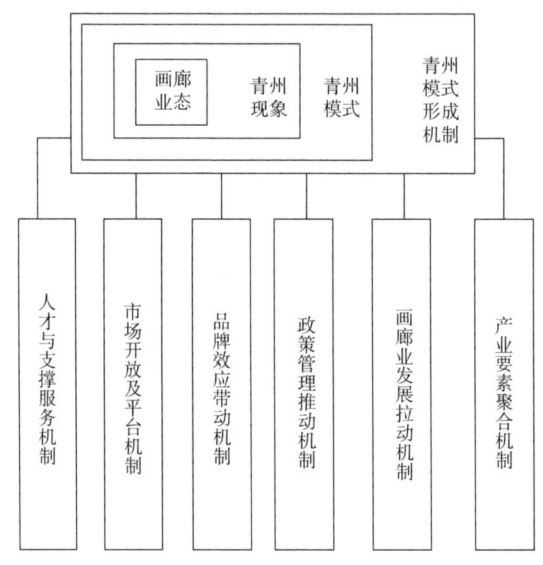

图4-13 "青州模式"形成机制示意图(笔者绘制)

---

① 张朔:《中国当下民间艺术品的产业发展机制与路径研究》,上海大学博士论文,2015年。

一、人才与支撑服务机制

产业的生发及运转，离不开主体的参与，只有专业化人才的参与，才能保证正常的发展。"青州模式"发展中的基础性人才是由数量不多的热爱"收藏"的民众组成的。针对这一点，对青州地域艺术市场发展十分熟稔的研究者西沐有过详细论述：

> 青州书画市场三十多年的发展造就了一批人，一批核心人物，一批核心画廊，这个队伍是比较稳定的……一开始是一个很小的圈子，可能只有几个人，请来一个画家，每人买其两张画，后来这个圈子变成十个人，后来再变成一个地域，后来又辐射到周边地区，后来再辐射到全国……这些收藏投资队伍及其所承载的市场投资收藏文化与内容，才是青州书画市场最核心的内在灵魂。这个队伍在这三十多年的发展过程中是经历了几次大起大落的，经历了大风大浪的考验的，他们对风险的应对能力，对风险的识别与认识，比一般意义上的所谓专家要更清楚、更刻骨铭心，因为他们是拿自己的财富去做的，是在实践中"摸爬滚打"得出来的"真知"。①

这个发端于"几个人"的收藏型群体是最早开始将艺术品收藏进行市场化尝试的人，青州今天的画廊业团队，也是在这一群体基础上成长起来的。这个群体的功能着重体现于以下几个方面：第一，构成青州艺术市场起源的有生力量，同时成为保证青州模式持续发展的核心主体。第二，这些群体的朴素个性让他们通过收藏活动不断完成了艺术融合市场的教育：

> 实际上每一个画廊主，他都是一个创业者，都是一个开辟者，画廊主在创业一开始的时候都是非常艰辛的，很少有画廊主拥有特别丰富的美术知识、非常殷实的家底，很多甚至是"门外汉"，在偶然的机会，认识了一两个画家，然后一步步开始的。他们不断地学习，不断地接触，不断地交往，不断地接受知识，慢慢地他们就在书画领域学到了很多知识，也就是在"做中学"，就成了书画鉴赏方面的专家，一些大的画廊主都是水平非常高的书画鉴赏专家，我们应该看到他们在创业过程中的这种努力。②

笔者通过实地调研发现：青州人的地域性特质是促成及影响"青州模式"

---

① 西沐：《要历史、客观地看待青州书画市场》，http://news.artron.net/20150528/n745054.html（访问时间：2016 年 07 月 16 日）。

② 西沐：《要历史、客观地看待青州书画市场》，http://news.artron.net/20150528/n745054.html（访问时间：2016 年 07 月 16 日）。

的重要原因之一,是能让外界深入了解"青州模式",细致把握"青州模式"成因的一个无法回避的内容。主要原因有二:其一,青州人是青州文化等地域资源有所发挥的唯一"出口"。前文所述的青州历史底蕴、文化根脉、艺术传统等一系列静态的地方文化资源,最终是要通过具有动态特征的人文需求来在当代进行宣泄而出的。所以,"人"是发展中绕不开的主体,也是载体。"一方水土养育一方人",青州的文化艺术资源与青州的"人"资源能够互助共生,是一体两面的关系,知其一端,则有助于揣度其整体。

其二,从青州地域艺术市场及艺术产业30余年的进化历程来看,特别是从青州书画产业的发展历程来分析,"人的因素"确实在其中发挥了无可替代的典型作用。如与青州有着紧密联系的当代知名艺术家袁武所感触的那样:"青州能发展到今天,是因为这个城市养育了一批崇尚文化,热爱艺术,尊敬书画创作者的善良、智慧的人们。"[1] 说到底,没有青州人就不会有"青州模式"。

二、市场开放及平台机制

如果没有市场经济时代的来临,离开了市场开放的环境,"青州模式"现在可能还只停留在一小撮地方收藏家"玩票"的状态之下。正是因为市场的开放,青州的地域收藏活动由"一买一卖"单向度的交易,转向了"以藏养藏"活态化的市场交易态势。而在这种转变下的盈利状态,从根本上刺激了参与者的"市场热情",以此为基础,利益的驱动作用,又吸引了更多的参与者加入进来,使得地域市场规模不断变大。

而市场的平台化,则是让"青州模式"由"画廊业"这一单一的市场形态向多业态的产业形态发展的关键,正是在市场平台的作用下,包括艺术地产、艺术金融、艺术展会、艺术培训等在内的多种产业形态才能聚合到画廊业态之下,建立起一个综合化的产业发展系统。

三、品牌效应带动机制

品牌,已经成为当代市场发展中一个不可忽视的重要研究领域。特别是在企业化的发展体系中,品牌是构成企业活力及价值评估的核心内容之一。尽管"青州模式"发展中缺少具有知名品牌性的机构(如在市场中叫得响的知名画

---

[1] 此文为本画册的唯一文章,等同序言,参见:袁武:《"走穴"青州:记与左景岳先生的书画交往》,见《翰墨青州:袁武书画收集》,济南:齐鲁电子音像出版社2006年版,第3页。

廊),也没有明确的品牌发展计划,但其中表现出了不可忽视的品牌效应,只是"青州模式"中的品牌趋于朴素性发展,尚未有人对其进行专业化的建构和理论层面的提炼。

"青州模式"中品牌效应机制的核心在于其在长期发展中形成的"诚信经营"的风气,这于业内而言,更多地是以"口碑"的方式存在于市场体系中。当前,在面对发展瓶颈之际,青州画廊业的主导者们适时提出了"百年老店"的培养与打造计划,① 这正是建立在对"诚信经营"品牌效力的明确与建构基础上的。

这种品牌效力是保证青州画廊业连通全国市场的关键因素。而之所以能够取得这样的效果,是由艺术市场的独特性所引起的。一直以来,市场交易中艺术品的真伪问题,是中国艺术市场最无法回避的,尤其是在中国画领域,"制假售假"之风尤甚,对伪作扰乱市场的问题,业内很早就予以了高度关注(见图4-14)。当前大力发展之下的"艺术品鉴证备案"技术与体系也正是以攻克造假这一艺术市场的"顽疾"为旨归的。②

图4-14③ 1997年3月,在北京故宫漱芳斋举行的中国书画领域打假研讨会④

---

① 自2016年以来,以青州画廊业的核心画廊为主导,以"青州市画廊协会"为组织,提出了在青州画廊业中打造"百年老店"的发展思路。
② 曲家辉、西沐:《艺术品鉴证备案及其相关问题研究》,载《艺术品鉴·中国艺术金融》,2016年第8期,第25页。
③ 齐建秋:《齐建秋点评中国书画市场》,北京:中国文联出版社2009年版,第74页。
④ 该研讨会于1997年3月15日举行,此活动由东方收藏家协会、北京太佳华艺术品公司、故宫博物院联合举办,在故宫漱芳斋举行。故宫副院长杨新,鉴赏专家刘九庵、章津才,书画家范曾、姚有多、何家英等人参加,另有时任嘉德拍卖公司的副总经理甘军、太平洋公司的总经理岳鸿声等参加。

以这一前提作为审视的基础，青州艺术市场重视"诚信经营"的这种"品牌资源"就显得极为可贵了。在市场中，这种能做到让市场认同"青州无假画"的能力，对于整个市场的发展价值不言而喻。

四、政策管理推动机制

这种机制的存在与作用，鲜明地体现在"青州模式"的发展历程中，在由市场化向产业化的过渡阶段，政府的推动机制发挥了主要作用。这种推动的内容，既包括国家层面的政策指向，也包括地方性政策的发挥和地方政府的针对性引导。在国家层面的政策引导方面，以文化和旅游部2012年2月发布的《"十二五"时期文化产业倍增计划》为例来分析，其中明确将艺术品业作为与演艺业、娱乐业、动漫业、游戏业、文化旅游业、工艺美术业、文化会展业、创意设计业、网络文化业、数字文化服务业等相并列的重点行业。而从国家层面提出的扶持举措来看，不仅明确提出了对画廊业的支持，也同时涉及文化旅游、展会业、金融业等一系列部署。这些内容均与"青州模式"系统中所涉及的相关要素相互对应。它们不仅是发展的保障，更是促进"青州模式"转型发育的依据。该文件在"艺术品业发展目标和主要政策措施"中，不仅提出了明确针对画廊业发展的"鼓励原创艺术创作，推动画廊业发展，鼓励各地结合自身资源建立艺术产业集聚区"的内容，更是涉及打造艺术品电子商务平台及优质艺术品产业博览会等内容，这无疑为青州地域艺术产业的深化发展找到了明确的正确引导和理论依据。在针对"文化会展业"的发展规划中，此文件提出的发展目标是："十二五"期间，形成3~5个覆盖全国并具有国际影响力的文化会展，逐步建立结构合理、特色明显、功能互补的文化会展业体系。提供的政策支持是：建立健全会展评估机制，完善会展评估和反馈体系，促进文化会展业可持续发展。加强对地方文化会展和节庆活动的规范和引导。这些内容则成为"青州模式"中发展"艺术展会"要素的重要指引。

诚然，《"十二五"时期文化产业倍增计划》只是国家促进产业发展众多文件中的一个。相关的政策尚有《关于金融支持文化产业振兴和发展繁荣的指导意见》等，均涉及促进性内容。在国家一系列促进文化产业发展的决策下，潍坊市委市政府先后出台了《关于促进文化产业振兴的意见》《关于促进文化产业发展的若干政策》《关于支持加快发展全市书画市场的意见》等文件，其中

2013年由中共潍坊市委宣传部联合十部门①出台的《关于支持加快发展全市书画市场的意见》（以下简称《意见》）最具代表性。《意见》指出：以潍坊丰富的文化资源和广阔的市场空间为依托，以深化文化体制改革为动力，发挥市场在资源配置中的决定性作用，创新思路举措，实施龙头引领、基地带动、产业集聚发展战略，通过繁荣发展书画市场，提升全市书画产业规模化、集约化、专业化水平，使其成为我市文化产业的龙头带动板块。并确定了潍坊市书画市场的主要发展目标为：力争用5~10年的时间，让全市书画市场规模进一步扩大，知名书画人才数量倍增，市场体系进一步完善，把我市打造成为国内知名的集书画创作、研究、展览、收藏、交流、鉴定、交易、拍卖等综合服务于一体的书画产业聚集区，成为国内书画市场的风向标，打响"中国画都·山东潍坊"城市品牌。地方政策对"青州模式"的有利性，不言自明。其在此中发挥的作用，更是可想而知的。

在上级主管部门的带动之下，青州地方政府也从地域实际出发，制定了包括发展规划、发展举措、支持策略等在内的一系列部署，充分保障了地域艺术产业的全面、深入发展。青州通过出台书画产业发展优惠政策、成立书画行业党工委、建立银企合作关系等一系列举措，发展壮大书画产业。

五、画廊业发展拉动机制

画廊业在"青州模式"发展中的拉动作用，突出体现为：首先，画廊业的发展作为"青州模式"发展过程的前端形态，为整体的形成奠定了基础，积累起了"资粮"，包括稳定化的运营状态、广泛化的运营渠道、朴素化存在的产业品牌等，正是因为这一机制，才形成了以画廊业为核心的"青州模式"系统。在第三章展开的对"青州模式"系统的详细论证中，画廊业作为核心要素，在促动、生发艺术地产、艺术培训、艺术展会等方面的作用，能够很好地体现这种机制的效力。

其次，在画廊业的"拉动"作用下，民间资本和艺术金融要素的加入，是青州地域艺术产业做大做强的重要"推手"。青州画廊人王正悦曾在公开发表的文章中提到：慢慢地企业家也进来了（指参与画廊经营），如果没有这些人的进入，青州市场发展不起来，因为出口太小。这得自一个长期参与市场经营者的

---

① 包括潍坊市发展和改革委员会、潍坊市财政局、潍坊市文化广电新闻出版局、潍坊市文学艺术界联合会、潍坊市文化市场综合执法局、潍坊市金融工作办公室、潍坊市国家税务局、潍坊市地方税务局、潍坊市工商行政管理局等部门。

经验总结与深刻体悟，阐释出了投资资本对青州乃至全国书画市场的影响作用。以大企业主为代表，以投资为主要目的的经济因素，是促动青州书画产业发展也是影响全国书画市场的重要因素。"大财富"强大的购买力，能够直接影响甚至左右这个小众化的市场。发生在2008年底至2010年底周期内的一波中国艺术市场高潮的成因，主要得自此。概括来看，以企业主为代表的财富群体的加入，对青州书画产业的促进主要体现在三个方面：其一，能够大幅增加市场中可用于交易、流动的市场资金，提高交易热情，增加艺术品作为商品的生产与交换频率；其二，能够极大地活跃市场，吸引更多参与者关注并进入市场，有效提升相关产业在整体产业中的价值；其三，能够在无形中对市场起到与"炒作"同等的效力，刺激并影响市场的走向。此外，金融要素参与支持市场的发展，也是以画廊业为主要帮扶对象的，反映出画廊业拉动机制的效能。

六、产业要素聚合机制

前文有述，青州的地域艺术产业呈现出集群化的产业形态，而这种集群化的产业效果，以及青州能够形成融合多种产业要素的发展系统，是通过要素聚合机制来实现的。

具体到"青州模式"来看，画廊业的集聚发展促使以"青州书画艺术城"为代表的艺术地产要素的加入，也吸引了以"艺术品质押融资"为主要信贷形式的艺术金融要素。同时，在以画廊业为核心的地域艺术产业发展形成一定影响力的基础上，又吸引了更多的投资资本将投资需求聚合到这一领域，形成了以政府为主导的文化旅游项目的开展，乃至以农民画为主导的本土艺术资源的挖掘与地方人力资源的利用。这种多产业要素形态的形成，正是要素聚合机制作用的结果。

第三节　同类机制："青州模式"与"通渭模式"的比较

在当代中国艺术市场中，山东青州和甘肃通渭是最具典型性的两个相似地域，体现于二者分别创造了为业内所广泛关注与称道的"青州现象""通渭现象"。青州和通渭就像是中国书画经营领域的"双子星"，东西呼应，成为中国当代艺术市场研究的两个典型案例。其中，"青州现象"的核心体现于"经营"，青州以一个县级市的行政地域在书画经营中通过"买全国，卖全国"实现了对全国书画市场的影响；"通渭现象"的核心体现于"创作"，通渭作为一个典型的贫困县，却有着不断壮大的书画创作队伍，创造了"家家挂字画"的群体性精神消费追求，并因此带动了当地的艺术市场发展。

从整体来比较，"青州模式"与"通渭模式"最重要的相似之处体现为二者都是以传统书画产业为发展重心。而主要的区别体现于两方面，首先，青州地域艺术产业发展所围绕的重心是画廊业，通渭地域艺术产业发展所围绕的重心是群体性的艺术收藏与创作；其次，"青州模式"朝着构成要素间既相互关联又各自独立的产业系统发展，系统内的各组成要素表现出鲜明的独立性，彼此可以相互借力以谋求更好的发展效果，但并不存在绝对性的依附关系，每一类产业要素均可以作为独立的内容存在。而对比之下，"通渭模式"则朝着彼此关联密切的产业链形态发展，包括画廊经营、书画装裱、艺术培训等在内的产业链环节都是以当地群体化的收藏与创作为依托的，一旦这个核心出现问题，产业链的其他环节就会直接受到"致命"影响。

一、"通渭模式"基本面貌

通渭地处中国大西北，是甘肃省定西市下辖行政县，曾是一个贫困地区的贫困农业县，自然资源极度困乏，农民靠天吃饭，现代化、城镇化水平都十分落后。提及通渭的贫困状况，自古有"陇中苦瘠甲天下，通渭苦瘠甲陇中"之说。① 但与这种远离城市、经济落后、民众困顿的状态大相径庭的状态却是，1993年，通渭就成为文化和旅游部首次授予的6个"中国书画艺术之乡"之一。通渭不仅借由一个看上去与自身"地位"极不相称的艺术品成为中国当代艺术市场中的"现象性"地域，更重要的是借助市场的发展形成了"模式化"的地域艺术产业。当前，通渭在地方政府的大力支持下，已经形成了以大众化的收藏与创作发展为基础，涉及培训、装裱、交易等多产业业态的完整产业链。

2016年的官方统计数据显示：通渭现有书画创作人员1万余人，其中中国美协会员5人、中国书协会员40人，省美协会员73人、省书协会员80人，在市级以上书协、美协担任重要职务者7人，县级以上书协、美协会员1200余人，农民书画家达4000余人。全县有画廊480家，装裱店120家，书画经纪人2600人，书画作品收藏量280万件。注册成立了画廊协会、画廊联盟、文化产业协会、收藏家协会、文房四宝协会、教育书画协会等13个行业协会。自2014年以

---

① 夏艳萍、郭殿声：《甘肃通渭书画艺术产业化发展探析》，载《美术大观》，2014年第11期，第80页。

来，全县书画交易量达到60万幅，交易额达到19亿元以上。① 2015年1月，青州与通渭建立友好县市关系，共同签署《缔结友好市县协议书》，双方在培育壮大书画产业、强化书画人才和信息交流、建设全国知名书画交易市场等方面建立了长期友好协作关系。②

此处，将青州与通渭两地域的基本信息列表呈现如下，作为对两地比较的基础认知（见表4-3）。

表4-3 青州与通渭基本信息比较

	青州	通渭
行政区类别	县级市，山东省潍坊市下辖市	县级，甘肃省定西市下辖县③
面积	1569平方千米	2908.5平方千米
人口	90余万，非农业人口20余万	40余万，非农业人口约1万~2万人
辖区	4个街道、8个镇	18个乡镇、332个村、10个社区
生产总值	578.8亿元（2015年）④	36.83亿元（2015年）⑤
核心产业	工业	农业
艺术荣誉	"中国民间文化艺术之乡"	"中国书画艺术之乡"

二、"青州模式"与"通渭模式"相似性比较

青州与通渭的地域艺术市场及艺术产业生态存在颇多相似之处，这是二者具有可比性的重要体现。第一，二者均是依托地域传统，以市场经济为契机，经过进化式的逐步发展而形成地域艺术市场及艺术产业生态。在改革开放之前，青州与通渭两地并未表现出依靠"艺术产业化"以谋求发展的趋势，有的只是呈现朴素化特征的地域传统（民俗习惯），如青州民间有收藏古玩、古董艺术品的习惯，且民众之间彼此影响，形成了松散的群体性态势。通渭民间则有看重

---

① 甘肃省人民政府参事室：《关于通渭书画文化发展的调研报告》，载《甘肃日报》，2016年3月11日，第12版。
② 王雨：《通渭与山东青州联手做强书画产业》，载《甘肃日报》，2015年1月28日，第14版。
③ 县级市政府是在符合国家设市标准的较小地域内设立的城市政府，一般具有较强的农业地区行政管理色彩。县政府是设立于农村地区的地方政府。县的经济一般是指农村经济。
④ 数据源自《2016年青州市政府工作报告》：http://www.qingzhou.gov.cn/。
⑤ 数据源自《2016年通渭县政府工作报告》：http://www.tongwei.gov.cn/。

艺术品、看重书画艺术品（及其背后依附的读书文化、经营文化）① 的地域传统。本研究认为，两地能够在地域传统的基础上发展起艺术市场与艺术产业，这其中经历了一个转化的过程，这就像是一个"化学反应"，普遍以"隐性"形态广泛存在于地域间的文化资源，借助着市场经济这个催化剂，逐步转化为"显性"的产业存在。

　　第二，二者在地域特性方面，也存在诸多相似之处，如两地均有厚重的历史文化作为背景，其中，青州是龙山文化的核心所在，而通渭在大地湾文化和伏羲文化圈内，是中华民族发祥地的一部分。② 从当前的行政级别来看，二者均为地级市的辖属县和县级市，且二者均占据着重要的交通地位，青州自不必说，作为曾经的"古九州"之一和长期的"州、府"之地，本身有着重要的政治地位、军事地位，以及与之相匹配的便捷交通。近代以来，青州是位于胶济铁路之上的交通枢纽，交通之便可想而知。而通渭自古以来就是川、陕及陇东通往兰州、西域的必经之地，控扼着甘、陕、川三省要道，为历代政治家、军事家所重视，是连接我国中、西部的接合地区，又属于"丝绸之路"和"欧亚大陆桥"东西通道的中路轴心地带。③

　　第三，二者当代艺术市场的萌芽时间段十分接近，均为20世纪90年代以后才出现"艺术热"的现象。青州和通渭在历史上并没有明显的以"艺术热"或"经营地"等为关键词的相关记载。从当前史料来看，关于青州历史上的书画交易活动，仅在民国时期文人笔记中有所提及，且以文人鉴藏古玩实例居多，尚未见有涉及形成交易风气或规模的内容，是在20世纪90年代才开始出现成规模的市场交易活动。通渭亦是如此，最早提及通渭"书画热"现象的文献是1990年版的《通渭县志》，此前根本没有这方面的直接记载。④ 二者在发展时段上的相似性，能够深刻地反映出一个事实：市场经济的到来，是两地域此前长期存在的地域资源转化为市场资源的重要"催化剂"。

　　第四，二者在发展缘起方面，均表现出顺势而为的自然发展状态。在传统的农业经济体系范围内，通渭书画艺术的传承发展主要是一种自发式、自成规

---

① 常君睿：《教育主导的乡土艺术文化变迁：通渭书画热的社会成因研究》，西南大学博士论文，2008年。
② 张怀德、安庆吉：《"通渭现象"成因探究：兼谈书画之乡的创建》，载《甘肃高师学报》，2010年第3期，第82—85页。
③ 张怀德、安庆吉：《"通渭现象"成因探究：兼谈书画之乡的创建》，载《甘肃高师学报》，2010年第3期，第82—85页。
④ 常君睿：《教育主导的乡土艺术文化变迁：通渭书画热的社会成因研究》，西南大学博士论文，2008年。

模的发展。而"青州的市场是玩出来的"[1]则更能反映出青州民众参与市场的自然状态。

第五，二者发展书画产业的核心艺术品均为传统书画艺术品。以此为基础，二者在产业形态构成中存在诸多相似的形态，特别是在经营、培训、展览等相关产业形态方面。这种在艺术品选择上的相似性能够充分反映出地域群体在文化审美倾向方面的统一，更进一步反映出传统的中国画艺术在当代中国艺术市场中有着最广泛的受众。在大部分民众心中，这种传统形态的艺术载体所承载的文化，无疑是最熟悉和易于接受的。

第六，二者均十分重视展览、展会活动的开展。在市场语境下，展览活动所承载的更多的是以市场销售为目的的展示。但在青州和通渭两地，对展览活动的重视及效果的实现，并非仅仅出于市场考虑，其中具有一定的历史延续性。因为不仅是在当下，在此前的地域发展历程中，二者均表现出丰富的办展经历，如表4-4、表4-5所示的为青州与通渭两地20世纪90年代以前（市场尚未成形前）的地方展览，能够直观地反映出两地对艺术及展览的重视。

表4-4　青州市主要美展一览（1953—1987年）[2]

时间	名称	地点	主办单位	备注
1953.10	文物书画展	人民银行城里分理处	县文教科	现北门街西侧
1954.05	美术展览	师范学校	师范学校	师生画展
1961.07	美术展览	文化馆	文化馆	
1962.10	美术展览	偶园佳山堂	文化馆	
1973.10	美术展览	大众剧场	文化馆	
1983.07	青岛逸仙画社书画展	博物馆	政协	
1984.03	益都县首届书画展	政协	书协	
1985.01	首届老干部书画展	图书馆	老干部局	
1985.02	吴东魁画展	县工会	县工会	
1985.03	迎春画展	图书馆	县美协	
1985.05	张建时画展	县工会	县工会、书协	

---

[1] 王正悦：《谈青州书画市场的形成和发展》，http://news.artron.net/20140422/n594360.html（访问时间：2017年08月20日）。

[2] 青州市志编纂委员会：《青州市志》，天津：南开大学出版社1989年版，第815页。

续表

时间	名称	地点	主办单位	备注
1985.05	杨秀珍画展	县工会	县工会	
1985.05	中小学首次书画展	伙巷中学	教育局	
1985.10	杨元武、王冠中画展	县工会	县工会、文化局	
1985.10	乡镇书画展	博物馆	文化馆	
1986.05	文化馆美术干部作品展	博物馆	文化馆	
1986.06	云门子画展	济南历下文化馆	文化馆	
1986.07	张培智、李金新、王培生画展	博物馆	博物馆	
1986.09	王冠中画展	市工会	教育局	
1986.10	名人字画展	博物馆	博物馆	
1987.03	王介山画展	市工会	市工会	
1987.05	陈增胜画展	市工会	市工会	
1987.05	丁宁原画展	博物馆	文化局	
1987.05	青州市省美协会员五人画展	省美术馆	文化局	
1987.06	李修举、郭品一、程胜武书画展	东营	文化局	
1987.06	少数民族书画展	真教寺	统战部	
1987.07	潍坊市八青年画展	博物馆	潍坊市文联	
1987.08	庆祝建军60周年书画展	博物馆	文化局、武装部	
1987.09	园丁书画展	市工会	教育局	

表4-5 通渭市主要美展一览（1962—1987年）①

时间	名称	地点	展出作品数量
1962	民间刺绣展览	通渭	200余件
1963	第一次通渭书画展	通渭	70余幅

① 张怀德、安庆吉:《"通渭现象"成因探究：兼谈书画之乡的创建》，载《甘肃高师学报》，2010年第3期，第82-85页。

续表

时间	名称	地点	展出作品数量
1979	第二次通渭书画展	通渭	52 幅
1982	全县书画、摄影展览	通渭	100 余幅
1983	兄弟县馆藏书画展览	通渭	300 幅
1983	建国35周年建设成就摄影展览	通渭	80 余幅
1985.06	全县中小学生书画展览	通渭	150 余幅
1985.06	张维垣书画遗作展	通渭	120 幅
1986 春	通渭书画展	兰州	70 余幅
1987	首届通渭青年书画展（八七画展）	通渭	约 100 幅

通过这些有据可查的画展记录，可以看出：尽管在当下，青州民间参与创作的风气无法与通渭相提并论，但青州在此阶段内的个人画展数量是远多于通渭的。事实能够反映出青州民间的创作力量也是很强的，只是为青州的"经营"盛况所掩，不得彰显。

由上述比较可见，"青州模式"与"通渭模式"之间存在诸多相似之处。这些相似性是使得青州与通渭两座现代城市走向艺术产业发展之路并且取得成效的必要客观条件，是两者的共性所在。但从"模式化"的角度而言，二者又呈现出不尽相同的发展面貌，这正如费孝通研究体系下的"苏南模式""温州模式""珠江模式"等，三者间存在着某种关联，却无法等同复制。造成这种状态的原因在于彼此间存在的差异。

三、"青州模式"与"通渭模式"差异性比较

如表4-6所示，是"青州模式"与"通渭模式"之间的差异所在。本部分内容将围绕此表，对二者的差异进行深入剖析，重点涉及以下几方面的内容：差异存在的具体状态、形成这种差异的原因。

表4-6　"青州模式"与"通渭模式"差异比较列表

青州模式	通渭模式
以群体性经营书画为核心	以群体性创作书画为核心
艺术品爱好者及从业者有限	"家家户户挂字画"

续表

青州模式	通渭模式
以市区民众为主	全县民众
集中在市区	分散于各个村镇
面向全国市场的书画经营	面向地域的书画经营
各种档次及价位的书画	高端字画较少
产业结构相对复杂	产业结构相对简单
其他产业丰富	其他产业匮乏
政府不参与书画经营	政府支持书画经营
品牌意识相对薄弱	品牌建构举措较多

（一）地域艺术市场的发展侧重差异

前文已多次提及，青州与通渭尽管都是书画艺术市场的典型地域，但二者在整体面貌上呈现出不同的发展侧重，概括来看：青州侧重于书画艺术品的经营，"青州现象"主要是针对"画廊业"而言的，（青州）共建有九大书画市场，有画廊达800余家。从青州对外宣传所强调的内容可见一斑。而"通渭现象"则主要针对的是"群体化的书画收藏与创作（书画热）"。通渭整个县城几乎家家有字画，建有一支宏大的本土书画创作队伍，通渭现有书画创作人员1万余人，农民书画家达4000余人。

需要说明的是，尽管两地艺术市场发展的侧重有所不同，但两地都兼有收藏、创作、经营等内容，如青州民间同样有着为数众多的专业创作者，当地设有青州市美术家协会、青州市书法家协会、青州书画院、青州国画院等，这些协会的会员中同样不乏国家级美协会员，如始建于1990年的青州书画院有国家级美协会员8人，省级美协会员12人。[①] 在青州市政府的引导与支持下，青州更是在近年来形成了数万人规模的"农民画"（有别于"农民创作的书画艺术品概念"）队伍。而与之相应，通渭也有着数量可观的画廊与裱画店等艺术品经营机构，尽管经营活跃度不如青州，但同样起到了促进市场发展，与外地市场相联系的功用。

---

① 崔照忠：《青州书画艺术及收藏》，青岛：青岛出版社2010年版，第121页。

(二) 地域艺术市场的参与群体差异

1. 群体规模

青州的参与者规模有限，由于青州的艺术市场活动主要集中在市区，所以参与者以市区居民为主，包括收藏者、画廊人、地方艺术家、装裱师等相关从业者（不包括由政府主导的农民画从业者）在内，规模可达万余人（缺少统一性的数据，但可以肯定的是不会超过2万人，故以"万余"概括）。反观通渭，这个规模就要大得多，规模涉及全县民众。通渭，整个县城人口四十几万，9.8万户人家，几乎家家有字画，书画收藏热情在这里已经达到了一种无以复加的地步。这里的人可以吃不好、穿不好，可以没有一件像样的家用电器，却不能不收藏字画。① 当代作家贾平凹在通渭的亲身经历为通渭的这种状态提供了很好的注解：

> 现在全县九万户人家，不敢说百分之百家里收藏书法作品，却可以肯定百分之九十五的人家墙上挂有中堂和条幅。我到过一些家境富裕的农民家，正房里、偏房里每面墙上悬挂了装裱得极好的书法作品，也去过那些日子苦焦的人家，什么家当都没有，墙上仍挂着字。仔细看了，有些是明清时一些国内大家的作品，相当有价值，而更多的则是通渭县当代书法家所写。②

所以说，通渭艺术市场参与者规模可以达到数十万，以县城为中心，分散于各乡镇、村庄。

2. 群体特征

青州与通渭艺术市场参与群体特征有着明显的区别，概括来分析，青州的艺术市场参与群体随着地域艺术市场的发展而呈现出扩散式增长的状态（参见本研究第二章）。反观通渭市场群体则呈现出别样的特征（见图4-15）。首先，通渭艺术市场的参与群体重点由三类群体构成，即收藏群体、创作群体、经营群体。三类群体紧密联系，在收藏群体中也有创作群体，最具典型性的是农民画家，自身有收藏的习惯，同时又从事艺术研究与创作。③ 如农民许世宏，以种田为主业，以书画和收藏为副业。他从1981年开始收藏字画，绘画以工笔画和山水画见长，也写字，会装裱，众多作品被外地人购买收藏。

---

① 刘芷淇：《书画引导消费艺术带动经济：从张永智的书画交流活动看"通渭现象"》，载《中国贸易报》，2007年6月28日，第Z04版。
② 贾平凹：《通渭人家》，见郑红伟主编：《通渭人家》，北京：中国文联出版社2004年版，第78页。
③ 陈宗立、周文馨：《甘肃通渭 书画之乡兴起书画产业》，载《光明日报》，2004年11月7日，第4版。

A：收藏群体
B：创作群体
C：经营群体

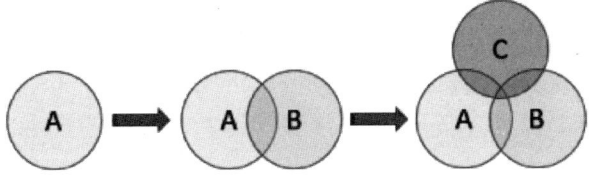

图 4-15　通渭地域艺术市场参与群体特征示意图（笔者绘制）

其次，通渭艺术市场发展的基础是自古有之的群体性收藏活动。随着历史的发展，通渭逐渐出现了成规模的书画创作群体。艺术家李巍为通渭培养了大量的书画创作者。1970 年，艺术家李巍被下放至通渭，初到通渭时，通渭县只有三四名画炭精画像、玻璃风景画和搞水墨博古画的人，还有几个有初、高中文化程度的书画爱好者，连一家像样的书画装裱铺都没有。李巍把书画学习班办到了多个公社，学生遍布通渭。① 在此基础上，随着艺术市场的发展，通渭又聚集起了一定规模的画廊、裱画店等经营机构，而这些经营者很多都具有创作能力，同时经营自己的作品。整体来看，通渭艺术市场参与群体随着市场的发展不断丰富。

（三）地域市场的经营范围差异

经营范围大小的差距是青州与通渭艺术市场的重要区别，也是"青州模式"与"通渭模式"最为典型的差异所在。因为市场是以商品的经营（流通）为重要内涵的，而经营范围的大小直接反映出经营的活力，也直接与市场的经营体量（以市场交易额为重要体现）相关联。

对比来看，青州艺术市场的经营范围明显大于通渭。青州画廊业在全国市场中的重要影响就来自青州的画廊人实现了"买全国，卖全国"的经营效果。其中，"买全国"指的是青州汇聚有来自全国各个地域的艺术家作品，"卖全国"指的是青州画廊人的客户群体遍布全国各地。这种状态是由青州画廊人数量众多，同时又积极地与全国经营者建立并保持着联系所决定的。在一种朴素型的"资源共享"经营理念下，青州画廊人与其所面对的同行、客户之间形成了一个互相交织的关系网，以至青州画廊人的客户不一定都是长期客户或者固定客户，通过各种渠道都有可能促成一次交易。这是青州市场活跃性的重要

---

① 何钰：《李巍教授的通渭情》，载《定西日报》，2004 年 5 月 19 日，第 006 版。

表现。

通渭的经营范围要局限一些,其主要的经营范围以通渭县为核心,旁涉周边地域乃至西北其他省份。这一点从通渭知名画廊研耕轩的经营上有所体现:研耕轩主人张永智开始考虑横向联合发展,他认为不单单要让通渭的艺术市场活跃起来,还要让整个甘肃乃至西北的收藏市场活跃起来……他开始奔波在定西、天水、陇西、兰州甚至新疆、青海等地的城市,考察各地的书画收藏市场。[①]

经营范围差异形成的原因,笔者认为主要有三个:第一,由经营侧重的不同所直接引起。"画廊业"是青州艺术市场的核心内容和主体内容,而通渭则不然。重点发展与非重点发展,所形成的效果自然不会等同。第二,地理位置与交通情况起了一定作用。青州地处山东,不仅属于沿海省份,而且其本身就具备便利的交通,便于与以北京为中心的全国市场接触。而通渭则没有这种便利。第三,经营艺术品类的差异。青州与通渭尽管都以书画艺术品为主要经营品类,但在具体的作品丰富程度、档次及价位方面,青州要远优于通渭,这在很大程度上限制了通渭与其他地域,特别是经济发达城市的市场交流。

(四)地域市场经营的艺术品差异

上文已提及,青州所经营艺术品的丰富程度、档次及价格要优于通渭。在本研究的第二章,曾有关于青州经营艺术品的全面剖析,青州的画廊以销售各类中国画、书法作品为主,既包括全国名家、地方名家的作品,也包括具有潜力的中青年艺术家作品。在作品题材方面,无论是山水、花鸟、人物,还是写意画、工笔画(现当代水墨作品除外),青州的市场均有经营者,少部分画廊还经营油画、水彩画等。从经营作品的价位方面来看,从几十元/幅到数万元/平尺的作品均有销售。

相比之下,通渭地域艺术市场中经营的艺术品类要局限得多。几乎所有画廊出售的只有书法和写意国画,很少有人出售工笔国画。而油画、版画等画种在通渭书画艺术市场上几乎没有。即使是在通渭民间,人们家中所拥有的和他们谈起来津津乐道的美术作品也主要是书法和写意国画。[②] 有研究者发现:对于工笔国画,通渭人也是很喜欢的。而造成通渭书画市场上并没有几幅工笔国画

[①] 刘芷淇:《书画引导消费艺术带动经济:从张永智的书画交流活动看"通渭现象"》,载《中国贸易报》,2007年6月28日,第Z04版。

[②] 常君睿:《教育主导的乡土艺术文化变迁:通渭书画热的社会成因研究》,西南大学博士论文,2008年。

流通的一个很重要原因就是"价格太高"。① 由此不难想见，通渭市场上经营的艺术品价格不会太高。事实上，这种经营艺术品类的差别，背后所反映出的是中国不同画廊业的经营生态，尽管青州与通渭的画廊业在整体上存在相似性，但细节上的差异却反映出两者不同的经营理念和价值追求。碍于篇幅，此处不做展开论述。

（五）地域艺术产业结构的差异

图4-16、图4-17分别为"青州模式""通渭模式"内在结构示意图，是对二者进行比较的直观参考。如图所示，二者在整体艺术产业结构方面的差异主要体现在以下几方面：第一，"青州模式"较之于"通渭模式"中的产业结构要显得复杂。这不仅鲜明地体现于产业构成内容方面，更为重要的是"通渭模式"下的产业结构呈现出"单向度"特征，是一条脉络简单而清晰的产业链。而"青州模式"下的产业结构则明显呈现"多向度"特征，各业态间的关联相对显得复杂。第二，地域艺术市场与地域艺术产业间的关系有所不同。在"青州模式"的发展中，历经了一个明显的由"艺术市场"范畴向"艺术产业"范畴过渡的过程。但在"通渭模式"体系下，二者不存在任何差异，整个"地域艺术市场"生态完整地等同于"地域艺术产业"生态。第三，"青州模式"与"通渭模式"构成要素间的关系不尽相同。"青州模式"各构成要素间既相互关联又各自独立。而"通渭模式"内的各构成要素则需要始终保持密切的关联。

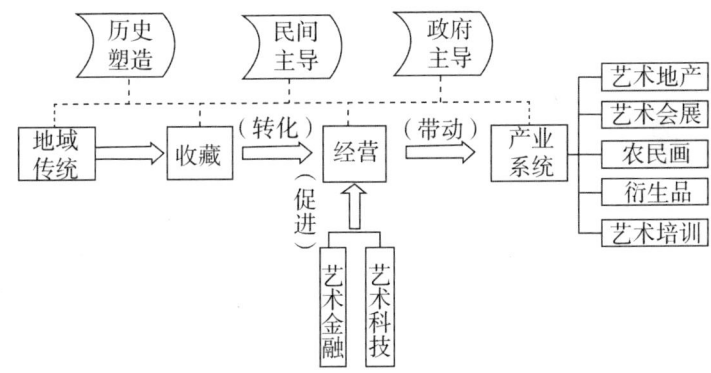

图4-16 "青州模式"内在结构示意图（笔者绘制）

---

① 常君睿：《教育主导的乡土艺术文化变迁：通渭书画热的社会成因研究》，西南大学博士论文，2008年。

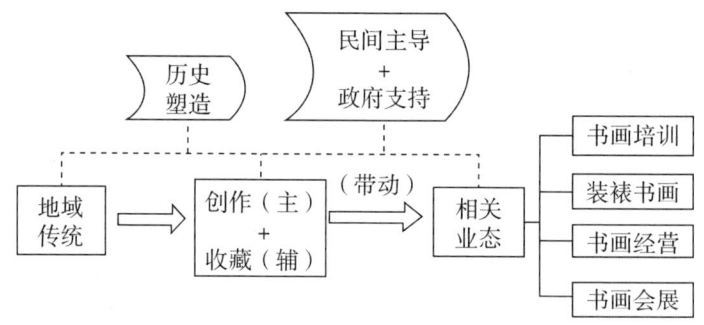

图 4-17 "通渭模式"内在结构示意图（笔者绘制）

（六）地方政府参与态势差异

政府参与当地艺术产业发展的态度与方式是"青州模式"与"通渭模式"存在差异性的又一重要内容，同时，本研究认为这方面的差异也是造成二者存在诸多其他差异的重要原因。

"青州模式"在"地域艺术市场"发展阶段内主要是由民间力量自发主导的。其间，政府方面并未有过多的干涉，也没有提供十分重要的支持。随着市场的发展，在国家重视文化产业发展及地域产业品牌建设需求的导引之下，青州市政府逐步加大了对当地艺术产业的关注与支持力度，并取得了一定成效，如打造了地域品牌性展会"翰墨青州"，形成了规模化的"农民画"产业等。这种政府重视程度的转变，从 2009 年至 2016 年的《青州市政府工作报告》中表现得最为明显。而在"通渭模式"的发展中，政府的支持一直处于十分明显和重要的位置上。改革开放以来，通渭县委、县政府不仅是支持，而且是直接介入，开始在本地恢复和兴办书画及其他美术展览活动，力图通过各种展览将本县书画艺术，特别是农民书画艺术的成就推向全省、全国。早在 2003 年，通渭县委、县政府就提出发展"书画产业"的口号。采取"先扶持、后规范"的政策，通过减、免税，筹建"书画一条街"等具体措施，鼓励和支持通渭县下岗职工、农民及其他书画爱好者开办画廊、书画店、装裱店等，以促进书画产业的发展。[①] 在很多涉及通渭书画产业发展的事情上，如做规划、搞宣传等，通渭的县委书记都会亲自参与，在这方面以前任县委书记郑红伟最具典型性，"一把手"亲自参与，是当地对这一产业重视的最直接的表现。

本研究认为，形成这种"政府参与力度"差异的根源，在于两地经济水平

---

① 常君睿：《教育主导的乡土艺术文化变迁：通渭书画热的社会成因研究》，西南大学博士论文，2008 年。

的差距。青州是"全国百强县",自身有着很好的产业发展基础。中华人民共和国成立后,青州不仅在潍坊地区实力很强,在全国范围内也很有影响,有"江北第一城"之美誉。青州在20世纪80年代前后,依托第二、第三产业的发展,使地方经济获得了迅猛发展。有数据显示,20世纪70年代以前,作为传统行业的农业一直是青州县域经济发展中占主导地位的产业……1973年,青州市工业总产值首次超过农业总产值,此后在促进地方经济方面的比重迅速上升……自20世纪80年代末以来,随着改革开放程度的深化,尤其是进入20世纪90年代以来市场经济建设步伐加快,长期滞后的第三产业得到了补偿性发展,在生产结构中的比重不断上升,并呈现出加速增长的态势。在这样的形势下,青州产生了众多优质企业,如青州卷烟厂、青州造纸股份有限公司、青州化工股份有限公司、青州市龙宫矿泉水饮料总公司等。[①] 有着这样雄厚的各类产业存在,青州市政府对于20世纪90年代才起步的书画产业"不予特别重视"自然也就不难理解了。

而通渭作为国家级扶贫县之一,其本身经济基础薄弱,又是一个典型的农业县,第二、第三产业无从谈起。在这样的情况下,通渭的行政主导者会自然地萌生这样的想法,"通渭的资源就是人的资源,是文化的资源,再没有别的,在通渭从政,如果不抓文化就没什么可干的"。[②] 这是通渭政府重视及参与主导地域艺术产业发展的直接动机。也正是这种差异的存在,造成了两地在地域品牌方面重视程度的不同。通渭地方政府会抓住一切能够提升当地艺术产业品牌效力的机会与资源,而青州地方政府主导者在这方面的重视程度则相对有所欠缺,以至让"青州书画市场崩盘论"这样的"品牌事故"有机可乘。

---

① 青州市统计局编:《山东青州之最》,1998年版,第47-63页。
② 常君睿:《教育主导的乡土艺术文化变迁:通渭书画热的社会成因研究》,西南大学博士论文,2008年。

181

第五章

"青州模式"的启示、发展态势及优化路径

第一节 "青州模式"的启示

在当代中国艺术市场中,似青州这般具有特色化的地域艺术产业发展形态的案例并不多见,这使得以"青州模式"为概括的青州地域艺术产业具有了重要的可资参考价值,通过对"青州模式"的研究,可以从中发现其对地域艺术产业乃至整个中国文化产业具有启示性的内容。

一、地域特色资源是地域艺术产业发展的基础

"青州模式"的成功背后所赖以发展的资源特性以及其内部所体现出的发展机制,对中国文创产业的发展具有重要的启发价值。这些可以从青州与其他县域的比较中得以体现,同样是在潍坊市辖域范围内,青州之外的其他县域,如寿光、诸城、高密等文化产业相较于青州就略逊一筹,其主要原因就在于地域性的"特色资源"不尽相同。举例来看,寿光是全国闻名的蔬菜产业基地,而诸城则主要以稀有的"恐龙化石资源"而闻名,高密则以泥塑、木板年画等民俗艺术资源取胜。而"青州模式"的发展则主要得益于当地独特的"隐性资源"。这种"隐性资源",更多地外化为青州地区独特的文化传统和习惯,以及民众对文化价值的认同与看重。这种传统资源的效力是在市场化发展及当前国家大力发展文化产业的背景中得到激活的,这种带有地域特色的特殊化资源是支撑一种"模式"形成与发展的重要因素。也正是类似个性化产业资源的存在,才形成了当前艺术产业格局下不同地域间的不同状态,如山东青州以书画产业而知名,甘肃庆阳则以香包产业为特色,即使是都以书画产业为核心的山东青州、甘肃通渭、广东大芬村等地域,其发展状态也绝不雷同。

这种差异性足以说明,应该充分遵循地域特性,培育适合当地发展的特色

产业及发展形势。这就需要深入民生,认真挖掘隐藏在民间的"特色资源"和民众的喜好倾向。这是同种类型的城市在发展文化产业时可以借鉴的内容。所以,地域艺术产业的发展应从地域资源特性角度出发,因势利导,如此方能有所建树。

二、地域艺术产业的发展应形成核心主导群体

"青州模式"的一个重要内涵特征在于其以不断扩大的参与群体为核心,甚至在产业发展之初,青州的地域民众构成了区域艺术市场发展的主导者。而带有这种本土性、朴素性的群体则是构成青州书画市场的有生力量,很多当地具有一定经济实力的人群是不以营利为目的而进入市场的,他们是青州市场的底层基础,也是保证青州不会在市场大潮中消亡的核心。

从青州画廊业的发展来看,青州的画廊业之所以能做大、做强,主要原因在于青州画廊业的核心经营者并没有将其作为谋利的手段,而纯粹是一种发自内心的喜爱,一种不计回报的追求,一种难以言表的看重去购买、收藏作品的生态。在这个过程中,很多无心、无形,却饱含价值的内容得到了实现,如由于地方文化的传统中裹挟着一种对文化、对艺术天生的敏感和自觉,青州人于无形中得到了发展艺术产业最重要的"美的熏陶、美的教育",这是让艺术市场产生的原动力。再如,正是收藏群体的影响及彼此的交流、互通,让青州人无形中实现了对市场资源的整合,这是让地域艺术市场得以维持的基础。

对此,十分熟悉"青州模式"的研究者西沐曾在访谈文章中指出:"青州书画市场三十多年的发展造就了一批人,一批核心人物,一批核心画廊,这个队伍是比较稳定的。在分析青州书画市场的时候,很多人往往忽视了这个队伍的存在。实际上,这个队伍在这三十多年的发展过程中是经历了几次大起大落的,经历了大风大浪的考验的,他们对风险的应对能力,对风险的识别与认识,比一般意义上的所谓专家要更清楚,更刻骨铭心,因为他们是拿自己的财富去做的,是在实践中'摸爬滚打'得出来的'真知'。"[1]

---

[1] 西沐:《要历史、客观地看待青州书画市场》,http://www.airmb.com/html/30587.html(访问时间:2016年07月16日)。

三、模式的简单复制不利于地域艺术产业的特色化培育

一方面，地域艺术产业的发展难以实现简单复制。这是因为地域艺术产业的发展存在明显的"路径依赖"①。路径依赖是指人们一旦选择了某个体制，由于规模经济、学习效应、协调效应以及适应性预期等因素的存在，会导致该体制沿着既定的方向不断得以自我强化。以"青州模式"为例来看，其本身在发展中表现出的路径依赖不仅源自本地域内产业资源的独特性，更为重要的是这种稀缺的资源在长期发展中借助积聚化的效果，已经形成了自身"壁垒"。而这种特性和"壁垒"的存在，无形中增加了进行"模式"复制的难度。另一方面，完全等比复制的发展模式，未必能够完全适用于本地区的产业发展需求与实际。这从上文中对"青州模式"与"通渭模式"的比较中可以予以直观地把握。青州和通渭在发展地域艺术产业方面，均以现当代书画艺术品为主导，但二者无论是在产业主导模式、经营侧重，还是在市场成效方面，都有着显著的区别。

据此，可以判断，地域艺术产业的发展模式很难真正实现等效复制，而这恰是一项能够对地域文化产业发展起到重要启发价值的内容。正确的做法是应该将可资借鉴的发展模式与本地的特色资源相结合，探索适合本地发展的独特模式。

四、地域艺术产业的发展模式需要持续创新

以"青州模式"为例来看，尽管其已经形成了成熟化的区域产业发展模式，而这种"模式化"的发展也为其带来了显著的市场收效，但随着市场的发展，其依然显露出自身的瓶颈与限制，亟待通过不断对"模式"进行创新来予以解决。这种创新并非随意为之或是盲目操作，而是需要建立在对市场发展大势及整体状况的把握基础之上，甚至需要面临"试错"的风险。

五、中国艺术市场学科体系的架构有待于进一步完善

从"青州模式"的研究出发来看，青州区域艺术产业不乏关注者，但少有研究者。首先，青州的书画市场不乏关注者。如大量的媒体对其进行过不同程

---

① 第一个使"路径依赖"理论声名远播的是道格拉斯·诺思，由于用"路径依赖"理论成功地阐释了经济制度的演进，道格拉斯·诺思于1993年获得诺贝尔经济学奖。"路径依赖"理论被总结出来之后，人们把它广泛应用在选择和习惯的各个方面。

度的报道,但媒体稿件的特性决定了这类研究很难深入,多如蜻蜓点水,仅能述其表象。由"青州书画市场崩盘论"中涉及的文章,足见一斑。其次,学术领域的理论研究者对于如青州书画产业这样的艺术市场案例缺乏重视,造成中国艺术市场底层理论体系挖掘及细化程度不深。另外,中国艺术市场相关理论研究更多地呈现出实践先行的状态。掌握大量市场实践经验的经营者,往往又不具备系统架构、综合处理及理论阐释的能力。这种两难的处境,造成了相关研究领域的空白性缺失。

事实上,这深刻反映出的不仅是某个地域性案例研究的缺失,而且也是整个中国艺术市场理论研究的缺失。甚至可以说在这一研究领域,相关的很多研究是缺位的。现有的研究成果显然不足以撑起艺术市场学科深入发展的理论基础。近年来,随着中国艺术市场的不断繁荣,相关的研究领域逐渐为各专门机构所重视,一时间相关课题纷立、成果多样,但几年下来,见效甚微,总给人以未能真正深入核心研究领域的状态之感觉。其具体表现在于:纵观众多研究成果,其中既没有深入浅出的教材性研究成果,也缺乏立足某点展开深入研究的成果,使得研究总呈现出一种不上不下、雾里看花的状态。而究其缘由,笔者以为是几种"心态"作祟的结果:第一,浮躁心态。一切跟随市场、一切向钱看,强调快节奏、高效率的生活与工作状态。整个学术研究领域都为这种风气所侵,更何况艺术市场领域的研究本就大量涉及利益,自然使得参与者求快、求功之态更甚。第二,轻视心态。当下很多从事艺术市场研究的学者往往视区区二三十年新兴的艺术市场为"浅薄"。第三,避繁就简的应付心态。艺术市场研究是一个极重市场实践的研究领域,很多有价值的研究成果需要从亲身实操经验中提炼。

可以说,理想的研究状态是自己成为市场亲历者,亲自感受一番,方能做到笔下无空言。即使不能这样,也至少要积极地实地走访、调研,通过大量亲自采集到的第一手(或第二手)材料,如此方能取得有效的研究成果。但现在多数的研究者只是通过网络上了解到的信息进行研究,一方面不能有效保证材料的真实度;另一方面,材料量小且片面,其研究效果可想而知。在这几种心态的共同作用下,没有人愿意沉潜下去,进行深入的研究工作,甚至是鲜活材料的挖掘、整理工作。

六、艺术产业发展战略的制定应以产业特性为出发点

"青州模式"作为一个市场形态,从根本上而言,却是与文化紧密联结的。"青州模式"的属性从表面来看是市场的、光鲜的,但内在却是文化的、朴素

的。首先，青州作为当代的一个县级市，之所以能够形成做大、做强的地域艺术产业，是无形中与中国传统的文化形态相契合的结果，是在一种无意识的状态中成长起来的。现在来看，中国基于农业文明和独特哲学思想成长起来的传统文化形态，如武术、中医、古村落等，都是在一个不事张扬的小圈子内传承与发展，直接指向的就是一种朴素性特征，其成长与发展状态无不与青州模式现有书画艺术品的收藏文化相统一。所以，如果从深层次来审视，可以发现，青州尽管在历史上没有形成与北京（琉璃厂）、南京（朝天宫）等其他地域相媲美的艺术区，但在改革开放以来的几十年时间里，借助着当地深厚的文化底蕴已经形成了一个独特的（艺术产业）文化生态系统。青州在历史上虽然并没有形成具有广泛影响的收藏群体，更没有因之而集结起如北京琉璃厂那般知名的地域交易中心，但如果能够保持住现有的这种发展活力，那青州有望从当代开始形成收藏文化，进而发展成为"后来史"上的名城。其次，特定时代下民众的人文需求，是"青州模式"萌发的突破口。"历史渊源""文化根脉""艺术传统"等与文化相关的要素，无论是在地域艺术产业发展中，还是对整个中国"文化产业"发展而言，尽管都十分重要，但离开了"特定时代的人文需求"这个维度，则其状态是静态的、僵死的，不恰当地过度依赖必会招致食古不化之诟病。而与之相较，这种以人的需求为依托的文化要素则表现出一种动态的、生发式的面貌。两相结合才会真正促成一种繁荣态势。而至于"青州模式"乃至整个"文化产业"所表现出的促进经济增长的状态，不过是这种"时代发展下，民众的人文需要"的外化，甚至可以说是"畸变"。

所以，文化因素不仅是促进青州艺术产业发展的基础，也是其能够做大的原动力。正是因为青州的经营者在历史文化的风气下，以人文情怀为先，才获得了谋求发展的"资粮"，也是这种特征让青州在面对"崩盘论"的谣言之际，而处变不惊。笔者也愿意相信，正是因为青州画廊人骨子里的"人文情怀"，获得了上天的青睐和庇佑，才有了当下之盛景。所以，在众多的构成要素中，文化的因素是最根本的、最重要的，也是青州的艺术产业人应该始终重视的。

第二节 青州艺术产业 SWOT 分析

一、青州艺术产业系统的 SWOT 矩阵

表 5-1 青州地域艺术市场及产业 SWOT 分析列表

内部能力 \ 外部因素	优势（Strength）	劣势（Weakness）
	1. 作为历史古城的文化资源优势 2. 以画廊业为核心的地域艺术产业基础 3. 朴素化的地域艺术市场品牌 4. 规模化的市场参与群体 5. 政府管理部门的支持 6. 相对完善的产业链	1. 地域资源尚未得到深入挖掘与充分发挥 2. 朴素性特质与时代发展的矛盾 3. 经营者与管理者之间尚存在达成统一协作的障碍 4. 品牌意识淡薄 5. 人才的培育机制尚未建立健全 6. 本地市场经营者规模过大
机会（Opportunity）	SO 组合	WO 组合
1. 国运上升期带来的市场繁荣 2. 民众日益增长的艺术消费需求 3. 艺术品成为重要的投资品和个人财富的载体 4. 政策层面对文化产业的重视 5. 作为发展支撑的科技不断创新和应用 6. 艺术金融的发展 7. 专业化研究群体	1. 利用产业基础，积极申请政策扶持 2. 从民众的精神消费及投资需求出发，完善与创新地域市场 3. 尽可能地利用互联网技术，优化产业形态 4. 在妥善做好风险防控的基础上，适度借助金融的力量	1. 借助政策引导，提升地域品牌质量 2. 借助研究群体的力量，引进及培育专门化人才团队 3. 以国家政策为驱动，以共同利益为导向，加强经营者与管理者之间的合作 4. 通过与其他地域市场互动以及不断深化交流学习，提升市场运营的专业化
威胁（Threat）	ST 组合	WT 组合
1. 经济下行带来的购买力下降 2. "礼品市场"萎缩 3. 其他地域的同质化竞争 4. 以互联网技术为支撑的交易平台崛起	1. 充分利用现有优势，提升市场竞争力 2. 以丰富的业态替代核心化运营的限制	部分经营者会被挤出

二、青州艺术产业系统的优势

表 5-1 所示"青州模式"的一系列内在优势在前文的叙述中,均已经有过较为详细的阐释,故此处不再做赘述。笔者在这一部分试图阐释的重点在于,正是借助于上述一系列优势条件,青州地域艺术产业建构起独特的发展"壁垒"。

(一)青州的书画产业经营,具有自身的"产业壁垒"

构成青州画廊业基础的群体成员多数将书画经营或者画廊运营作为副业来看待,采用"权衡性经营"①的经营方式,即不依赖此为生计。这成了青州艺术产业自然发育的重要经济基础,符合"满足一定物质条件后,才会考虑精神消费"的一般规律。同时,另外一个不能忽视的地方在于:在满足兴趣之余搞经营,往往会取得"不思而得"的效果。

在这种"权衡性经营"的背后,有着更为复杂的基础,如地方经济、个体收入、群体追求等,这于无形中设置了独特的"产业壁垒"②,是其他地域从业者难以进入,或者难以取得相似产业运营效果的"屏障",也就是"门槛"。

(二)青州地区参与书画运营的地域群体,有着自成一格的市场培育过程

这种独特的市场培育,重点包含两部分内容。其一,艺术品消费市场的培育;其二,独特的艺术教育(美育)培育。研究者胡月明曾在《悬空的中国艺术市场》一文中,对中国艺术市场的"悬空市场"有过这样的论述:"中国艺术市场忽略掉了艺术品消费市场的培育过程,直接跨入了艺术品收藏与投资市场,缺少基础消费市场的支撑,成就了一个畸形的悬空市场。这样的市场一旦遭遇经济下行,就会出现硬着陆,大伤市场元气。"③ 而究其原因,胡月明将其归咎为"艺术品消费(市场)的缺失",指出:"在中华人民共和国建立的前四十年里,艺术市场几乎是空白的,或者说是真空的。但这四十年,恰恰深刻地影响了中国未来的艺术市场畸形发育和走向,这种影响在于没有形成艺术品消费的基础和习惯,割裂了艺术品与生活的密切关系,使艺术教育修养(美育教

---

① 此用词为笔者原创,系根据自身对青州画廊业的经营特点所用,并非引用,也未见有研究者在相关领域使用这一措辞。
② 产业壁垒,专门术语,是指进入或退出不同的产业、市场和地域时遇到的障碍。当前的投资人在进行投资项目选择时,往往都会思考该项目的"壁垒",这是保证避免同质化竞争的重要条件。
③ 胡月明:《悬空的中国艺术市场》,载《艺术品鉴·中国艺术金融》,2016 年第 12 期,第 15 页。

育）处于空白性的缺失状态，让大多数人对艺术品望而生畏。"① 胡氏的这个观点放到整个中国艺术市场的范围内，无疑是准确的。却不足以适用于青州的地域艺术市场。因为，正如前文所述，"青州模式"中的经营群体，是在无意、无形中完成了相关的培育，尽管朴素，但并不缺失。

而与这种艺术品消费市场的培育所紧密相连的是青州画廊人的艺术教育（美育）培育。首先，青州深厚的历史积淀和文化传承，通过熏陶的方式给予了当地民众以美的培育，这并非所有地域都能为之。其次，在不断地认识、接触现当代书画的过程中，青州画廊人通过大胆进入市场语境、彼此交流、结成群体等方式，在互相碰撞、互相影响、彼此交流的过程中，完成了实质上与专门化的美育教育效果等同的工作。从胡月明眼中整个中国艺术市场的"缺失"，到青州地域艺术市场参与群体"独具"之经历，在这种差距下所形成的"壁垒"，是很明显的。

（三）画廊业的深化发展及面对市场状况所要做出的转型发展，需要借助各方的力量

从青州画廊业的发展来分析，其当下"成效"的取得，并非一朝一夕，也绝非一方之功，而是在几方不同因素的共同作用下，合力完成的。其中既包括文化本体的基础，也包括资本投资要素的带动，在转型发展阶段，更是因为与地方产业发展需求相契合，而获得了管理及政策层面的支持与导引等。这些"合力"，同样是重要的"壁垒"。

依据这种"壁垒性"，引申开去，从"青州模式"的研究中，至少可以得出这样一种结论：尽管当前，国家鼓励、号召、扶持大力发展文化产业、艺术产业，但并非所有的地域都适合发展这类产业。即便适合，也需要在发展产业的具体门类方面，有所考量、做好定位。

三、青州艺术产业系统的劣势

（一）青州地域艺术产业的系统化优势尚未得到深入挖掘与充分发挥

其主要原因在于青州（地域）艺术产业系统内部各构成要素所占据的产业份额的偏向性明显。长期以来，画廊业都处于核心地位，其他各要素的发展都要仰赖青州画廊业在全国市场中的重要影响力的带动。尽管在国家的鼓励与号召之下，特别是在地方文化产业发展的大势带动之下，作为管理者的地方政府

---

① 胡月明：《悬空的中国艺术市场》，载《艺术品鉴·中国艺术金融》，2016年第12期，第15页。

已经试图开始进行产业份额的平均分配,但其需要的发展周期和其他一些客观困难都会成为阻碍这种发展规划的现实障碍。尤其是在国民经济转型的市场瓶颈期,发展中需要面对的矛盾丛生,而不能有效地实现作为系统各组成要素的产业形态的良性互动,则无法真正实现青州模式系统化发展的优势。

(二)"青州模式"的朴素性特质表现出与时代发展的矛盾

作为青州地域艺术产业发展最为重要的特征之一,朴素性的发展特质是青州呈现独特化面貌的重要起点,是"青州模式"发展中不可或缺的内容,正是这种特质的存在,使得青州的艺术产业得以聚合起大量的优质资源。但随着市场经济的深入,以及产业系统自身的进化性发展,这种特质正呈现出与时代发展要求之间的矛盾,甚至正在成为阻滞青州艺术产业本体发展的障碍。其中,最为明显地表现于在"互联网+"的时代背景下,电商化经营正在越来越被广泛应用,但在青州地域艺术产业发展的当前阶段,涉及相关创新型经营的经营者数量尚十分有限,而朴素性特质是造成这种状态的重要原因。

(三)经营者与管理者之间尚存在达成统一协作的障碍

以政府部门为主导的市场及产业管理者的加入并占据主导地位,是"青州模式"发展的一个重要趋势。在这个过程中,尽管管理者们已经在积极地谋求与行业经营者尽可能多的协作,但由于发展目标的差异及市场需求引导的作用,其中不可避免地存在着双方发展"两张皮"的效果。

(四)品牌意识淡薄的问题亟待破局①

青州地域艺术产业在此前的发展中,主要由以民间群体为主导的市场力量构成并促进其发展,而政府力量的加入时间尚短,以至造成了缺乏体系化的品牌推广机制,以及适当的事故应急机制等。随着"青州模式"的形成与发展,青州已经聚合起来优质的可用于品牌树立与发展的基础及资源,但在以民间经营者为主导的行业发展过程中,参与群体普遍对科学化的品牌培育缺乏充分认识。此外,政府部门的参与者尽管具有相对而言较多的品牌培育意识,但以谋求地方政绩为发展旨归的价值追求同样不利于地域产品品牌的长效发展。关于这一内容,在青州艺术产业发展历程中,有着鲜明的体现。在发展中所遭遇到的"崩盘论",就是一场典型的品牌事故。透过"崩盘论",不难洞悉科学化的品牌建设与系统理论体系建设在未来发展中的重要性。

从内容层面来思考,"崩盘论"是一场由宣传不当引发的"因果劫难"。青

---

① 本部分内容以《解析崩盘论下的青州书画产业现状》为标题,载《收藏家》2016年第11月刊,第79—82页。

州书画市场所遭受到的责难主要来自媒体的宣传，而深思之下，引发这种责难的，恰恰也正是一种不适当的宣传。通俗一点讲，青州画廊业是"树大招风"，以"宣传不当"之因得"不当宣传"之果。如何"宣传不当"？举例来看，在《低迷的青州翰墨，何去何从》一文中，作者引用的数据为："据统计，2013年，青州书画市场交易额达100亿元，成为中国艺术市场交易的一个奇迹。目前青州已有765家画廊，从业人员3000多人，书画创作人员近20000人。"此外，更为常见的宣传数据为："目前青州有九大书画市场，书画经营业户765家，书画从业人员15000多人……书画成交额有上百亿。"类似笼统的数据概括，在青州对外的宣传内容中，占据着主要的位置。这就是"崩盘论"的"症结"所在，因为在以这类数据为支撑的众多宣传言论中，存在着两方面的问题：第一，导向性的一边倒问题。这些宣传内容，一味地在凸显青州书画产业的显赫业绩；第二，数据的笼统性问题。这些言论所使用的数据缺乏具体的细化分析，如数百家画廊的大致形态、性质为何？从业者的数据采集标准为何？高成交额的具体构成为何？等等。

这些相关问题的存在，很容易让读者产生"青州书画产业一片繁荣似锦"的印象。似乎在青州，只要开画廊就能赚钱。这在潜意识中，提升了关注者对青州书画产业的期待度，似乎青州只能越做越好，如果没能达到这个期待，或者稍微出现一点示弱的迹象，就会被"好事者"紧紧抓住，走向事态的反面。而在事态的发展过程中，扮演"好事者"角色的，一为专业"媒体人"，二为博眼球的自媒体人。这些构成要素，均未偏离"宣传"的关键词。

细思之下，"崩盘论"困境的出现，与发展过程中"品牌意识"的淡薄不无关系。青州画廊业的管理机构在"崩盘论"初显时，如果有危机公关能力，有能力对"崩盘论"做出科学、合理、客观的应对，便不至被动地靠时间来冷却负面影响，甚或能取得变被动为主动的收效。以小见大，在青州艺术产业乃至整个中国艺术产业的"品牌培育"方面，还有很长的路要走，也尚有众多的内容需要优化或创建。

（五）各类人才的培育机制尚未建立、健全

关于人才问题，一方面，青州地域艺术产业的发展亟须年轻的经营者和产业管理者、研究者加入，以应对可能性的人才断层问题。另一方面，更为重要的一点在于，人才培育机制的建立。只有建立相对稳定而长效的人才培养机制，才能够保证地域产业发展的生命力。但从当前的情势来分析，这种人才培育机制尚无从谈起。

四、青州艺术产业发展的机遇

（一）国运上升期带来的市场繁荣

所谓"盛世古董，乱世黄金"，从一般视角来审视，经济因素是作为催生艺术产业发展的核心、主导因素出现的。一个众所周知的规律是：精神消费应该建立在物质消费基础之上。表现在艺术品消费方面，一个基本的表征在于人只有在填饱肚子并有了盈余之后才会有可能进入艺术品收藏领域。而从当前国家的发展大势来看，中国已经成为世界第二大经济体，整体国力也处于不断上升的地位，这是促使艺术市场繁荣的基础。这样的时代背景，为市场参与者提供了发展的机遇。

（二）民众日益增长的艺术消费需求

民众日益增长的艺术消费需求，为包括艺术精品、艺术普品、艺术衍生品等各类艺术品在内的市场经营提供了发展机遇。这也是青州画廊经营者尝试多种经营的重要基础。

（三）艺术品成为重要的投资品和个人财富的载体

当前，越来越多的财富人群将艺术品这类低流动性的特殊商品作为一类可供选择的投资工具，更有甚者将投资艺术品视作一种优质的个人财富管理手段。2016年中国成为全球艺术市场第一大国，艺术品拍卖成交总量达到9.14万件，中国艺术市场成交额在全球艺术市场上的份额达到了38%。[①] 如此庞大的市场交易规模，对包括青州地域艺术市场在内的全国市场而言，其中蕴含的发展机遇是显而易见的。

（四）政策层面对文化产业的重视

当前，从国家到地方均制定并出台了支持文化产业发展的多重"惠政"，地域文化产业的发展是地方财报的一项重要构成。对青州而言，当地的地域艺术产业无疑是文化产业的最突出形态，这也因之成为其重要的发展机遇。

五、青州艺术产业面临的威胁

（一）经济下行带来的购买力下降

与上文的"国运"上升相对，当前在市场经济下行背景下，以及在整体经济"脱虚向实"发展趋势中，艺术市场进入了一个明显的市场调整期。在此过

[①] 刘立安：《中国艺术品投资收益与风险研究》，载《艺术品鉴证·中国艺术金融》，2017年第8期，第83页。

程中，艺术品的消费量必然会受到影响。

（二）"礼品市场"萎缩

随着国家"反腐"工作的推进，中国艺术市场的特殊业态——以"雅贿"为目的的"礼品市场"受到打压，让艺术市场发展备受质疑，"青州书画市场崩盘论"正是在此间形成的。一个关于"礼品市场"的内容可以在此处进行适当阐释。尽管"礼品市场"是构成青州画廊业市场的重要组成部分，而随着"反腐"力度的加大，在很大程度上斩断了"雅贿"的源头，进而影响了"礼品市场"。但事实上，在青州并非涉及公务人员的书画交易都会与"礼品""贪腐""雅贿"的概念联系起来。例如，在笔者对画廊人王志坚的访谈中，她就提及这样的情况：青州的很多公职人员，因为喜欢艺术品，而又购买力有限，甚至都借钱购买。从笔者自身角度来看，十分理解这种情况。因为不管是出于何种目的，或喜爱，或淘宝，或攀比等，总之在面对着一件自己想要得到的艺术品而不可得，又唯恐"错过了就是一生"时，往往是会尽可能去收藏的，这种心理体验是合理的。

（三）其他地域的同质化竞争

青州以外其他地域的同质化竞争加剧，不仅表现在侵占市场份额方面，更为重要的是在这种竞争之中，当代艺术名家作品的市场价格一路上涨，这对于没有庞大资本支撑的大多数青州经营者而言，既面临着经营压力，又遭遇着经营风险。特别是对青州普遍采用"以藏养藏"经营理念的画廊人而言，这种威胁表现得尤其强烈。

（四）以互联网技术为支撑的交易平台崛起

当前，以互联网技术为支撑，创新型的艺术品交易平台、服务平台不断出现，具有代表性的如以艺术电商为主旨内容的网络交易平台、以"艺术品鉴证备案"为核心技术的应用平台等。这些普遍以"三公"原则为依据与追求的创新型平台的出现，在丰富市场发展内容的同时，也于无形中削弱了青州地域艺术市场赖以发展的优势，最明显处在于以"诚信经营"为核心建构起来的朴素化"品牌"优势。

第三节 青州艺术产业未来发展趋势

一、青州艺术产业发展趋势

青州（地域）艺术产业的发展趋势，重点体现在以下几方面：第一，将由"以政府力量为主导"，逐步向"由政府与民间力量合力引导"的方向转化。青州地域艺术产业系统可能会在发展重心方面发生转变，即由当前以画廊业为核心要素的状态发生转变。而这种转变有两种可能，一是现有其他要素替代画廊业，成为新的核心要素，如艺术地产、艺术衍生品产业等。二是所有的要素都呈现出平均用力的状态。即系统要素将由以画廊业为核心，逐步向多元重心发展，画廊业、艺术地产、农民画、衍生品、地域产业品牌影响力等有所侧重地同步发展。

第二，青州地域艺术产业发展的价值追求会发生变化。当前，在以民间力量为主导，以画廊业为核心的"青州模式"系统中，尽可能地谋求市场价值的提升与交易量的增长，是主要的（甚至是唯一的）价值追求。而随着政府力量的加入，其价值追求和价值判断依据无疑都会变得更加多元，如追求地域特色经济发展、产业生态健康、地域产业品牌建设、与地方政绩相关的宣传等。总之，价值思考维度会较此前有很大的扩充。而在这种情况下，能够预见的有益发展态势在于，只要能保证其中的几个"价值点"，就能够促使地方政府大力推进地域艺术产业的积极发展。

第三，经营主体会由重视市场盈利的产业价值，扩展为重视"产业+品牌"价值的变化。"青州模式"系统的品牌价值会得到进一步的重视，因为与品牌直接相联系的内容是地域特色、对外宣传两点内容。引发这种转变的原因在于几方面：其一，青州此前的核心是画廊业，而青州的画廊业是纯粹的民间、民众主导的，没有官方参与，依托深厚的文化底蕴，获得具有竞争优势的"混沌之力"（朴素性特征）。但随着地域艺术产业系统的深化发展，一方面，政府加入主导的行列中；另一方面，随着市场的发展，青州的经营主体也在发生着质的变化。以画廊业经营者为例来理解，该群体的一个重要变化在于：随着市场的发展，他们的经营观念正在发生改变，最明显处表现为已经由过去为"喜爱"而经营，渐渐开始考虑到大量迎合市场的要素。而"品牌建设"是与市场发展直接相关的内容。在这种发展态势下，青州将由重视经营性市场转化为重视宣传和地域产业发育的品牌化市场。

二、"青州模式"系统下画廊业发展趋势

探讨这一问题，青州资深画廊经营者唐树良的经验之论可做参考。根据唐树良的经验，画廊业的发展每隔5~6年（平稳期）会进入一段市场行情大涨的"高潮期"，一般是1~1.5年的时间。"高潮期"内，市场十分活跃，交易量猛增，艺术品价格大涨。唐树良的主要判断依据是2005年和2010年前后的市场节点。可以说，这种判断具有重要的参考价值。

但这种规律是否会继续下去，很难下定论。因为2005年和2010年"高潮期"的出现，均有特定的历史事件发生，如2003年的"非典"、2009年的"四万亿救市资金投放"等。所以，这两个"高潮期"的出现均与特定的"刺激"相连。这并不排除市场会在很长时间因为缺少相应的"刺激"，而在周期阶段内维持平稳或走下坡路。但是，有一件事情是肯定的，即青州画廊业正在面临着明显的经营压力，主要来自几方面：第一，国家整体经济下行所带来的市场需求下降；第二，艺术品成本价格的上升带来的盈利空间下降；第三，多元市场形态的发展、竞争者的加入、艺术家与画家关系的改变等一系列产业生态的变化所带来的压力等。

在这样的情势下，青州画廊业在未来发展中，会表现出以下几个发展趋势：首先，很多经营机构会离开市场。原因可能是多方面的，如以投机为目的进入市场的机构可能会被作为"泡沫"挤掉。没有竞争力的机构，会自然地被淘汰。其次，经营形式会不断经历转变和创新。在现有的传统经营模式基础上，将不断推出迎合时代的经营模式，如引入电商经营。重视以"鉴证备案"技术为依托的平台化经营等。而其中所凸显出的特性在于：借助于科技支撑，特别是互联网技术，青州画廊业对外营销的地域性边界正在被打破，在积极面向全国甚至是全球的市场。在这种情势下，青州以诚信为核心的经营优势正在被弱化。最后，画廊业经营者也在发生质的改变。主要表现为青州最初的书画收藏者喜欢画，但不太在乎是谁画的，也不问他的学术价值和市场价值；但随着收藏及市场的深入，他们的眼界提高，认知也提高。在这种情况下青州的原始底层市场价值观发生改变：一方面，原始对艺术品的单纯热爱渐渐开始掺杂市场价值因素；另一方面，一般水准的艺术品已经很难满足经营者的眼光。而这种变化，会直接导致收藏成本的提升，同时也会引起画廊业底层基础的变化。

同时，需要认识到的是，随着这些趋势的发展，青州的画廊业需要面临由本土化状态向职业化状态转变过程中所必然会出现的矛盾。在这种转变过程中，作为支撑青州画廊业发展的那种主要发生在地域民众间的、朴素的、可商量的经营方式会逐渐弱化。这是否会削弱青州画廊业的竞争力，是一个值得思考的问题。而在这种问题的背后，将会涉及"现代经营理念会对青州艺术产业生态产生破坏"这种可能性的探讨。

第四节 青州艺术产业发展优化路径

本节，笔者基于上文对青州（地域）艺术产业的深入认知与全面把握，从现实可操作、可落地角度出发，以促进当地特色产业发展为目的，本着尽可能全面考量之原则，提出以下发展建议：

一、明晰政策及形势，结合自身优势，提出适当发展策略

顺势而为是谋求发展的大道，只有将自身的发展诉求与国家、集体的利益及规划相统一，才能够获得长足发展的动力。这就要求青州地方政府部门管理者能够充分认清国家宏观经济及中国艺术市场及艺术产业整体发展趋势，提高认知水平，加强组织领导，适时建立跨行业、跨部门的联动工作机制，加强统筹协调，整体推动地方艺术产业发展战略的研究工作。同时，应在深入明晰及贯彻国家政策基础上寻求发展。

试举一例来理解：在2017年4月发布的《文化部"十三五"时期文化产业发展规划》中的"文化旅游业"部分明确提到，"支持建设一批有历史、地域、民族特色和文化内涵的旅游休闲街区、特色小（城）镇、旅游度假区，培育一批文化旅游精品和品牌"。这无疑就是青州在发展地域艺术产业过程中获得政策支持的典型例证。从实操性角度来理解：当前，"中国中晨（青州）国际文化艺术小镇"属潍坊市重点打造的特色小镇之一。经过数年的积累，已经建造起一定的发展基础，如积聚起大量的优质画廊、美术馆等资源，这些均可与艺术旅游、艺术地产等相衔接，结合发展。值此国家大力支持特色小（城）镇建设之际，不妨对青州的"隐性资源"进行更深入的挖掘，将青州特有的文化、艺术资源，与养老、修身、医疗、环保等市场需求相结合，与国家及民众的发展利益相统一，相信会有更广阔的挖掘空间。

而诸如上述所举措施的具体落实，一方面，需要管理者能够站在谋求长远发展的高度去认识和制定发展战略，建立相应的工作机制与制度体系，在研究与调研的基础上，做好统筹计划安排，部署不同部门协调机制的建构，努力发挥合力做好整体推进一系列具有战略意义的工作。另一方面，尤为重要之处在于，管理者应该与市场直接参与群体保持紧密的互动关系，从而不断认识、理解、影响市场从业者的市场实践与发展观念。

从市场参与者角度来看，应该有意识地树立大局观念，从群体利益角度出发看待自身发展问题。在此前（2016年以前）的发展周期内，朴素性是青州艺术产业发展的重要特征，参与者在这样的大势下，自然而为，取得了很好的发展效果。但随着发展的深入，特别是随着政府机构对地方艺术产业的重视、市场经营压力的增大、整体经济下行趋势明显等现实态势的存在，"青州模式"需要逐步由此前的"朴素性"向"专业化"过渡与转型，面对市场压力，要求个体经营者学会借助已经积淀起来的资源优势、品牌力量寻求突破，克服困难。在这一过程中，就需要从业者认识到一损俱损、一荣俱荣的道理。在青州地域艺术产业未来的发展周期内，不重视和依赖群体的力量来谋发展，不是明智之举。事实上，这种特质在此前的发展中，已经有所显现。例如，在青州画廊业体系下，具有积聚作用的青州画廊协会就是一个群体性的组织。这类组织存在与否，于产业的发展而言，绝对会是不同局面。

因此，笔者建议青州从业者绝不能仅从个人利益角度出发，做有伤地域品牌、长远大计的行为。举例来看，"青州无假画"是多年来青州画廊人以诚信经营在业内赚得的口碑。面对市场经营压力，画廊人绝对不能降低对自身的要求，否则必然无法长久。同理，青州画廊人当前所提出的"积极打造'百年老店'"的发展思路，则能够体现出一种发展的持续性与长久性，是与大局观念相一致的思路。

二、发挥政府职能与产业政策的导向功能，加大支持力度

青州地方政府及上级管理部门，应该在充分研究与认识中国艺术市场发展内在规律与发展趋势的前提下，遵照市场规律，发挥政府职能与产业政策的导向功能，加大对青州当代特色地域艺术产业发展的支持力度。

中国艺术市场及其产业无疑是一个新兴的、却又快速发展的领域，需要政府部门的管理与财政扶持，更加需要产业政策的引导。因此，以青州地方政府为主导的管理机构，首先，应该充分发挥市场力量，为地域艺术市场及产业发展提供财政配套资金予以支持。政府财政资金，一方面，可以为地域艺术产业的发展壮大进行直接投资，有效缓解很多有创新及发展需求的单位及个人切实存在的资金需求；另一方面，可以有效引导社会资本投资方向，调整投资结构，有效解决地域艺术产业发展过程中存在的投资短期效益与长远回报之间的矛盾问题。

其次,政府主管部门应该围绕"完善发展体系"这个重要发展内容,在支持文化艺术产业发展的财税和投融资政策的同时,加强对有关政策措施贯彻落实情况的监督,以确保充分落实,并逐步使相关政策覆盖发展的核心领域。同时,应该在顺应一般经济发展规律的前提下,充分借助现代金融投融资制度,有效促进地方艺术市场及产业发展与金融市场紧密对接,产业资本与金融资本适当融合,多层次激活文化艺术发展活力,加快形成创新性、稳定性、合理性的地域艺术产业发展格局。

三、强化理论研究工作,搞好顶层设计,选准突破点

强化理论研究工作,在搞好青州地域艺术产业发展战略研究与规划的同时,搞好顶层设计,选准突破点,促进战略与规划布局的有效落地。整体把握与青州地域艺术产业直接相关的"理论建设"工作,突出体现在两个方面:其一,地域艺术市场及艺术产业发展实践需要获得理论层面的指导;其二,当地艺术产业的"品牌培育"需要得到明晰的理论支持与引导。

从"理论指导实践"的角度来看,一方面,青州的艺术市场及艺术产业在发展历程中的诸多特色及经验需要以理论的形式记录并保存下来,可用以支持在持续发展中的多方面需求。另一方面,在未来发展中面对的瓶颈的突破,乃至发展方向的探索,均需要理论化的内容作为指导。从"品牌培育"的角度来看,无论是品牌的建构还是宣传,都需要有系统化的理论体系及成果作为依托。但"青州书画市场崩盘论"的肆虐暴露出关注者或研究者对青州书画产业的发展认识不够,理论挖掘程度尚浅。

而理论建设不仅需要地方管理者组织地方人员进行梳理与汇编,更需要专业化的研究者进行深入挖掘、系统总结、升华性剖析。本研究所做的研究本身,即可作为其中一例。同时,也要注意着力使用、整合现有的高等院校、文化艺术机构、文化艺术人才、文化艺术活动等资源,注意理论研究领域和前沿实践领域的对接,注意先遣人才的固定、长期的输送和培养,从而促进产学研一体体系结构的形成,尤其是那些长于实践的一线艺术和金融机构或组织,不但要努力争取应有的扶持和关注,还应该注意对理论的深究,培养理论研究的素质,吸纳理论性人才,建立与研究机构的长期关系。

四、精准定位核心竞争力,重视特色资源的挖掘与保护

核心竞争力的确立从客观上说是与优质的特色资源密切相关的。通过实地

考察与研究，本研究认为有助于青州（地域）艺术产业核心竞争力形成与发展的资源主要体现为两方面：其一，为当地特有的"隐性资源"；其二，在地域艺术市场发展过程中所逐渐形成的具有"原生态"的"品牌资源"。

首先，关于"隐性资源"。综合来看，这种"隐性资源"随着时代的发展而不断丰富。起初，青州的"隐性资源"突出体现为地域性的"历史渊源""文化根脉""艺术传统"等对地方民众的熏陶，在特定时代的人文需求刺激之下，形成了当代青州民众追逐艺术、喜好收藏的风气。在中国艺术市场起步后，这种"隐性资源"在市场的作用下，转化为青州画廊人尊重文化、热爱艺术、看重品行、诚信经营之"初心"。随着市场的深化发展，这种"隐性资源"正在逐渐转化为一种地域性文化产业品牌优势。所有这些内容，共同形成了青州地域艺术产业在国家大力发展文化产业的号召之下，立足、发展、有所建树的"底气"。"隐性资源"的存在，正是青州艺术市场及艺术产业能够获得深入化发展、优势化发展、持续化发展的核心竞争力所在。基于此，笔者将这一看似玄虚，却切实存在的内容放在最首要的位置来论述。希望管理者能够深入把握、适当保护，并做到上行下效。

其次，关于"品牌资源"。在当代的市场环境下，特别是在"商业背景"下，"品牌"是任何企业或个人在发展到一定程度后都需要正视与重视的问题。正是因为这样，很多企业在发展之初，都会将品牌的建构与培育放在一个首要的位置来看待。在"青州模式"的形成与演化发展过程中，同样应该重视"品牌"的力量。由于长期以来，青州地域艺术市场及产业发展，主要靠民间群体依据市场需求自发进行发展，使得"品牌"这一概念长期处于被忽略、不专业的状态。"崩盘论"的肆虐反映出民间力量主导之下的"青州模式"在品牌建设中的弱势与重视不足。种种原因，如民间群体力量有限、以朴素性为特征的发展情势等，使间群体对品牌发展的力量十分有限。以至在政府加入进来后，未能及时地从自身的力量角度对"品牌"建设进行弥补，从而使"崩盘论"演变成一个典型的"品牌事故"。针对这一状况，建议青州艺术市场参与者心中都能树立起品牌意识，重视品牌的培育。在当前互联网时代背景下，资讯的传播十分迅速，互联互通尤其便捷，重视品牌的建设与推广是所有企业都需要重点面对及发展的问题。尤其需要强调的是，应该重视对上述能够体现核心竞争力的优势资源的保护。从前文可知，"青州模式"未来发展的主流趋势是由非正式向正式化演进，具体表现为引领其发展的群体正在不断由民间群体的自发性，向政府主导的规划性转变。这个过程是一个产业形态升级的过程，但相伴而生的可能性是在转变过程中，既有的有价值的产业生态内容会因为未被察觉和认识到，而遭到不可逆转的破坏，而对青州地域艺术产业发展做出尽可能精细化分析，进而实现精准定位是防止这种破坏的前提。

具体到可细化的内容，不仅只是像笔者在本研究中对不同的系统要素那样进行细化和区别对待，更重要的是要对不同产业形态的产业特性、运行机理等进行区分。举例来看，对待艺术产业，首先要对它本身所具有的产业潜力与小众性特性进行认识与区别。从整个艺术产业来看，随着时代的发展，包括商品画、衍生品等在内的一系列产业形态面对着人民精神生活水平提升背景下的巨大市场需求，表现出很大的发展潜力与可挖掘空间，但与之相应，以高审美力、鉴赏力、消费力为基础的中国画精品的消费人群无疑是小众的，市场受众群体是有限的。因此，对待不同的发展业态，绝不能用同一个发展思路来看待。再如，青州艺术产业此前及当下的核心是画廊业，画廊业的核心是一部分属于中坚力量的画廊经营者。在经营压力加剧、经营手段多元、高端艺术品与低端艺术品经营矛盾突出的发展背景下，最怕处于中坚地位的画廊经营者迫于市场压力，同时受到市场的多变需求，而随意改变自己的"初心"（也就是有特点的经营理念与模式）。最忌讳市场经营者见到某种经营模式或方法能赚快钱，从而"一拥而上"。这样，往往会导致新的竞争力尚未建立，已有的竞争力则面临消亡的困境。而这一内容从属性上来看，是一种逐渐形成的特色化的地方产业生态，其中涉及品牌、地方产业文化等复杂的内涵，不应该在无知状态下，任其随意破坏。避免这种困境的具体落实方法，需要政府和民间市场参与者共同努力完成。前提是政府部门能够认识到这些内容，在此基础上尊重民间自发的市场力量和特色，进而有意识地引导民间力量，合力去保护来之不易的地方艺术产业生态。

五、整合优质资源创新突破，推动综合功能平台建设

首先，在艺术品经营市场培育方面，青州艺术产业管理者、参与者应该有意识地加大力度，搭建起稳固、高效的美育教育环境与平台。想要更好地拓展消费市场，就必须认识到美育教育在艺术产业发展中的重要性。青州艺术产业在发展之初并没有外化而明确的美育活动，但并不代表不存在、不需要。前文有述，很多经营者的审美能力以及据此而建立起的艺术消费习惯，并非通过专门的艺术教育和有目的的引导来实现的，而主要是通过历史熏陶、民众交流等潜移默化的形式来完成的。在当代，特别是在越来越开放的时代背景下，与艺术品消费紧密联系的美育教育活动，作为艺术市场中的重要环节，不仅应该以一种显性的状态受到重视，同时也更应该经过合理的、巧妙的、科学的设置，使之能够以更好的形式应用于市场实际。应重点从全面整合及适度配置社会资源和需求的角度开展相关的工作,如充分利用青州当地的教育资源(学院),利用已经搭建起的艺术培训资源、展览资源,挖掘、总结、提炼已经大量存在于市场中的做法与思路,在整合及满足各方需求的条件下,形成理论化的文字材料,搭建可操作性强、"接地气"的艺术教育平台。

其次,应挖掘与整合既有的优质品牌资源与要素,打造品牌聚合平台。而在这一过程中,品牌建设的前提是品牌资源的挖掘与整合,以及品牌的定位与建构。当前,青州地域艺术产业已经在发展过程中,生成了一些颇具价值的品牌资源要素,如市场中所口口相传、民众心领神会的"中国书画看山东,山东书画看青州""青州是现当代书画的风向标"等。笔者以为,市场的主导者,接下来应该做的就是在这些松散的、非正式的品牌资源中,聚合起稳定的、明确的品牌。如在当前文化产业形态中,尚没有人明确打造具有典型性、引导示范性的产业模式和案例,在这样的情况下,青州模式可以一马当先,通过与产业研究者合作,挖掘隐藏在内部的优势资源与业绩,通过推出研究成果、设计整体宣传片、发行广告的形式,占据这一优势平台。

六、重视新技术融合的推动作用,积极尝试创新性的探索

这一建议无疑是与时俱进谋发展,面对压力求突破的核心策略。具体的创新性探索包括:

第一,重视现代交易方式、交易渠道的应用。在互联网时代背景下,以"互联网思维"为主导的"电商"已经十分普遍地应用于各行各业。但从青州艺术产业市场来看,尽管也有经营者在相关领域做出了适当的探索,但并未形成较大范围的应用。因此,建议青州艺术市场及艺术产业的参与者们广泛借助互联网工具,互相带动,形成产业化规模。第二,合理重视艺术衍生品资源的开发。青州画廊人在多年的市场经营中积累了大量的优势资源,如人脉资源、渠道资源、运营经验等。当前,青州衍生品(常见衍生品如知名艺术品或知名艺术家作品的仿真复制品)的市场在这里尚属十分短缺。这就要求画廊人积极转变观念,迎合当代人的生活方式与理念,开拓这一市场,在现当代书画集散地之外,再打造出一个艺术衍生品的全国重点中心城市。诚然,以上两个方面,仅为笔者当前思考的两个颇为明显的探索方向,并不排除还有其他需要挖掘的领域。第三,有意识地与政府部门进行合作,共同开展工作。在上文中对管理者提出的众多建议中,很多内容是需要市场经营者与管理者共同来完成的,只有双方合力,才能取得最佳的效果。第四,积极谋求和而不同的发展策略。市

场参与者应该将发展方向及理念上升到策略化的高度进行思考，在思索自身发展策略的同时，不断吸收市场中其他地域内的发展方式及理念，作为对本土发展思路的丰富与补充，以进一步促进产业发展。

七、围绕发展需求，重视培养及引进综合人才及职业人才

在青州地域艺术产业发展中，"人和"因素是关键性因素。这也就决定了"人才培育策略（战略）"在未来发展中是不可忽视的重要内容，是关系未来局势的人力资源。从此前的（2016年前）市场发展历程来分析，研究性人才并非不可或缺的人力资源，而且就地域资源而言，也很难实现对这类专门人才的培育。但在此后的发展中，从品牌培育及宣传的角度来看，这类人才的重要性应该得到重视。因此，本研究建议相关管理部门应该重视地域性艺术产业优质人才及储备性人才力量的培养，紧紧围绕中国艺术市场及产业发展的趋势，围绕地域艺术市场及产业发展的需求及实际，依托已有的体系、经验、资源，大力培养综合性、职业化人才。

从产业发展构成及需求来理解，人才培育主要分为三个维度：其一，经营性人才的培育；其二，管理性人才的培育；其三，研究性人才的培育。经营性人才的培育主要由两种渠道完成：第一，可以通过现有经营者培养自己子女，以"接班"的形式进行持续性经营；第二，可以通过吸引外部经营者加入，实现经营人群的持续与扩张。管理性人才的培育则主要应该从作为市场管理者及产业发展政策制定者的公务员体系中选拔，并作为专门性、突出性人才进行培养。

从培育的路径来看，深入借助高校研究资源加以利用，不失为一个比较合理有效的渠道。如当前，随着艺术市场的繁荣发展，很多高校已经将这一研究领域纳入教学及科研体系下。在这样的情况下，青州可以通过与之建立合作关系，如挂牌打造"产学研基地""教学科研实践基地"等办法展开合作，即以合作借用的方式，实现对综合型人才的培育。

结　语

透过对"青州模式"这一案例的深入剖析与挖掘，至少可以得出以下结论：

第一，青州的地域艺术产业发展走的是一条"实体化"产业发展的路子。这里所谓艺术产业的"实体化"，是借用国民经济中的"实体产业"概念来表达艺术产业发展的一种典型状态。青州的民众从地域特色资源与群体习惯的角度出发，在时间的积淀中，逐渐培育出了颇具规模、相对完整的产业链。在这个过程中，"青州模式"是经过了实实在在的发展，最终让艺术产业形成了与实体产业等同属性的状态。这种"路子"的发展，尽管需要长期的培育，却是艺术产业发展的"正途"，能够真正形成良性、健康的产业生态。换言之，艺术产业就是一个需要精心培育的产业，离开了像"培养孩子般"的长期付出，就不会真正取得好的效果。

与"实体化"相对的是"概念化""资本化"等，即以盲目追求快速、高效的收益为目标，以国家及时代发展的需求为动力，而简单地将其他产业中普遍使用的"运营手段"嫁接到艺术产业中来的发展状态。笔者以为，这种类似的状态应用到艺术产业中，是没有前景和出路可言的，甚至会造成产业生态的恶化发展。在国家大力倡导文化产业的背景之下，应该警惕这类产业形态的破坏力。

第二，青州地域艺术市场及艺术产业的发展无疑表现出了以"青州模式"为概括的鲜明独特性，但绝非一个独立存在的形态，而是明显受到市场的深刻影响，充分表现出紧随市场的脚步，与市场的"脉搏"相同步的特征。首先，青州地域艺术市场及产业是以市场需求为导向发展进化的，是循着市场的需求，在经历了不断摸索的阶段后成长起来的。表现尤其明显处在于：青州画廊业的起步和地域艺术产业的发展，源自民间群体在无意识的情况下对青州本地所隐藏的文化资源与习惯进行的挖掘。所以，"青州模式"的出现与发展并非刻意为之，在初期的发展阶段充分表现出一种无意识发展、蒙昧化发展的状态。在这个过程中，并没有人进行刻意培育，也没有人专门进行规划，之所以能够呈现出规模化发展，主要得益于贯穿其中的市场需求。其次，"青州模式"形成的原生动力来自文化传统，但真正促使其成形的则是经济要素。正是出于这个原因，青州地域艺术市场发展鲜明地表现出受制于市场大环境影响的特点，在国家经济整体下行的趋势下，青州地域艺术市场也表现出了明显的颓势，这足以说明市场大环境与"青州模式"的密切关联。

第三，"青州模式"的从无到有，从形成到发展的过程中，处处透露出鲜明的"朴素性"特征。可以说，在本研究所选定的1978—2016年这个时间段内，在青州书画市场从无到有的过程中，及至发展的方方面面，都透露出一种蒙昧的、朴素的特质。这种"第一口奶"的特质，在很大程度上决定了青州艺术产业做大做强的内在基因，也是决定青州书画市场不会轻易坍塌的重要因素，甚至会成为未来市场走向的重要影响因素。也正是这种独特的市场存在，为青州书画市场的发展奠定了基础，为"青州模式"的成形提供了原始的动力。本研究认为在青州历史与现代发展中形成的这种朴素的原生动力，是促使青州文化产业有所建树的重要原因，也是在地方产业发展中最不容忽视的"高级"形态。

仰赖于地方性优势资源、朴素化的市场探索、恰逢其时的市场机遇，青州地域经营群体在市场发展中逐步形成的"模式化"发展形态，让青州的地域艺术产业在当下的发展阶段内，表现出明显优于其他地域的优势。但这并不代表"青州模式"因此而获得了能让自己立于不败之地的法宝。一方面，这种"模式化"的发展状态还仅仅处于初级阶段，参考任何一个成熟"品牌"的发展历程均可以知道，"青州模式"还有很长的路要走。另一方面，"青州模式"不仅需要正视业界对它的关注与质疑，更为重要的是其正在面对着残酷的市场考验，且其自身发展中存在的问题也是十分明显的。这一系列的因素决定着"青州模式"想要在当前的市场环境下继续有所建树，需要不断进行优化升级，如此才有可能突破发展瓶颈。

第四，通过"青州模式"与"通渭模式"的比较，以及青州画廊业态与其他地域画廊业态的比较可以发现，在中国艺术市场这样一个实践及研究体系下，各构成业态间存在着共性与联系，但其中更为突出处在于彼此间的个性与区别。这种区别性是随着市场的深化发展而不断显现的，这是市场业态由起步阶段的混沌性、朴素性向专业性、体系化方向进化发展的典型性内容。同时，这也是市场发展体系科学化构成的一部分，是指导市场发展与研究的重要内容。艺术市场的参与者们对类似内容进行深入而明晰的掌握，是产业体系向深入化、科学化方向发展的必然要求，也是指导市场实践良性进化、繁荣发展的重要内容。

市场中的经营者只有不断地认识到不同地域业态间的区别，才能通过比较，更好地深入了解自身的优劣势,这是从运营理念、经营模式等内在角度去谋求发展进步与创新的基础,而非仅仅从"获取更大的经营场地、更时尚的装潢"等外在因素去谋求发展。这种要求在遭遇市场瓶颈之际,表现得尤为突出。市场管理者们只有充分认识到存在于不同地域产业发展方面的这种区别,才能更加准确地找到地域优势,找到发展定位,从而制定出可行性强的发展战略。对市场研究者而言,更是如此。市场业态间的区别是不可忽视的研究内容。

第五,通过对青州地域艺术产业的研究可以发现,文化产业发展看似是以追逐产业的创新和最大化创造经济增长为核心的,而实质则是以满足特定时代里民众的人文回归、复苏、觉醒的强烈需求为旨归的。所以,中国文化产业的发展,在全球经济角力的背景下,在以提升国力为主旨的时代浪潮中,从表面上看,重点应该落到"产业"(经济发展需求)二字上;但从历史长远来看,从利国惠民的角度去思量,实质却应该放到"文化"(人文需求)之上。否则就会本末倒置,甚至是舍本逐末。因为正是在民众心中普遍未曾意识到的对"人文"的呼唤与需求,在真正地推动和促进着相关产业的发展,为其提供着核心动力。而物质条件越是提升和进步,时代发展越是智能与自动,民众心底的这种需求就会愈加强烈。

从现有规律与经验来判断,在市场经济发展的今天,武术、中医、古村落等这些传统文化形态都在无所适从地遭受着不同程度的破坏与冲击。由彼及"青州模式,"与市场对传统文化造成的冲击相同步,过度追逐市场价值,会首先导致"青州模式"重心的转移,进而可能会毁掉已经成形的(艺术产业)文化生态系统。这种遭受破坏的状态在其他艺术区,知名的如北京798、北京宋庄等地均在上演。所以,随着进一步进化发展,应该有意识地防止"青州模式"这类(艺术产业)文化生态系统的破坏,防止不良态势的发生。特别是政府的加入,可能会形成新的矛盾。因此,在以后的发展中,应该特别重视对这种关系的正确处理。在这一方面,由青州画廊协会发起的打造"百年老店"的追求与理念,是一种有效地保持这种已有文化的做法,也是与当代市场中品牌建构与培育的要求相契合的追求……类似内容,值得提倡与鼓励。也只有这样,无论是"青州模式",还是整个中国文化产业,才能够永葆生机。

参考文献

一、著作

[1] 青州市志编纂委员会：《青州市志》，天津：南开大学出版社 1989 年版。

[2] [美] 戴安娜·克兰：《文化生产：媒体与都市艺术》，赵国新译，南京：译林出版社 2001 年版。

[3] 章利国：《艺术市场学》，杭州：中国美术学院出版社 2003 年版。

[4] 郑红伟：《通渭人家》，北京：中国文联出版社 2004 年版。

[5] 李向民、王晨主编：《文化产业：变革中的文化》，北京：经济科学出版社 2005 年版。

[6] 叶子：《中国书画艺术市场》，上海：上海人民美术出版社 2006 年版。

[7] 巫鸿：《作品与展场：巫鸿论中国当代艺术》，广州：岭南美术出版社 2005 年版。

[8] 陈少峰：《文化产业战略与商业模式》，长沙：湖南文艺出版社 2006 年版。

[9] 王立胜：《青州通史》，北京：中国文史出版社 2008 年版。

[10] 费孝通：《费孝通自选集》，北京：首都师范大学出版社 2008 年版。

[11] 西沐：《中国画市场概论》，北京：中国书店出版社 2008 年版。

[12] 马健：《艺术品市场的经济学》，北京：中国时代经济出版社 2008 年版。

[13] 庞彦强：《艺术经济通论》，北京：文化艺术出版社 2008 年版。

[14] 马健：《收藏品拍卖学》，北京：中国社会科学出版社 2008 年版。

[15] [美] 高居翰：《画家生涯：传统中国画家的生活与工作》，北京：生活·读书·新知三联书店 2009 年版。

[16] 孙忠礼：《青州文献：志乘汇编》，青州：青州市政府史志办公室 2010 年版。

[17] 吕澎：《中国当代艺术的历史进程与市场化趋势》，北京：北京大学出版社2010年版。

[18] 西沐：《中国艺术品市场批评概论》，北京：中国书店出版社2010年版。

[19] 吴明娣：《艺术市场研究》，北京：首都师范大学出版社2010年版。

[20] 崔照忠：《青州书画艺术及收藏》，青岛：青岛出版社2010年版。

[21] 西沐：《中国艺术品市场概论》，北京：中国书店出版社2010年版。

[22] 赵力：《2009—2010中国艺术品市场研究报告》，长沙：湖南美术出版社2010年版。

[23] 王兆华：《区域生态产业链管理理论与应用》，北京：科学出版社2010年版。

[24] 胡懿勋：《两岸视野——大陆当代艺术市场态势》，台北：艺术家出版社2011年版。

[25] [英] 吉姆·麦圭根：《重新思考文化政策》，何道宽译，北京：中国人民大学出版社2010年版。

[26] 李康化、单世联、胡惠林主编：《文化产业研究读本》，上海：上海人民出版社2011年版。

[27] 武洪滨：《当代中国艺术博览会研究》，武汉：华中师范大学出版社2011年版。

[28] 成乔明：《艺术市场学论纲》，南京：河海大学出版社2011年版。

[29] 黄骏：《艺术品市场管理与研究》，杭州：中国美术学院出版社2011年版。

[30] 西沐：《中国艺术品市场政策概论》，北京：中国书店出版社2011年版。

[31] 王秀丽：《生态产业链运作机制研究》，北京：经济科学出版社2011年版。

[32] [日] 村上隆：《艺术创业论》，江明玉译，北京：中信出版社2011年版。

[33] 李万康：《艺术市场学》，北京：生活·读书·新知三联书店2012年版。

[34] [法] 古斯塔夫·勒庞：《乌合之众——大众心理研究》，冯克利译，北京：中央编译出版社2005年版。

[35] 冯殿佐：《执着：来自山东青州的发展报告》，北京：中国言实出版

社 2012 年版。

[36] 李万康：《中国古代绘画价格论稿》，北京：人民出版社 2012 年版。

[37] 罗杨：《民间艺术的当代传承》，北京：中国文联出版社 2012 年版。

[38] 刘晓丹：《艺术品价格原理：破解艺术品市场的价格之谜》，北京：中国金融出版社 2013 年版。

[39] [法] 奥利维耶·阿苏利：《审美资本主义：品味的工业化》，姜丹丹、何乏笔主编，黄谈译，上海：华东师范大学出版社 2013 年版。

[40] [英] 诺亚·霍洛维茨：《交易的艺术：全球金融市场中的当代艺术品交易》，大连：东北财经大学出版社 2013 年版。

[41] 西沐：《中国艺术品市场前沿问题研究》，北京：中国书店出版社 2014 年版。

[42] 孟庆刚：《古城旧影：青州历史图片》，济南：山东画报出版社 2014 年版。

[43] 西沐：《中国艺术品市场征信研究》，北京：中国书店出版社 2014 年版。

[44] 文化部文化市场司：《2014 中国艺术品市场年度报告》，北京：人民美术出版社 2015 年版。

[45] 胡惠林：《胡惠林论文化产业》，昆明：云南大学出版社 2015 年版。

[46] 刘明亮：《北京 798 艺术区：市场化语境下的田野考查与追踪》，北京：中国文联出版社 2015 年版。

[47] 黄隽：《艺术品金融：从微观到宏观》，北京：中国金融出版社 2015 年版。

[48] 阎志鹏、赵妍、朱思维主编：《疯子、骗子和傻子：第三只眼看投资》，北京：商务印书馆 2015 年版。

[49] [日] 三谷宏治：《商业模式全史》，马云雷、杜君林译，南京：凤凰文艺出版社 2016 年版。

[50] 刘双舟、刘琛主编：《艺术品金融与投资》，北京：经济管理出版社 2016 年版。

[51] 袁武：《"走穴"青州：记与左景岳先生的书画交往》，见《翰墨青州：袁武书画收藏集》，济南：齐鲁电子音像出版社 2013 年版。

二、学术期刊、报纸及网络文章

[1] 马鸿增、马晓刚：《中国艺术市场二十年的反思》，载《美术观察》，

2000年第1期。

[2] 何美婧：《京沪画廊初探》，载《中国书画》，2003年第7期。

[3] 许亚荃：《经济分层和小众化传播》，载《企业经济》，2004年第8期。

[4] 乔健：《试说费孝通的历史功能论》，载《中央民族大学学报（哲学社会科学版）》，2007年第1期。

[5] 西沐：《中国画廊业发展态势及其评价报告》，载《艺术市场》，2009年第4期。

[6] 王海燕：《传统文化在文化产业发展中的作用研究：以山东省青州市为例》，载《中外企业家》，2009年第16期。

[7] 张怀德、安庆吉：《"通渭现象"成因探究：兼谈书画之乡的创建》，载《甘肃高师学报》，2010年第3期。

[8] 赵玲：《论"青州模式"佛教造像的阿玛拉瓦蒂渊源》，载《南京艺术学院学报（美术与设计版）》，2014年第2期。

[9] 龙丽婷：《中国画廊业的现状分析》，载《美术大观》，2014年第6期。

[10] 夏艳萍、郭殿声：《甘肃通渭书画艺术产业化发展探析》，载《美术大观》，2014年第11期。

[11] 徐锦熹：《香港画廊业发展的经验及启示》，载《美术观察》，2016年第1期。

[12] 谷涛、陈万里：《艺术现象学与艺术文化产业研究：以青州绘画市场为例》，载《科学大众（科学教育）》，2016年第4期。

[13] 曲家辉：《艺术金融传承与创新的有效融合：潍坊银行艺术金融创新实践的战略性启示》，载《当代金融家》，2016年第4期。

[14] 曲家辉、西沐：《艺术品鉴证备案及其相关问题研究》，载《艺术品鉴·中国艺术金融》，2016年第18期。

[15] 袁粒：《雅昌艺术品鉴证备案案例研究》，载《艺术品鉴·中国艺术金融》，2016年第8期。

[16] 胡月明：《悬空的中国艺术市场》，载《艺术品鉴·中国艺术金融》，2016年第12期。

[17] 刘晓丹：《艺术财富价格管理概述》，载《艺术品鉴证·中国艺术金融》，2017年第8期。

[18] 武文龙：《漫谈美国的画廊业》，载《艺术市场》，2013年第16期。

[19] 张楠：《发展艺术产业呼声渐高》，载《工人日报》，2000年08月16日第4版。

［20］陈宗立、周文馨：《甘肃通渭　书画之乡兴起书画产业》，载《光明日报》，2004 年 11 月 07 日第 4 版。

［21］宋健：《青州：文化"软实力"提升发展"竞争力"》，载《潍坊日报》，2011 年 10 月 23 日第 1 版。

［22］蒲波：《中国画廊业转型须趁早》，载《中国艺术报》，2013 年 03 月 25 日第 5 版。

［23］孟祥宁、邵杰：《潍坊：画廊协会助力打造"中国画都"》，载《中国艺术报》，2014 年 01 月 24 日第 5 版。

［24］陈晓红：《艺术品行情调整一级市场金融风险急剧放大：山东青州艺术市场大调查》，载《上海证券报》，2014 年 12 月 27 日第 8 版。

［25］隋永刚、傅玛丽：《书画"崩盘论"背后游资身影浮现》，载《北京商报》，2015 年 01 月 21 日第 1 版。

［26］贾廷峰：《从"赌主席"到"赌博士"的"市场转型"》，载《美术报》，2015 年 08 月 22 日第 3 版。

［27］甘肃省人民政府参事室：《关于通渭书画文化发展的调研报告》，载《甘肃日报》，2016 年 03 月 11 日第 12 版。

三、其他

［1］陈定家：《论市场语境下的艺术生产》，中国社会科学院博士论文，2000 年。

［2］张冬梅：《产业化旋流中的艺术生产：当代中国艺术产业化问题的理论诠释和实践探索》，复旦大学博士论文，2004 年。

［3］胡志平：《清末民国海上书画家润例与生存状态研究》，浙江大学博士论文，2007 年。

［4］陈怡勋：《从文徵明风格为主之代笔画家与作伪画家看十六世纪苏州艺术市场之概况》，中央美术学院博士论文，2007 年。

［5］陈明：《乱象与主流：台湾当代美术的文化生态研究》，中国艺术研究院博士论文，2008 年。

［6］郭峰：《当代中国艺术市场及其互联网经营模式研究》，南京艺术学院博士论文，2008 年。

［7］常君睿：《教育主导的乡土艺术文化变迁：通渭书画热的社会成因研究》，西南大学博士论文，2008 年。

［8］温燕：《武汉文化创意产业发展模式研究》，武汉理工大学硕士论文，

2008年。

[9] 李琳琳：《宋代书画市场研究》，首都师范大学博士论文，2009年。

[10] 陆宵虹：《中国当代绘画艺术作品特征价格研究》，南京航空航天大学博士论文，2009年。

[11] 郭淑敏：《展示与销售：民国前期美术展览的文化性与市场性研究（1912—1937）》，中央美术学院博士论文，2009年。

[12] 王艺：《绘画艺术品市场定价机制研究》，中国艺术研究院博士论文，2010年。

[13] 刘昂：《山东省民间艺术产业开发研究》，山东大学博士论文，2010年。

[14] 秦政：《价值·生活·想象：索恩河艺术市场的个案研究》，中央民族大学博士论文，2011年。

[15] 吴克军：《中国古代书画潜市场研究》，西安美术学院博士论文，2012年。

[16] 黄海：《西方现当代艺术家个人品牌经营策略研究》，上海大学博士论文，2013年。

[17] 李乐：《中美画廊业比较研究》，鲁迅美术学院硕士论文，2013年。

[18] 周璐：《非物质文化遗产保护中的政府行为研究：以山东青州为例》，曲阜师范大学硕士论文，2014年。

[19] 张朔：《中国当下民间艺术品的产业发展机制与路径研究》，上海大学博士论文，2015年。

[20] 曹则伟：《书画市场对中国画艺术创作的影响：以山东青州书画市场为例》，杭州师范大学硕士论文，2015年。

[21] 荣树云：《社会转型中杨家埠木版年画的艺术人类学研究》，中国艺术研究院博士论文，2017年。

[22] 唐树良：《青州书画市场的形成与发展》，https://blog.artron.net/space-306596-do-blog-id-1169268.html（访问时间：2016年4月25日）。

[23] 左景岳：《浅谈青州书画艺术市场》，http://news.artxun.com/1507209.shtml（访问时间：2016年4月25日）。

[24] 西沐：《要历史、客观地看待青州书画市场》，http://news.artron.net/20150528/n745054.html（访问时间：2016年07月16日）。

四、外文文献

[1] David Throsby, *Economics and Culture*, Cambrige: Cambrige University Press, 2001.

[2] Strauss A, *Qualiyative Analysis for Social Scientists*, Cambridge: Cambridge University Press, 1987.

[3] Cunningham S, "From Cultural to Creative Industries: Theory Industry and Policy Implications", *Media International Australia*, Vol. 102, No. 1, 2002.

[4] Galloway S, Dunlop S, "A Critique of Definitions of the Cultural and Creative Industries in Public Policy", *International Journal of Cultural Policy*, Vol. 13, No. 1, 2007.

[5] Deng Zhong, Treiman D. J, "The Impact of Cultural Revolution on Trends in Educational Attainment in the People's Republic of China", *American Journal of Sociology*, Vol. 103, No. 2, 1997.

[6] Porter M. E, "Clusters and the New Economics of Competition", *Harvard Business Review*, Vol. 76, No. 6, 1998.

[7] Alan Beggs, Kathryn Graddy, "Failure to Meet the Reserve Price: The Impact on Returns to Art", *Journal of Cultural Economics*, Vol. 32, No. 4, 2008.

附　录

附录一：两类画廊统计列表

\"2010—2011 中国画廊排行榜\" 画廊列表			
编号	画廊名称	成立时间	地点
1	香格纳画廊	1996	上海/北京
2	798佩斯北京画廊	2008	北京
3	长征空间	2002	北京
4	大未来·林舍画廊	1992	台北/北京
5	高古轩（香港）	2011	香港
6	当代唐人艺术中心	1997	北京/香港
7	麦勒画廊	1992	北京
8	偏锋新艺术空间	2006	北京
9	诚品画廊	1989	台北
10	星空间	2005	北京
11	站台中国当代艺术机构	2005	北京/香港
12	大未来·耿画廊	2009	台北/北京
13	百雅轩798艺术中心	2003	北京/上海/香港
14	常青画廊	2004	北京
15	程昕东国际当代艺术空间	2000	北京
16	博而励画廊	2005	北京
17	北京公社	2004	北京
18	品画廊	2011	北京

续表

编号	画廊名称	成立时间	地点
19	维他命艺术空间	2007	广州
20	空白空间	2004	北京
21	前波画廊	2007	北京
22	艺·凯旋艺术空间	2007	北京
23	索卡艺术中心	1992	台北/北京
24	亚洲艺术中心	2007	台北/北京
25	阿拉里奥画廊	2005	北京
26	云峰画苑	1986	香港/北京/上海/广东
27	James Cohan 画廊	2008	上海
28	少励画廊	1992	香港
29	新时代画廊	1988	台中/北京
30	沪申画廊	2006	上海
31	千高原画廊	2007	成都
32	华氏画廊	1997	上海
33	红门画廊	1991	北京
34	K 空间	2007	成都
35	杨画廊	2010	北京
36	八大画廊	2005	台北/北京/山东
37	百年印象摄影画廊	2003	北京
38	Aye 画廊	2005	北京
39	汉雅轩	1983	香港
40	东站画廊	2009	北京/香港
41	Hadrien de Montferrand 画廊	2009	北京
42	魔金石空间	2008	北京
43	山艺术·北京林正艺术空间	2005	台北/北京
44	林大艺术中心	2006	北京
45	大河画廊	2008	北京
46	J. Chen 画廊	2006	台北
47	艺美画廊	2008	北京
48	华府艺术空间	2011	上海

续表

编号	画廊名称	成立时间	地点
49	世纪翰墨画廊	1997	北京

青州宝鼎书画艺术城画廊列表			
编号	画廊名称	位置	备注
1	弘川现代美术馆	一楼北侧	
2	锦泉斋美术馆	一楼东南侧	经营人王志坚,是青州首家深入应用互联网营销思维的微电商运营机构
3	燕青画店	一楼西南侧	
4	老强艺术馆	201号	
5	陶缘阁	203号	
6	宝鼎画廊	204号	正在招租中
7	聚合斋艺术馆	205号	
8	一二堂	206号	
9	盛唐轩艺术馆	208号	
10	鲁辰美术馆(润德斋)	210号	经营人李学岭
11	营珍阁	211号	
12	大伟美术馆	212号	
13	千语轩画廊	214号	
14	艺昭轩	215号	
15	紫云斋	216号	
16	青泰书院	218号	
17	巚晖画廊	219号	
18	云隆轩画廊	301号	
19	文中书院	302号	
20	艺云斋	303号	
21	怡悦斋	304号	
22	瑞祥斋	305号	
23	谢李校文人紫砂壶	306号	
24	鹏艺轩	307号	

续表

编号	画廊名称	位置	备注
25	瑾艺美术馆	308号	
26	大墉堂	309号	
27	悟真斋	310号	
28	博爱艺术画廊	311号	
29	聚妙斋	313号	
30	四艺社	316号	经营人陈维平
31	倚翠苑	317号	
32	国墨美术馆	319号	
33	谦和源画廊	401号	
34	赏雅斋	402号	
35	古今画廊	403号	
36	瀚文斋艺术馆	404号	
37	青湘轩	407号	
38	露·苏晓	408号	从画廊陈设判断,该画廊主营油画艺术品
39	金宝画苑	409号	
40	二王美术馆	410号	
41	宝鼎美术馆	411号	
42	箕山堂	412号	
43	悟所愿	413号	经营人佟璐。该经营场所为自有,主要以茶文化的传播与相关文化衍生品的营销为主
44	蘭韵阁	414号	
45	翰琦轩	415号	
46	海岱画社	416号	
47	八九堂	417号	
48	灵兰阁	418号	经营人于洋,男,1986年出生,西安美术学院毕业,本科学历,艺术设计专业。该经营场所为自有,主要做收藏、展示、工作室之用,不做书画营销

续表

编号	画廊名称	位置	备注
49	高山艺术馆		

附录二：重点访谈

第一部分：附录说明

本部分内容为笔者在针对"青州模式"研究所做的重点访谈基础上，依据访谈录音及实际情况整理而成的文字稿。呈现的目的主要有二：第一，可以作为本书进行研究使用的第一手材料，如作为论述的依据。第二，作为历史材料予以收集整理，供相关研究者参考。

本部分内容的访谈对象主要是在青州艺术产业经营领域具有影响力和代表性的参与者，包括画廊经营者、画廊协会成员、相关产业负责人等。

访谈排序以访谈时间先后为依据。

第二部分：访谈稿

"青州模式"研究访谈文字稿（一）

访谈时间：2014年12月8日

2016年4月9日

2016年8月20日

访谈地点：青州宝鼎书画艺术城锦泉斋画廊

采访人：曲家辉

受访人：王志坚（青州市政协委员、锦泉斋画廊经营人）

笔者按——

王志坚女士是笔者最早接触到的画廊经营者，她虽然并非青州最早一批从事书画经营群体中的一员，却凭借着自己的积极探索与特色经营，成为当前青州画廊业领域最具影响力的经营者之一。她的特色优势主要体现在以下几个方面：第一，敢于打破传统经营的思维模式，善于学习新方法，不断实践创新化经营理念和思路，是青州最早将电商、微商等营销渠道和思路引入艺术品经营中的创新者。第二，善于借助有效渠道来包装、宣传、推广自身及业务，并通过这些方法，在全国市场范围内取得了显著的效果，成为明星式的经营者。

笔者先后通过座谈、交流、采访等形式，对王志坚做过三次正式或非正式的访谈。第一次是笔者在参与潍坊银行艺术金融研究时，以外聘研究员的身份调研了作为潍坊银行合作客户的王志坚。第二、第三次，则是专门为本书做的访谈。

通过访谈，笔者发现，尽管这三次访谈之间的间隔时间并不长，但王志坚在经营理念上却发生了深刻的变化，这是一个值得重点关注与思考的现象。

采访王志坚现场（摄影　辛欣）
左一为王志坚，右一为笔者。

曲：曲家辉

王：王志坚

一、访谈时间：2014年12月8日上午

本次访谈并非有意为之。彼时，笔者正在以外聘研究员的身份参与由潍坊银行主导的"中国艺术金融数据库建设及应用研究"项目，本书选题还未最终确立。当时，应研究所需，笔者对青州的画廊经营者进行调研，王志坚女士作为重要的调研对象，为笔者提供了大量的信息，涉及青州画廊业经营状态、经营理念、参与群体等多个方面。但由于当时没有录音，故无法对访谈内容进行详细整理。在访谈结束后，笔者第一时间对王志坚提供的重点信息做了如下概括，作为本次访谈的大致内容：

1. 内容为王，画廊商人应该以作品说话，要做接地气的事。

2. 为了能够充分占有艺术家的作品，形成市场竞争优势，画廊经营者会在签约画家时，一次性达到 2000 平尺/年，这样大体量的供画，能够有效保证艺术家无暇他顾。

3. 青州模式的特征：其一，营销全国；其二，注重诚信。

4. 强调运营模式的可复制性。

5. 青州画廊市场已经过三四代人的努力，并非突然兴起。

6. 青州绝大部分经营者都不设立账目，账目都存在于自己心里。王志坚认为：不超过 5 家画廊实行财务公开。

7. 画廊经营者的状态各不相同，理念均不一样，如王志坚是一种风格，郭鑫（另外一位画廊主，以收藏、专营朱新建为主）又是另外一种风格。

8. 画廊应该有一种规模化，容易招徕客户，得到客户的信任。

9. 画廊主对作品的市场价值具有趋同性，即对画家作品的精品程度的认知具有市场基本认同性，能够凭经验，分清真伪、优劣等档次，以确定作品的价格。

10. 自己时刻关注市场动向，寻找新的发展模式和运营方法，如宣传方式等。

11. 有的官员没有钱，但因为喜欢字画，而向画商借钱买画。

12. 一个市场运营者有能够看真 4~5 位艺术家作品的眼力，就可以"吃"一辈子。

二、访谈时间：2016 年 4 月 9 日下午

曲：在您所运营的"锦泉斋"美术馆微信公众号的宣传页面上，可以看到"全国首家实行 O2O 微电商团队运营模式"的信息，我们该如何理解"微电商"的概念？

王：微电商，可以视为建立在传统电商基础上的、更进一步的电子商务模式（或状态）。微电商概念中的"微"，所指向的主要是微信、微博、QQ 以及第三方微商城等社交及运营工具。微电商中的交易，主要依托这些社交工具及运营平台来完成。

微电商的运营理念突出体现为：在"互联网+"时代背景下，充分利用市场中所普遍使用的移动互联工具（主要指在智能手机系统中广泛使用的 App 软件，包括商品展示及交易软件等），通过深入挖掘其功能，实现商品交易更加便捷化，进而能够汇聚起更多的人脉资源，达到吸引更多分销商之目的。

通过一系列的功能拓展，不仅可以让所有的互联网用户能够成为自己的潜在客户，而且能够成为自己的潜在业务员，最终实现更大的交易量。

曲：微电商与传统意义上的电商相比，表现出哪些优势？

王：微电商具有传统电商所具有的基本功能，在此基础上实现了新的技术突破与功能实现。这样就能够做到整合更多的资源，创造出更多的商机与营销量。

微电商平台的功能越来越多元、细化。例如，传统的电商平台，就是单线条的对接卖方与卖方，主要功能是技术支持与中介管理。而微电商平台的运营功能则在其基础上得到拓展，增加了以利润分配为主的新功能，让此前单一身份的买家具有同时成为分销商的可能，进而能够让卖家的销售渠道得到更大拓展。也就是说，依靠增多的功能，实现了更大的资源整合与创新。

当然，艺术品的微电商销售与其他商品相比较，存在一定的特殊性，而锦泉斋是首家运用这种模式销售艺术品的运营者。相信这种新模式的普及，会在很大程度上改变艺术市场的发展。

曲：在锦泉斋的宣传资料中，强调"开启画廊盈利新模式"，您能否结合自身的运营谈谈新模式之"新"主要体现在什么地方？

王：我认为新模式的"新"主要体现在两个方面：一是前面所提到的微电商较之于传统电商的创新；二是在创新型的经营平台基础上，艺术品交易本身相对于过去的创新。可以这样来理解，从传统意义上看，以上所说的电商模式、微电商模式所主要针对的是大众商品。而在此之中，艺术品无疑是一种特殊商品。一直以来，艺术品一级市场的经营主要以传统门店经营为主，尽管随着电商时代的到来，也存在一些突破性的尝试，但可以说，将一级市场的经营与电商对接，以获得能够与传统运营相比肩的经营效果，无异于天方夜谭。传统的书画经营思路很难完全适用于新的模式，想要与新的营销方法相结合，就必须做出一整套的、系统的创新。

从锦泉斋的经营来看，我们开展了一系列的创新，具体体现在以下几方面：一、从经营理念来分析。经营理念由过去的重视"作品为王"，强调"提升作品增值空间"，转变为现在重视"销售为王"，强调"提升作品流通量"。在创新理念的支配下，我们在艺术品的营销上产生了众多的改变，很多甚至是对旧有方式及规律的颠覆式改变。举例来分析，从传统意义来看，艺术品销售的一大特点在于作品价格的不公开、不透明，但在我们现在的营销平台上，我们的作品全部是公开标价的，虽然我们也设置了议价的功能，但这种公开标价的做法在艺术品一级市场的营销中已经是一种很大的革新了。二、从产品定位来分析。首先，由过去的单一产品，转变为现在的多种产品营销。过去，书画艺术品是唯一的营销产品。现在，围绕书画艺术品这一营销核心，拓展出策展、招商加盟、搭建网络营销平台（移动互联商城）等多款盈利产品。其次，过去经营的书画作品以高价位作品为主，现在为各种价位作品都有。三、从目标人群来分析。主体消费人群由过去的"60后""70后"，转变为以"80后"群体为主。其原因在于，"80后"群体作为"消费新贵"，具有与网络时代相适配的消费理念，有利于新模式的开展。与之相应，我们经营的产品也以当代书画艺术品为主，其中"80后""90后"画家成为主力创作者。

曲：您开展新模式的运营已经有一段时间了，不知具体是从什么时候开始的，到目前为止，具体的运营情况如何？

王：新模式的学习与摸索从2015年就已经开始了，在这个过程中，我们投入了大量的财力与心血。2015年底，开始尝试试运营。2016年2月13日开始进行正式的运营及推广。从目前的运营效果来看，可以说运营顺畅，收益可观。截止到2016年4月9日，在大约2个月的时间里，我们的营业额达到了200万元。当然，通过分析数据可以发现，这些盈利存在明显的不均衡性，随着运营时间的增加以及运营经验的积累，营业额逐渐攀升。其中的100万元，就是2016年4月4日至4月9日不到一周的时间创造的。当然，需要特别强调的是，以上仅是从营业额方面反映出的良好运营状态。与之相应的人气增长也应该归为运营业绩之内，尽管无法进行具体量化，但从中产生的无形效益是不容小觑的，也是传媒时代下应该格外注重培养的重要内容。

曲：在您看来，是什么原因造成了运营业绩不均衡的现象？为什么近期的营销效果如此好？

王：经过我的思考，我认为促成营销效果日趋优质的原因主要有三点。其一，用于营销的产品，通过互联网平台展示及呈现的效果越来越好了。微电商的运营平台主要是网络平台、移动互联平台。就艺术品而言，这与传统的营销手段大不相同。运营者需要刻意地营造出尽可能直观、美观的展示页面，这与"淘宝"店面上需要聘请专业模特，或使用优质的摄影（及摄像）技术来展示产品是一个道理。在运营初期，由于我们的团队成员观念转变的程度不强，产品宣传意识欠佳，再加之技术层面存在缺失，一系列的主观原因，直接影响了运营效果。随着业务的深化，相应的内容均得到提升与改善，客观的呈现效果得到进一步优化，能够吸引到更多的客户，必然会使得业务量得以提升。

其二，认识及参与这种新的经营模式的人越来越多了。前面我已经提过，新模式的盈利，依托的不仅是更为便捷的平台，更重要的是要吸纳更多的消费者成为我们的分销商。所以，"人群"的吸纳是决定运营效果的核心与关键。随着宣传力度的日渐加大，越来越多的人关注及参与到我们的运营中来，运营效果很自然地便得到了提升，这是事物由量变到质变的必然反应。

其三，团队成员的积极性得到了充分调动。新模式的运营不仅与传统运营在运营方式上存在较大的区别，对团队成员的工作状态也提出了严格的要求，无论是工作时间还是投入精力，都需要他们花费数倍于从前的付出。运营开始的初期，"锦泉斋"六人的团队尽管也处在正常的运转状态，但由于大部分成员普遍没有从传统的营销观念中转变过来，没有深入地理解新模式的运营理念及思路，故他们参与的积极性不高，直接影响到了运营效果。随着工作的开展，他们的认知程度有了极大的提升，观念得到深入的转变，参与的积极性明显提升，效果也就越来越好了。

曲：新模式运营的基本路径，也就是您所认为的"商业逻辑"应该如何理解？

王：可以分成三个模块来理解，分别是：供货商模块、运营商模块、消费者模块。供货商模块的核心是锦泉斋画廊，主要职能是提供货源、进行销售，为实现顺利运转，我们计划储备作品达到1万件左右；运营商模块的核心是线上商城，主要职能是提供配套的运营服务，包括技术支持、资金管理及分配等；消费者模块中的消费者兼具潜在客户及潜在分销商双重身份，主要职能是参与购买艺术品，或参与商品的加价销售，以获取直接的收益（提成）。

整体来看，这种运营路径实现了"闭环"模式。其运转的基本路径，可以按三步来理解：第一步，供货商将可用于营销的作品相关信息（包括图片、基本信息、详细介绍、作者简介等），上传至由运营商搭建的锦泉斋线上商城进行展示。第二步，消费者浏览到锦泉斋线上商城呈现的商品信息，进行下单购买，或者选择进行加价销售，成为该件商品的分销商。第三步，如果消费者购买该商品，则支付至运营商提供的中介处，由锦泉斋画廊发货，完成交易。如果消费者选择成为锦泉斋画廊的分销商，那么在交易完成后，由运营商自动完成进而分配，定价成本直接划拨至锦泉斋画廊账户，分销利润则划拨至分销商账户。为方便理解，以上仅为我针对运营路径做出的简单的、主干性介绍，在具体运营过程中，还存在很多细分环节。

曲：在尝试新模式的探索过程中，有怎样的心得与体会？

王：在我看来，主要的心得体现在以下几个方面。其一，创新是一件看着容易，实际很困难的研究内容。其中的难度主要体现在两个方面：一方面，体现在操作层面，需要执行者具有专注的态度和较之于过去数倍的辛劳付出；另一方面，也是更为艰难的内容是需要一种观念层面的转变，这是创新能否取得成效的关键。造成观念难以扭转的原因有很多，具体来分析，包括：首先，轻视的态度，很多企业家，特别是有一定成功经验的企业家往往会为固有的经验所困住，不认可创新的思路。其次，则是对时代的要求及技术的发展缺乏深入的了解与理解。很多人认为自己对移动互联的应用有了一定的认识，但对移动互联与商业营销的结合与深入挖掘缺乏想象空间，直接造成了技术层面的断层。

其二，在创新的背后，有着很多前沿性理念。按照我的理解，首先在"互联网+"的发展理念指导下，应该让所有的创新与发展都服务于互联网属性，特别是要抓住移动互联时代的特点，充分利用现代消费群体的时间、地点、信息等内容的碎片化，来开展适合的营销工作。其次，从新的交易工具的方面来理解当下国家所大力推出的"万众创业，大众创新"，创业与创新是紧密联系的，只要能很好地充分利用新技术、新平台，创业就并非像传统意义上所理解的那样，需要具备一定的创业资金，需要掌握先进的资源，并且具有九死一生的风险。最后，现在是分享经济的时代，更多的营销策略与方法应该以这种理念与认知为基础去展开及应用，应该不断地思考如何利用共享性资源实现互利共赢，一味依靠信息不对称来获得盈利的做法，其经营空间已经萎缩，最终将消亡。在这种情况下，抢占"先机"就显得十分关键了。所以，越早转变、越早实现共享思维，才是发展的优选思路。

其三，这种创新一旦开始，就很难停止。创新应该是一种常态化的状态，并不是说进行了所谓的变化就是创新，创新不可能一步到位。以锦泉斋的创新发展为例，我们将会在现有的运营基础上，不断进行拓展，这已经成为我们企业发展的重要战略组成部分。

三、访谈时间：2016年8月20日下午

曲：王总，距离上次采访又过去了几个月的时间，这期间您的微电商营销模式持续的如何？

王：还是要看自己的营销积极性。这段时间因为我忙女儿结婚的事，通过网络渠道宣传方面有所懈怠，成交量马上就下来。今天我赶紧加推，马上成交了5单。但是，成交作品的价格不高。

曲：全部都是手机成交的吗？

王：是的，都是手机成交。总之只要推，就有卖的可能。不推，根本不可能。现在青州市政府的主管领导、中晨集团相关领导，都在积极地想提高艺术小镇的人气。我有时通过微信会跟他们交流，主要的观点就是要充分重视，借助线上的平台来实现。

现在青州市政府正在积极推动农民画产业的发展。前几个月（大约是2016年4月），美协搞了一个农民画大展，进入前50名的作者可以视作加入中国美协的条件。现在这一块已经做得很大了。几乎每个乡里都有农民画基地，已经搞了好多年了。感觉这一块发展得还是很快的，当然成交量如何我不知道，但从整体地发展而言，感觉很厉害。用于创作、宣传、办公等的配套设施都很好，计划推全国和国外市场。

曲：农民画"老外"应该比较喜欢。

王：现在说不准，还是应该积极地去做营销，根据营销结果来定。

曲：我感觉青州乃至整个潍坊地区在发展文化产业的品牌塑造方面做得不是很好。

王：对，没有什么品牌，现在连电商平台都没有。我在农民画发展方面的建议就是应该积极发展电商。

曲：现在青州市委领导很重视农民画吗？

王：是的，经常调研，很重视。因为农民画就是市场倡导的，不是民间自发形成的。画廊业毕竟是民间自发形成的，政府没法说去支持谁。但农民画产业从一开始就是市政府所培育的，会对它的发展投入一定的政策支持，如从外面聘请专家、老师来授课、指导，提供专门的发展场地等。但即使是这样，也必须最终走向市场。

曲：他们有没有邀请你去参与指导？

王：他们找过我，让我参与规划及运营。但因为我精力有限，仅现在自己的画廊经营就很忙。连一个小时的时间都抽不出来去干别的。我就是从线上营销方面，给了他们一些建议。

曲：您现在还经常去参加相关的课程培训吗？

王：是的，我一直去听课学习。

曲：您现在主要经营的产品有变化吗？

王：各种价位、各种档次的作品都在做，现在也涉及衍生品的经营方面了。有些产品的销售也是在尝试，如商品化、衍生品等，尝试地做一下，看看市场需求如何，根据市场需求再去进行下一步的工作开展。

当然，还是名家书画，就是所谓的"大货"盈利最富。卖一件可能就抵得上一般产品几倍的盈利。

王：潍坊地区，乃至整个山东地区买卖书画的传统模式都要求自己掏钱买画、藏画，也就是说，首先需要自己掏大笔的钱投入进货或收藏，然后寻找合适的机会卖出，这其中的投资压力很大。但是如果从一开始就是代卖，压力就会很小。潍坊、淄博一带的人，做画廊之初，就没有把它当生意来做，主要还是为了收藏，尽管它也有收藏的意愿在里面，但主要的理念就是买过来进行收藏，等待升值。其他很多地方的经营者经营画廊都不压钱，如天津的画廊主，往往就是从天津美院的教授手中拿两张，卖了后再拿两张补过来，绝不压货。或者就是给大藏家代卖等形式，人家是真正地把书画经营当作生意来做。

我们这一代人，从根上就与别人不同。在"老师"带"徒弟"阶段，就不让我们卖画，无形之中灌输一种不靠卖画赚钱的理念。

曲：您说的"老师"带是什么意思？经营画廊也有老师吗？

王：有的，我们大部分人入行，都是在老师的影响下进入的，这个老师指的就是"前辈"。带我入行的老师是张明义，也是我的亲戚，铭艺斋的经营人。那时大概是1999年，那些做经纪人的，卖了画后直接与画家三七分成，很舒服，不需要自己掏钱，到哪还都有人管吃管喝。青州、潍坊、淄博都是这样一套模式，到了济南人家也不这样，就是真的把它当作生意来做。几年前，我在济南接触到一些画商，他们就是不压货，就是倒卖，弄几件卖出去后再弄，我当时还觉得很不能接受，觉得他们太商业化了。比如，有经营者去画廊买画，会直接问，这幅作品，我给你加多少钱，我拿走可以不？我们这边要是这么说，会觉得很有羞耻感。

我最初入行的时候，就是在亲戚的指导下，跟着一起买画。就是知道这些作品会升值。当然，产生这种观念有多方面的原因，一是老师就说它们会升值，好好收藏，以后会更赚钱，他们也没有直接告诉你不让你买卖，事实也确实是那样，收藏家才是最大的赢家。但一般人根本没有实力做大收藏家。像我们这种阶层的人，手里的那些作品，光卖不了的就够看的了。哪里还需要那么多藏品。

另外，那时候市场也不成熟，倒卖也不方便。我感觉，河南人做生意的意识就比我们要强。现在，真正做生意的人家在做平台，比如中国书法超市，就是在做平台。

曲：您有了这种想法，就是因为在做了电商平台后才变化的吗？

王：对，我现在就在积极地打造平台。现在任何人让我卖画，我都不会自己掏钱投入的。要卖的话，你就放在我的店里代卖，必须把实物放到我的店里。前几天我卖了15张书法，都是给别人代卖的。

曲：来找您代卖的都有什么人？

王：包括全国范围内的画家、画廊、藏家。电商能够为艺术家提供公平竞争的平台，它能够去除艺术家一些虚的东西。在电商时代，传统的画廊再想要继续维持过去的模式，就会受到很大冲击。名家的作品还好些，一般的作品再想要获得暴利，就很难了。

曲：目前，在青州做您这种模式的还是只有您自己吗？

王：据我所知是的。

曲：您觉得主要原因是什么？

王：我觉得主要还是想法，很多画廊经营者觉得自己不缺钱，所以有没有销售量都可以。但我认为，你作为一家经营机构，应该去积极地谋求运营的持续性，而不是说缺钱了才考虑要去销售。

曲：我觉得大部分人还是追求一种"三年不开张，开张吃三年"的状态吧。

王：是的，上面只是一种心态。还有另外一种心态，在于有人觉得自己手里的存画量太少，不足以进行电商模式。

"青州模式"研究访谈文字稿（二）

访谈时间：2016 年 7 月 30 日
　　　　　2017 年 2 月 5 日
访谈地点：青州君怡都艺术区艺隆斋画廊
采访人：曲家辉
受访人：冯杰（青州画廊协会副会长、艺隆斋画廊经营人）

笔者按——

以下访谈文字内容根据访谈录音整理完成，作为笔者博士学位论文撰写及论述的材料依据。

访谈对象冯杰是青州画廊业发展的重要亲历者，有着充分的见识与经验，是十分具有参考价值的调研对象。但由于此前"青州书画市场崩盘论"造成的媒体恐慌仍在，像冯杰这样的经营者对媒体的采访并不太热情。因为笔者与其子——现同为书画经营者的冯书海，曾共同在潍坊市陈志龙老师处学习绘画，准备高考。经陈志龙老师引荐，在说明来意后，借助这层关系，才得以采访便利。

冯杰是我在选定"青州模式"作为博士毕业论文题目，有针对性地做好采访准备后，所正式接触的第一位青州画廊业经营者。通过与他的交流，收获颇多，对青州画廊业发展有了全面而深入的认识，也从中积累了大量可用于完成毕业论文的第一手材料。同时，也正是通过对他的采访，笔者发现了"普通聊天"式的交流，相较于有计划地按照事先准备好的问题展开采访，更有助于达到调研目的，效果更佳。相信这是很多做过类似工作的共同体会。

本次访谈共分两次完成：第一次的访谈时间为 2016 年 7 月 30 日，第二次访谈时间为 2017 年 2 月 5 日。笔者在文中做了区分。以下文字材料，基本客观还原了当时的聊天内容。为阅读方便，仅仅做了一些适当的调整，如对重复内容进行了删减，对隶属同一体系的内容做了重新分配，对表达不准确的内容按照对方本意做了转化。为体现原汁原味性，很多用语干脆就保留了受访人的口语。希望能对后来者有参考价值。

采访冯杰现场（摄影　曲亚鲁）

（注：左一为冯杰，右一为笔者）

曲：曲家辉

冯：冯杰

一、访谈时间：2016年7月30日下午

曲：您是怎么接触书画市场的？

冯：我进入书画行业是因为自己本身就爱好书画，在当兵之前就喜欢写写画画，当兵了仍然保留着这份热爱。我20世纪90年代初从部队复员回到地方，仍然保持着收藏字画的习惯。从那时候开始接触书画行业，到如今已有30多年了。最开始主要是以收藏为主，并没有考虑它能卖钱的问题，只是喜欢。到改革开放以后，20世纪90年代中期的时候，书画开始有交易了，我们才意识到它们可以卖钱。

曲：最初青州的书画交易是不是局限在朋友之间、小圈子里呢？

冯：那倒也不仅仅局限在小圈子里，外地人也会来青州买画。那时候卖一张画能卖个10~20元。那时候画家来到青州卖画，价格也较现在便宜得多。像袁武一个斗方当时卖500元，那时候卖画不论平尺。大约从2000年以后，才开始论平尺卖画。此前，都是论张买，比如四尺的多少一张，斗方多少一张。商量一下，买两张可以再送一张。

最早的画家来这里都不是为了卖画，比如一些老画家来青州，我们为他们提供食宿，他们就来这边交朋友，来玩几天，画上几天画，有谁喜欢的话，就会每人免费送几张作品带走收藏。如果有人觉得白要画不好意思，就会给画家买点东西，比如衣服、日用品什么，算是一种回报，但不会涉及金钱。更多的是以画会友。那时候就是一种纯粹的笔会。像20世纪80年代的时候，许麟庐就来过青州不止一次。后来有了市场以后，许的画在白云楼（音）挂着，一个斗方卖100元钱。

曲：您最早入行的时候是有人带着，还是纯粹自发的。

冯：我那时候就是手里有闲钱了就买几张画放着。积攒多了，就摆在自己家开的店里，有人看到后提出要买，我们才意识到还可以通过卖画赚钱。当时最早的一张画是赚了15元。当时能卖掉赚点钱，感觉很高兴。

曲：是很偶然发现书画能交易换钱？

冯：也不是偶然……什么叫"藏"呢？我认为收藏就是一些你认为有艺术价值的好东西放在那里，过去一段时间后再拿出来它可以升值，这称为"藏"。

曲：那也就是说，您当时收藏一张作品，内心可能有两个想法，一是自己很喜爱它们，二是也对它们以后的升值有所期待。

冯：对，总是想让它们越来越好。作为一个收藏家，他必须具备超强的眼力、洞察力。我买一些作品也是要考虑升值问题，这是不可否认的，包括一些大的收藏家，像马未都，他们肯定考虑的也是这些问题。因为这些东西越来越少，越来越珍贵。

曲：您做这一行这么久，有没有一些比较传奇的，或是有意思的经历？

冯：这样的事例太多了，像经历坎坷或是"捡漏"等类似的经历太多了，一旦说起来就止不住了。比如这张姚有多大师的画作，这是我在1997年前后时花6000多元买的，接着8000多元卖出，赚了2000元。就在前几年，我又花5万多元将画买回来了。这种作品画得太精彩了，当时我和袁武、毕建勋一起去姚有多的家中。当时的画家也不知道怎么卖画。家里只有这一幅画，拉着一根铁丝，挂在墙上。

曲：只有一张画，是因为年纪大了，画不动了吗？

冯：不是画不动。当时的画家画画都是要进行认真创作的，现在一些画家一晚上就画几幅，也就是所谓的"名人垃圾画"，这种现象是很可怕的，对市场也造成了一些不良影响。有些画廊经营者吃亏就吃在这。像姚有多这样的画家画 10 张画，能有一两张满意就不错了。所以，他家里的画很少。

有一次陈大力来青州，我就在网上查了陈大力的作品，只要是他的东西我都搜了一遍，然后对着找他确认，只要确定是他的我全部买下来，然后请他给题跋。其中有一张作品《小画家》画的就是他的儿子，他确认后我买下来了。另有一套连环画手稿，12~14 张，我记不太清了，当时以大约 800 元的价格买了下来。我裱成了个手卷，请他给写了个题跋。

曲：我一直以为，青州为什么能做大书画市场，是因为首先有一层底层基础，这个基础包括一种对文化的传承，又聚拢了一批人。只要是这种底层基础不变，青州的书画市场就不会垮，即便市场有起伏现象，会淘汰一批投机者，但不会出现所谓的"崩盘"。

冯：是的，青州的书画经营就像一座楼盘一样，它的基础很坚固，一层两层建设得也很扎实，然后就有人看到楼建起来了，也想过来插上一脚，但他们并没有经历底层所经历的，自然就没有那么牢固。但根基是不会被轻易撼动的。

曲：我认为青州以后会朝着两个方向发展，随着市场越来越透明，在 2000 年初的那种以投机营利为目的进入市场的人肯定会被淘汰出去，而另外一批对艺术品还有期待的人则会保留下来，但他们不玩精品而注重走量，像王志坚就是这种类型，注重多渠道、走量。另一批存在的便是像您这种以收藏为主的经营者了，属于传统型。

据您了解，青州的书画交易是怎么一步步发展起来的？

冯：青州书画交易最开始起源于几家裱画店，大部分为个人收藏。1999—2000 年建立了青州最早的书画市场——钰铧书画市场。当时这个市场建好了很长时间了，其间卖过服装之类的，但都没有搞起来，空着很多房子。我就和朋友们就租了几间，后来越来越多的书画经营者搬了过来，形成了钰铧书画市场（其间冯杰同我分享了他与画家早期的一些合影）。

我们在钰铧举办第一次书画展览的时候，来了许多外地的书画爱好者。那时候，气氛很热烈，周围的人都很支持。由于地方有限，他们的车都没地方停，附近的商铺店主主动让他们停在自己门前。而且中午饭也由几个画廊共同提供。当时的玉华书画市场有大概 30 家画廊，去得比较早的有珏阑画舍、宝瀛斋，到现在分成了 9 处市场。2009 年我从钰铧书画市场出来后就来到了君怡都书画城，到现在已经 7 年了。

所谓的青州现象其实很好解释，首先青州的文化底蕴比较好，有着悠久的历史，而且从老一辈开始就爱好书画，现在已达到了一种"家家挂字画，户户玩盆景"的境界。有一种历史性的东西已经深入青州人民的骨子里，像是一种基因上的传承。比如说，我的小孙女现在一岁多，一提到去集市，小孙女会说去买古董，而不是玩具零食之类的。这就是一种青州现象，这种历史遗留下来的文化已经深入每个青州人的内心。

我卖的画价格通常比别人的略微高些，因为我卖的画都是讲究创作的，都是画家精心创作了一两年拿出来展览的。而现在的展品含金量就不是那么高了，一个画家一晚上出好几幅画，这种现象既坑了收藏家也坑了画家自己。买艺术品也是要看艺术含量高不高，同样大的东西价格却差别很大。像齐白石画的苍蝇虽然只有扑克牌那么大却拍出了十几万元的价格。书画市场发展大致分为两个阶段。一个阶段是从2003—2004年开始到2006年达到顶峰，另一个阶段则是从2008年开始，这个时期相对于2004—2005年就理智了很多。从2011年底便进入了调整期，因为市场在不断磨合，人们也在不停地积累经验。

（访谈期间，冯杰一直称呼书画为"画子"，这是当地的方言，也体现了青州人对书画的喜爱。）

我现在书画经营范围遍及全国，没有具体代理某一位画家，而是与多位画家保持合作关系。陈丹青曾提到过关于代理画家的问题，在国外的代理是比较正规的，一个画廊就卖一个画家的画；但在中国，国情并不允许。在中国的画廊，画的种类很多，山水花鸟人物等，档次也有高有低，可以满足各类消费者，而且中国人很讲究人际关系，亲戚之间也不好进行金钱上的交易，中国人在亲情关系上还是比较复杂的，所以只代理一个画家这种形式的画廊在中国很难存活。

跟我合作过的画家很多，最开始有姚有多、袁武、李建平、史国良、黄格胜、李小军、李小柱、崔东旭、李广军、李宝林等。现在主要合作的有崔东旭、李广军、李小军、李小柱等，这些人的画作卖得也比较好。我在经营过程中也发现画家与画家之间还是有区别的，有些画品好但人品欠缺的，像这种画廊都不愿和其长期合作。

曲：您怎么看待青州画廊协会？

冯：画廊协会是青州自发成立的一个组织，它在青州书画经营运作方面起到了协调的作用。

曲：针对"礼品市场"的份额您是怎么看的？

冯：我认为"礼品市场"在市场购买需求中占10%~15%，个人收藏占60%。

二、访谈时间：2017年2月5日下午

冯：我认为市场经营者选择艺术家一定要慎重。在我看来，"收藏"并不是一个随意的概念，藏，就要求作品在几年之后，能够有一定的升值空间，比如市场价值翻了几番。也有些画廊经营者往往不加甄别，乱收一气，购买"小"画家的作品，价格三五千元一平尺，尽管现在有些年轻画家画得也很不错，但我总觉得其中的泡沫很大。现在市场调整期里，一些"小"画家都改行了，那当时购买他们的作品有什么意义呢？

曲：现在官方对外宣传的相关数据是，青州有画廊近 800 家，由于研究需要，我现在正在着手进行一个基础性的工作，对青州现有的几大画廊聚集区的画廊性机构进行数量统计。只要是有招牌的店面，我都会对其拍照，然后进行列表统计，大致估算一下这个统计数字是否准确，作为一个细致数据分析。不知您对这个数据怎么看？

冯：我个人认为，青州的画廊数量能达到 700 家。我所在的君怡都画廊区有近 30 家画廊。有很多看不到招牌，但确实存在。另有很多以销售古玩为主的店面，也兼卖字画。

曲：2016 年您的交易情况如何？

冯：我觉得现在的市场正在回暖，这已成定局。只是价格较之前有所下降而已。事实上，像我这样早年在低价位购入名家作品的藏家，并不愁卖，即使是市场调整期，也是如此。就我个人而言，2016 年的经营状况不错，一年时间成交量不少。

特别是我儿子冯书海通过网络渠道完成的交易很多。前一段时间，通过拍卖公司渠道销售也十分不错。比如，委托给中国嘉德拍卖 3 件作品，成交了 2 件。年前，潍坊市的一位藏家崔玉泉，他收藏了很多贾又福的作品。打电话咨询我手中的几张王镛作品，关键是价位问题，（按照购入价格，肯定有的赚）价格太低我们不想卖。其实像我们这些在青州做得比较早，已经比较成熟的画廊即使是在市场调整期的时候，也不愁卖。如果我们这样的画廊都经营有困难的话，其他资源有限的画廊，可能就会面临倒闭。

今天上午，文化局前局长徐新义和他的夫人来我这里，谈到在发展青州画廊方面，还是需要我们这些成熟的画廊能够带好头、引好路。现在很多经营者参与经营却并不懂画（可能对绘画艺术也不感兴趣），他们进入市场，只是一味想要谋利，他们并不知道这一行水很深，我所谓的"水深"，是指他们不知道作品的优劣。我喜欢举人民币的例子来说明这个问题：如果有各种不同面值的人民币摆在面前，包括 100 元、50 元、10 元、5 元等，很多人如果没有面值概念的话，可能会觉得 5 元的更好。这就跟很多人不懂作品的艺术水准一样。

判断一件"画子"的价格应该充分考虑到作品的精彩程度，不能只一味论平尺买卖，这即是精品与普品的差异。举个我自己经历的事件来分析，在2012—2013年的时候，我的藏品在河南参加了一个拍卖，一件何家英的作品，只有0.8平尺，以70万元的价格成交。当时我是以大约25万元的价格买入。据我所知，当时这一系列作品何家英总共画了7张，我当时是托了朋友从何家英手里买了5张，听说另外两张被香港人买走了。本来这件作品我不想卖，但当时拍卖公司做我的工作，并承诺把这件作品作为拍卖图录封面作品。在预展期间，这件作品就被人"盯"上了，有几个老板觉得画得很好，想购藏，于是就私下问我，想卖多少钱？我当时觉得40万~45万元可以出手，毕竟价格已经接近翻一倍了嘛。结果到了拍卖现场时，有7~8个竞买人，从10万元起拍，很快就竞拍到了60万元。竞拍师也已经进入3次落槌成交问询环节。

当时，我在现场，十分激动。左景岳和王润生当时坐我后排。另外一位朋友就坐在我的身边，压住我自己的竞拍牌，不让我再举牌了。我回头看了一下老左他们，意思就是征求一下他们的意见，是否就此松口。他们也都示意我不要再跟了，毕竟只有0.8平尺，这个价格已经很高了。但我感觉还是心有不甘，于是我就一使劲，把朋友压着我号牌的手甩开了，在竞拍师落槌前，举了牌。当时是超过50万元，加价为2万元、3万元、5万元，那个拍卖师也挺狠，一下给加了5万元，变成了65万元，这时没有人跟了。我的心情一下从大喜成了大悲，瞬间感觉有点后悔了。就在马上要落槌的时候，又有人举了一牌子，价格成了70万元，这个时候现场就有掌声了。拍卖师问我还要吗，我就说不要了。那应该是市场最好的时候，作品也卖出了高价，现在这张画（2016—2017年前后），也就只能卖40万~50万元吧。

曲：从现在的市场状况来看，第一，现在是市场调整期，当代名家的作品价格肯定不会再一味大幅上涨了。第二，现在的市场购买力有限。第三，青州的画廊从业者众多。第四，很多年轻的艺术家不断进入市场。面对这些情况，您主要通过什么途径拿货呢？

冯：说到拿货的问题，现在只能通过二级市场（拍卖）来购买，不能停留在一级市场了。为什么这样呢？因为现在的市场价位需要几年时间慢慢进行调整，比如说，现在有些人直接去艺术家手中买画，主要目的有二：第一，为了保真。第二，手里有钱，不在乎价格。那作为经营者，我们怎么办呢？首先，我们要保真，做到对收藏者负责。今年青州画廊协会开会时，提出来要打造"百年老店"，这就要求，我们卖的"画子"，不管到什么时候，都是要保真的。

曲：这个范围指的是在青州画廊协会的会员单位，还是整个青州地区的画廊都要保真？

冯：只要是青州的都要保真。书画艺术品和古玩艺术品并不相同。古玩圈的行规是你一旦买到假的，是你自己"走眼"了，经营者是不会同意退货的，也就是说你要对自己负责。书画则不同，经营者必须永久保真。而且我们的网站上都有承诺，出现伪作要赔偿20%，而且作品的来源要清晰。

有一次，有个朋友从我手里买了一张画，我当时卖出去的时候非常便宜，利润很少。后来，他以一个比较高的价格卖出了。这个朋友以前做过营销，很会销售。后来，客户反悔了，想退，给出的理由是伪作。朋友就找到了我，我说不可能是假的。因为当时那批画我都留了画家合影，而且当时都是用胶片相机拍的，我连底片都留着。最后，我说：如果他一定认为这是假的，可以起诉我，如果是假的，我赔给他100万元；但如果不是假的，你给我100万元，我们可以经公证处公证，签合同。对方就不再提这事了。

现在，对我们这样的经营者而言，并非只是一味地考虑挣钱、谋利的问题，也向收藏者推荐一些好的作品，要有助于提升他们的鉴赏水平。实际上，我所收藏的很多精品，我一直都不想卖。等到孩子那一代，再下去20~30年时，如果他们再卖的话，价格肯定又会有很大的变化。我最早收藏田黎明的作品时，价格是5000元一个斗方，现在到了30万元一平尺，就算是再便宜也要15万~20万元一平尺。

曲：你现在挂着那件小品人物是周思聪的作品吗？

冯：那是周思聪的先生卢沉的作品，他们画这类小孩的造型很接近。这件作品是卢沉在大禹岛的时候给天津美院国画系的杨沛璋画的，落款中有"沛璋同志"。当时，我给杨沛章做过几次展览（笔会），我组织笔会跟其他人不一样。

"青州模式"研究访谈文字稿（三）

访谈时间：2016年8月20日

访谈地点：青州某咖啡店内

采访人：曲家辉

受访人：冯书海（艺隆斋画廊经营人冯杰之子）

冯书海接受笔者访谈时的照片（摄影　辛欣）

曲：曲家辉

冯：冯书海

曲：您经营的艺龙斋主要的经营对象有哪些？

冯：主营艺术家的单位包括漓江画派画家、国家画院画家、艺术研究院画家，此外还包括其他一些全国市场认可的画家。我和我的父亲各有分工，父亲主要经营漓江画派、艺术研究院画家，我主要负责关注国家画院画家，当然也都会彼此兼顾。我们一般会时时关注其中画家的动向，如是否有新的艺术家加入、有没有新展览、展览有没有推出新作品、展览展出作品的风格变化等信息。

曲：如果发现展览推出了新的作品会怎样处理？

冯：如果在展览上看到适合市场推广的作品就会通过自身渠道或其他渠道去与画家进行交流，主要是协商拿画的价格（底价）。

曲：一般咨询画家的底价是直接问画家，还是通过其他渠道打听？

冯：主要就是通过人脉从侧面打听，然后以此为参照与艺术家进行协商。因为如果直接找艺术家的话，他们肯定会认为价格越高越好。具体来分析，一方面，因为作为经营者，我们手里可能会藏有他的画，他不愿意让我们产生一种自己的作品不升值的印象；另一方面，作为相熟的艺术家，他也不愿意跟我们要价太高，影响走量，所以，对他们而言，在定价方面，有时也存在一种矛盾心理。

曲：购进画后，就将相关的信息放到网上待售吗？

冯：一方面会挂到网上，另一方面主要是我们会进行针对性地推销。比如我存的手机号码中的客户都不直接存名字，因为我也记不住那么多人，主要的命名方式都是"买某某画家",如果我们买到对应画家的作品,就会首先跟他们联系,将信息告知他们。所以,我感觉很不好意思的是,我的很多客户,交易过几次,我还不知道对方姓什么。有一个甘肃的客户,就是这样,我们都已经交易过几次了,但我还不知道人家姓什么。

曲:甘肃的客户具体是哪里?通渭吗?

冯:定西。通渭属于定西,是定西的一个县级市。

曲:您对通渭的书画市场了解多少?

冯:通渭的市场我了解不多,但我对定西市场感觉是跟青州市场比较相似,但通渭市场中流通的作品价格普遍要比青州价格低,同样的画家的作品可能要低。主要应该跟地域间消费能力的差距有关系。艺术家作品在那边的销售应该主要是走量。

曲:如果差距那么多的话,买家为什么不去那边买?

冯:主要原因是那边的市场交易的作品主要以低价位的作品为主,高价位艺术家的作品很少。那边的消费者的价格接受区间只能够在1万~5万元/平尺,超过5万元/平尺的作品就很难销售了。所以,真正的大藏家不会到那边买高端作品。

曲:你入行多久了?

冯:2009—2010年主要销售本地的红丝砚,2011年正式开始接手家里的画廊,至今也有5年的时间了。

曲:这几年时间里,积累了多少客户?

冯:长期交易的老客户就十几个。这种老客户是指具有很强购买力,能够从我的手里拿很多画,而且能够经常拿画的客户。我手机电话簿中存的很多客户还包括一些"一锤子买卖"客户,他们本身也是画贩子,只是根据市场需求,从你手中拿一件货。比如说,我有一个客户,他本人不懂画,也不喜欢研究艺术,只是因为听说自己的某位客户喜欢某位画家的作品,又知道我手里有这位画家的画子,就来找到我,像这种就基本确定是一次性交易。

曲:你对青州书画市场的认识怎样,你认为它的高潮及低谷分别是什么时候?

冯:2005—2006年是市场最热的时候,2013年市场也还可以,到2014年市场开始走下坡路,2015年市场出现了剧烈的下跌。我感觉市场的回暖至少还需要2~3年的时间。

曲:您认为青州崩盘论的文章副作用有多大?

冯:我认为市场不可能由几篇文章左右,只是说带来的负面宣传效力更坏吧。主要还是市场本身的导向在起作用。

曲：您父亲觉得 2016 年市场出现了回暖迹象，您怎么看？

冯：我不这么认为，且不说整体经济的状况，因为市场消费一贯的特点就是买涨不买跌的，这一点艺术市场的投资跟楼市、股市是一样的。

曲：您从业以来，个人的盈利额大概在什么区间？

冯：2012—2014 年，每年的盈利相对比较平均，大约在 30 万元，不像外界想象的那样，有成百上千万元的收益。

曲：您父亲入行的主要原因是自身喜好这一行，到你这代又是怎么样了？

冯：我父亲是因为喜欢，他们甚至都自己能写会画，然后又能通过画子赚钱，就坚持经营。但我个人只是看重艺术品的商业营利性，面对着一张好画，我可能也明白它的艺术性高低，但不会发自内心地去热爱它。说白了，如果让我为了追求艺术，而放弃一些既有的生活习惯，如抽烟、喝酒等，我是做不到的。

曲：青州主力型的画廊经营者是否都是将经营画廊当作第二职业？

冯：基本上都有其他职业，如自己经营企业，很少有专门从事画廊业的。

曲：在政府主管部门对画廊业的关注方面，您做何评价？

冯：此前，关注得不多，这几年支持力度明显加大。比如能经常看到政府主管领导积极地参与各项相关活动，为支持相关产业的发展"站台"等。

曲：您现在销售作品的一般方式是什么样子？

冯：一般就是有顾客通过网站或是电话咨询了解到我手里有具体的作品，我就会通过微信发图片给他进行初步鉴赏，在确定了交易意向后，他亲自过来交款拿画，或者我自己亲自去客户那，完成交易。以后者居多。

曲：作为画廊经营者，您不怕客户不通过你们，直接自行到画家手里买画吗？

冯：这个从来不怕，很少有人会这样去自己找画家，因为画家肯定会刻意抬高自己的作品价格。举例来看，一个画家在画展上的售价可能是 2 万元/平尺，那么我们从他们手里拿画肯定会低于这个价。而你去买画家的作品，画家肯定能够知道你的身份，如果是有钱的藏家自己去买，他肯定会远高于 2 万元/平尺。除非真的不懂市场运营规则，又人傻钱多的人，否则不会越过画廊或者中介商，毕竟我们有自己的圈子，了解市场行情，能够以低于市场行情的价格拿到画家的作品，而又不会漫天要价。

而且画家只要推出新的作品，我们肯定会是最先知道的，而且能以最低的价格全部购进，这是画廊机构组织展览的主要目的。一般而言，举办一场展览，至少需要 30 张画。

曲：您平时都主要通过哪些方式或渠道了解市场行情？

冯：主要通过画展、客户需求。一般通过画展就能够了解到卖出了多少画，进而能够了解市场行情。一般在画展现场都会做售出与否的标记，即使存在为了提升市场热度而故意标记的情况，也可以通过一系列指标进行大致的判断。如有多少人参观展览，其中有多少人是来捧场的（熟面孔），有多少是生面孔，生面孔中有多少人是来进行新闻采访的，多少人是真正的客户，自己基本就能有大概的判断，不会差距太多。

曲：您说的这种展览是指青州本地展还是全国展？

冯：全国展览相对较少，但有需要的话，我也会积极跟进观察，比如我重点关注的艺术家在中国美术馆举办展览，或者是国家画院展览部举办的展览等，主要还是围绕着我主营艺术家的展览进行深入跟踪了解。

我们在"运营"一个画家时，也会充分考虑该画家的受众范围，究竟是全国性的，还是地域性的。

曲：青州在包装画家方面都有哪些方式？

冯：就我的体会而言，现在所谓的"包装"并不多见。因为，想要一位画家得到全国性的认可，并不是只有钱就能办到的。虽然你可以人为地制造一种"市场需求表象"，如某位经营者与画家联合，故意投钱抢购一位画家的作品，然后销售，多次购买后，或许能够制造出一定的影响力。但这样就会需要大量的资金投入，而且即便如此，普通的一个中国美协会员，或是地方美协会员，依然很难得到学术与市场的认可。而反过来说，具有一定学术价值和头衔的艺术家，不需要刻意地去炒作。

另有一些德高望重的老画家，如李宝林、姜宝林等，他们都不屑于参与这种炒作、包装行为。

曲：您现在卖画的主要方式是有人在网上订货后，您亲自到北京去接洽。

冯："来回跑"是常态。但也并不是每一单业务都要跑，有些也通过邮寄方式，完成交易。一般交易额不大的业务，就通过邮寄。对大额度的交易，就会亲自带画过去交易。

有一次卖画经历，印象深刻。当时大概是 2013 年，交易的是一位当代名家的作品，价格很高，大概 9 平尺的作品，几十万元的价格。因为作品价格太高，又不是我自己的作品，为保证安全，只能选择在北京的一家星巴克交易，他定其他交易地点，我也不会去。

这个买家最先找到了一个北京的画廊，提出专要某位画家的作品。那家北京的画廊主与我的关系很好，因为他的手里没有相关的作品，他就把这个信息告诉了我，然后把我的联系方式告诉了客户，把客户的联系方式告诉了我，相当于给我介绍了一笔生意，但不收中介费（但后来，交易完成后，我仍然给了他一定额的酬谢，作为"提成"。）因为这个客户是陌生人，在联系的过程中，就约定在一家星巴克交易，尽管他在电话中强调"小伙子，我不会坑你的"。但他越是这么说，我越发感到不放心，害怕。我们在北京的星巴克碰面后，一起到附近商场的柜台上，对方把画展开，仔细查看后，将画卷起就要离开。这时，我就急了，急忙上前拦住说，"您得给钱才行"。这位买家，指了指陪他一起来的人说，这位也是行内人，让他跟你一起去取钱。同他一起来的人说，"我跟你去转账，老板有事，让他先走，你看看老板开的车，就停在外面，不能差你的钱。"我看看那车就是辆宝马X5，我印象中也就几十万元吧。我随口就说，我这画跟他这车也差不多价格了。对方回答，"这是宝马X5M，价值两百多万元……你让老板先走，你这么大个子，我也跑不了。"后来，人家确实马上去银行把钱转给了我……虽然显得我过于小心，但这也没办法，确实感觉很惊险。

曲：除了这件事外，还有没有其他印象深刻的经历？

冯：还有一次，是被人给"卖"了，还是在熟人之间发生的事，让我很生气。是2012—2013年的事情，这个人是北京画廊的经营者，他找我订当代书法家曾翔的作品，要15张，说得很肯定，还强调有必要的话，马上把购买款打给我。这时，我犯了一个严重的错误，因为我觉得我们的关系已经很熟了，之前有过几次交易经历，感觉他也很豪爽，就说让他收到货后再付钱。因为我手里没有现货，但我可以通过我的渠道拿到。于是我就在别人那里预定了。相当于我从中赚一点差价。就在我拿到作品，在去北京给他送画的动车上，他给我打电话说他不要了。这时候，我已经走到济南站了。我当然不同意，对方一方面表示很抱歉，另一方面又拒绝得很彻底。

然后我马上给我的供货人打电话，问这批画能不能退了。对方没同意。这样，我就在济南下了火车，马上联系客户。很幸运，当时找到了两个买家，一个要了7张，另一个要了5张。剩下的几张，我就又给了最初的北京买家，他也感觉很对不住我，但因为遇到了变故，最终把剩下的作品都买走了，总算是结局处理得还不算狼狈。

这段经历后，我就确定了一个原则：再遇到"倒腾"（即做中间人，赚差价）作品的人，自己绝对不掏现金，也不能把话说太满，要买东西，一定把钱打过来再说。除非非常熟的客户，以前有过超过30万元的交易经历，这样我才能有所通融。

曲：您觉得艺术品的价格主要是由什么决定的？

冯：主要是艺术家的地位、市场的接受度（认知度）、流通速度等，如果作品的市场流通速度过慢，任何画家（包括大名头画家）的作品都会跌价。说到底，主要的还是市场的因素在起作用。

我们在为一张销售的作品定价时，也要参考很多因素，如市场行情、购入的成本价格、同样名头或水平的画家作品价格。

曲：您认为，青州在整个潍坊画廊业市场中占的份额有多大？

冯：我感觉青州画廊业能占到整个潍坊画廊业80%的份额。

曲：如果您想认识一位画家，经营他的作品，主要的方式有哪些？

冯：找一个跟他相熟的画家介绍，或者自己直接登门拜访。

曲：如果从政府层面来对发展提出建议，您想提什么建议？

冯：招商引资，如引入专业的、大型的拍卖机构。

"青州模式"研究访谈文字稿（四）

访谈时间：2017年2月7日

访谈地点：青州（中晨）书画艺术城宝瀛斋画廊

采访人：曲家辉

受访人：唐树良（青州画廊协会副会长、宝瀛斋画廊经营人）

交流人：左振晴（青州汇雅轩画廊经营人）

采访唐树良现场（摄影　辛欣）

（注：右一为唐树良，中间为左振晴，左一为笔者）

曲：曲家辉

唐：唐树良

左：左振晴

曲：我认为青州模式是以画廊业为基础逐渐建构起来的地方性艺术产业。随着青州画廊业规模扩大以后吸引了很多资源，市政府也参与进来，包括咱们这个艺术小镇也是在这个背景之下建立起来的。我这次主要是做这一方面体系的研究，研究这一方面就需要多和您这样的前辈交流，看看这个市场究竟是怎样一步一步发展起来的。

唐：嗯，我之前写过一个文章《青州书画是怎样形成的》，就讲了这一方面的内容。

曲：我看过，在您的博客上，包括雅昌上都有推荐，并且我也下载下来了。这些对我写论文都是一些重要的支撑材料。像您，包括冯杰和左景岳都是这个市场一步一步成长起来的见证者，再一方面你们对这个市场的看法、经营的策略和方式、擅长的方面都不一样。但你们有一个共同点：你们都是出于对书画的爱好，没有任何功利心地进入这个行业的。

唐：对，是这样的。

曲：根据我目前收集的资料，我总结的青州书画艺术产业的产生是由于它自身的文化积淀，它的壮大是由于经济的发展，它进一步的发展是由于政府的参与，即主要由三个因素决定：文化、经济、政策。我之前也发表过一篇文章，主要是围绕"崩盘论"来写的，市场本来就是有兴就有衰，"崩盘论"这个说法有点太过夸张了，我个人并不是很认同这个说法。

唐总，您算是最早一批从事这个行业的人吗？

唐：对。

曲：那您是哪一年开始的？

唐：我从事画廊应该是从1998年开始的，和冯杰差不多，可能稍晚一些。当时并不是直接从事画廊经营的，像冯杰一开始是做广告的。我呢，是搞邮票的，那时候以经营邮票为主，顺便卖画。真正开始专门卖画是在2000年前后。

曲：那时候是在钰铧文化市场吗？

唐：是的。

曲：当时是在钰铧有一个门店是吧？

唐：对。

曲：其实根据我的了解，青州真正开始发展艺术产业是从你们这一批人开始的。之前的人们只是喜欢古玩字画，但没有市场这一说对吧？

唐：对，就是从"钰铧"开始的。以前也有市场，但很零散。2000年之前，只是一些裱画店，没有纯粹经营书画的这种店（都是在做其他业务的同时，兼卖字画）。

曲：那您那时候书画的主要来源有哪些呢？

唐：从1995年到2000年这五年是一个很好的铺垫……应该说是从1990年到2000年这十年间，青州来了非常多的画家，那个时候，像刘大为、冯远、袁武、毕建勋等都是那段时间来的青州，来走穴。（按：青州人喜欢收藏字画、吸引艺术家来笔会的风气，吸引了众多的当代艺术家前来）

那个时候，我们也不是很懂画，但因为有人开始经常性地请画家来笔会（按：袁武在《"走穴"青州》一文中描述了青州人请画家笔会的情形）。只要请画家来，我们就会买几幅画。时间久了，积攒下一大批作品。那时候，是把画家安排在宾馆里搞笔会，几乎知名的好画家都来过。

曲：他们当时为什么要到青州来呢？

唐：那个时候，当代书画其他地方没有人搞（按：应该是没有形成规模、影响的收藏风气），只有青州在搞，20世纪80年代的时候，大约1985年，古代书画和近现代书画在青州并不多，因为这时期的书画也不便宜，比如，一张齐白石的字画也要几百块钱，那时候工资非常低，一个月也就30~50元。所以就开始搞当代书画。

一开始是和青州的画家联系，像有一个"文革"时期的画家，当时我们就是带几瓶酒到他家中拜访他换几幅画，还有像吴东魁、李忠平（音）等。至于外地的画家，像北京的画家如许麟庐等，都是单位里请过来的，办公室就给他们安排宾馆住下，走的时候给他们带一些土特产之类的，他们通常就给我们留下十张八张的画，主任就拿着给领导及喜欢字画的分一分，这就是我们最早获得字画的方式，当时还没有市场意识，连画家本人也没有。

曲：到了20世纪90年代，改革开放时期了，像刘大为这些人就开始加入了对吧？

唐：对的。

曲：那时候刘大为还没有什么社会职务吧？

唐：没有，就是在解放军艺术学院当老师。那时候来的人很多，像沈鹏、陈平、田黎明等好多画家都来过青州。

曲：就是他们年轻的时候都来过是吧？当时冯远来过吗？

唐：对，冯远是2000年来的，来过不止一次。袁武和唐勇力也来得次数不少。当时唐勇力还在浙美（中国美术学院），还没调到北京（中央美术学院）。

曲：他们当时是慕名而来吗？

唐：是请过来的，当时有人专门请他们过来。当时很多画家都来过，我们都会买他们的画，他们走的时候也会送你几张画。因为有太多的画家都来过青州，我们也都攒下了一大批当代书画作品（按：这应该是青州最早一批画廊人"掘金"的资本）。从2000年开始办画廊，我们这批人就拿出这批作品来了。

因为当时就是那么一拨人（按：大家都很熟悉，因为共同的爱好形成了青州画廊业市场最初的圈子），所以，谁手里有哪些画家的作品，大家都很清楚（按：左景岳也曾提到这一点）。在面对顾客的需求时，如果自己手里没有相应的作品，就会推荐到有的人那里购买。

曲：我听冯总说过，当时是有三十几家从事画廊的对吧？

唐：是的，最多的时候是发展到了三十几家。一开始是五六家、七八家，开始发展，从2000年一直到2006年，在五六年的时间里，发展到了三十几家。

曲：多了以后，就搬到了后来的青州书画城了吧？

唐：当时是什么情况呢？钰铧市场发展起来后，左总（左景岳）看到这个市场很好，他就把之前的青州书画城的房产买了下来，他当时是抱着搞房地产的目的买下来的，于是就买下了那个房产，卖给这些做画廊的。因为，那个时候钰铧文化市场已经不像样了（指破旧、规模小而杂）。他（指左景岳）是2004—2005年买的这个房子，那时候算是书画市场的第一次高潮。等他装修好了就已经是2006年了。2005年底，市场开始低潮。（因为这些画廊主手里资金有限）那时候的房子就非常难卖了。后来怎么弄呢？就用一半钱一半画的方式买房子，比如这个房子50万元，就给他25万元的画和25万元的钱。其实当时他是为了搞房地产，为了做生意，可能他也没想到会发展成一个像模像样的（画廊区）……2006年成立了（青州）画廊协会……就像现在的（中晨）文化小镇一样，一个主要目的是依托文化产业来卖房子。

曲：其实这也没什么……

唐：没什么，行业之间要互相结合。当时，老左（左景岳）也是这样的想法。但因为他本人也很喜欢书画，加上当时的房地产市场不是很好，他就慢慢将经营重心转到了画廊业上。

曲：据我了解，当时从事画廊工作的人大部分都有其他工作，并不是专门从事这个行业的对吧？像您现在还有其他工作吗？

唐：是的，我以前是在企业工作，现在已经退休了。

曲：您现在展出的画都是以前低价位的时候买进的吗？

唐：有一部分是低价位买的，也有一部分是高价位买的。像这张唐勇力的作品，2010年时是3万元一平尺。我慢慢地卖，35000元一平尺的时候我就卖出去了。因为我们开画廊资金有限，有盈利空间就要先卖出去。后面会再接着买入、卖出，比如，我可能又以36000元一平尺的价格买一张，然后以4万元一平尺的价格卖出，就这样一步步发展的。

曲：像您这样能藏住画的经营者，现在手里基本上都有一些低价位买进的画吧？

唐：还有一部分低价位的，但是已经不多了，因为现在市场发展很快，像当时1万元买的东西现在卖到十几万元了，（那在这个涨价的过程中）你很可能就卖了，早就不在自己手里了。

曲：那您现在走拍卖这方面多吗？

唐：我这方面走得不多，因为当代书画在拍卖这方面走得并不是很好，另外现在有很多不是很真实的东西掺杂在里面了。我从拍卖会卖和买都很少。

曲：您的店刚开业的时候，我在您店里看到过一幅姚有多的画，不知道现在还在吗？

唐：我现在就剩一幅他的画了，那是1998年的时候我和冯杰一起经过姚有多老师学生的介绍到他那里去拿到的。我跟冯杰当时一个在搞集邮社，一个在经营广告公司，我们离得比较近。我跟他的对象是一个单位的，因为冯杰也喜欢艺术，通过他对象，就逐渐熟悉了。1998年我们开始经营书画，就商量着一起去找姚有多老师买画。那时候，是通过毕建勋、袁武等这些他的学生跟姚老师建立联系的。但是姚有多老师是一个很清高的人，他不卖作品。我们两个当时拉了一车盆景送给他装饰院子，他送了我们两张画，当时他一张画是6000元，两张画的钱和盆景的价格相差无几，后来我们又买了他10张斗方。

曲：当时6000元一张已经很高了吧。

唐：对，当时有一个说法叫"南刘北姚"，南边是刘国辉，北边是姚有多。

曲：现在姚有多的画作在市场上流通得不多了吧？

唐：很少，因为他的画几乎没有流出来，一个是他这个人比较清高，再一个他是从1998年开始卖画，到2000就去世了，所以他的画市面上很少，95%以上姚有多的作品都是假的。

曲：我当时印象很深刻，您办展览的时候正中央是一幅姚有多的、一幅冯远的，我特意问过现场的工作人员姚有多的那幅画价格是多少，他告诉我那幅画是您自己收藏的，不对外出售。

唐：对，就那一张了，我现在还有一张是当地画家吴东魁的画，那是我第一次花钱买的一幅画,应该是1990年前后,因为之前的画都是去要或者用其他东西换,那是花钱买的第一幅画,我也留着做纪念了。姚有多的那幅画是我第一次亲自去找画家买画,原来都是别人请来我去买一点儿。

曲:后来您去钰铧开画廊是不是也有很多年轻人前来推荐自己啊?

唐:对,来的画家还很多呢。像林海钟、邱挺都来过。

曲:他们都是慕名而来的吗?

唐:大部分是有人请他们过来的,那些自己过来的也要找一个中间人(推介人)。

曲:那您觉得为什么青州这个地方可以将当代书画产业发展起来呢?

唐:我觉得是青州热爱书画的人比较多,但又没有太多资金买古代和近现代的书画,所以将目光放在了当代书画上。你们可能没有概念,20世纪七八十年代的画家社会地位不高。你请他们来吃顿饭,尊重他们,他们就非常高兴了。你让他们给画几张,他们就给你画几张,并不需要投入太多金钱。20世纪90年代后期,画家的观念就发生变化了,开始半遮掩地走穴卖画,后来逐渐开始公开卖画,到2000年就非常公开卖画了。

曲:像当时跟您来往比较多的画家现在价格也咬得比较死了吧。

唐:一般来说,像一开始或者第一次来的画家没有市场时,你买画可以给他压价,像现在这些老艺术家们你根本不能压价。他必须一个价格,不能给你一个价,给别人一个价。这也是个规矩。

曲:您现在销售的主要渠道是什么呢?

唐:是逐步发展的。一开始是靠实体店,别人到店里来买。后来就通过网络,现在就通过微信。因为在钰铧,2002年的时候,我主持着联合冯杰还有其他两个人做过一个网站,叫"钰铧艺术文化中心"。网站分了四个板块,我们一人一个板块。

曲:那您现在就是主要走网络销售吗?

唐:也不是,实体店也有,网络上也有。你像熟人买画在网上看好了就直接打电话预定,给你把钱打过来。像第一次和你接触的客户就必须到店里来看看,来过一次两次觉得你信誉比较好,也就开始从网上预订了。

曲:我之前和王志坚聊过,他说我们青州这边搞画廊的相对而言还是有一份文人情结在里面,并不是单纯把画看成一个商品,还是有很多收藏的概念在里面。

唐:是的,其实青州的画廊很多都是半收藏的性质。就我而言,很多东西就是不舍得卖。比如这次市场低潮期,我一张东西也没买也不卖,因为买也没钱，前期钱都已经换成画了。卖的话，可能会亏本。现阶段我日常经营的主要业务是帮别人销售，比如有人急需钱周转，想要卖东西，又没有门路，我就帮他们卖，从中赚取提成。有的就是纯粹的帮忙，结交朋友。

像我们这种半收藏性质的画廊一般贷款非常少（我以前也贷过款），2013年，我觉得市场形势不好，我就把贷款全部还清了，现在我也没有贷款了。

曲：您那时候贷款主要从哪个银行贷？

唐：我是从青州这边的信用社贷的，主要贷款形式是联保贷款，后来年龄不够了，我就用房屋抵押贷款。

对于搞书画贷款我有不同的看法，现在说是艺术与金融挂钩，其实艺术与金融挂钩非常难。因为书画产业周期比较长，一般来说，你看，从2010年到现在，高潮期就只有一年到一年半时间，连两年都达不到，就是说高潮期维持的时间非常短。2005年一个小高潮，2010年一个小高潮，到2011年底，市场其实就不太好了。

所以，一般来说就是一到一年半的高潮，对应的是五到六年的低潮。所以说你要是在高潮的时候贷了款，看到形势不好一定要抓紧时间把画卖出去还上贷款，你就赚了。但是你要是一直拖着，比如你2010年贷的款，贷100万元的话一年就是10万元（利息），5年就说50万元，这样下去你还挣什么。所以一定要掌握好市场的火候，但往往这个火候不好把握。

曲：唐总，据我所知，潍坊地区画廊经营者都不需要设立账目，账目都在自己心里。所以，一般的市场交易额很难准确把握。根据您的估算，在市场高潮的时候，您的盈利额能达到多少？

唐：一般来说，在高潮期的时候，能有50万~100万元吧。

曲：所以说在高潮的时候大部分钱还是被艺术家们赚走了。

唐：对，画廊就是赚个中间利润。艺术家就算是让利，其实价格也是很透明的。一般你帮画家办画展，他会在市场价的基础上，让利三成给你拿画。比如，艺术家市场价是100元，你帮他办画展就会以70元的价格拿到画。但是，在市场上你根本卖不到100块，因为市场价格机制是公开的。

曲：前一段时间很火的"崩盘论"从我的观点来看，青州的艺术大盘就是青州的文化底蕴，我觉得只要有你们这些人在这里，是绝对不会崩盘的。

唐：对，崩不了，我们这些参与者没有觉得有什么异样，该怎么样还是怎么样，怎么就能崩盘了呢？你像我开画廊，赚得够花的，房子是自己的，又没有贷款。怎么会崩盘呢？凡是倒闭的画廊，都是那种贷款多的，或者是那种良莠不分，什么画家都买的那种经营者。

曲：也就是以投机为目的的画廊……

唐：是的。我以前发表过一篇文章，认为：画廊业其实是一个非常难做的小利（利润很薄）的行业。现在我们经常听人说，买了冯远的作品，市场价值涨了多少倍，买了田黎明的作品，涨了多少倍。这是因为，买了那些市场不上涨的艺术家作品的经营者，都不会对外说的。以前买的画家十个有两个涨的就不错了，我曾经买过的作品画家现在连名字都听不到了。

举个例子，"97中国画坛百杰画家"——就是1997年，国家好几个权威部门评出了一百位画家。那时候，都买"97中国画坛百杰画家"的作品。现在，你从网上查出这个名单来，会发现还能卖钱的（按：能够进行市场流通的）也就只有十几个人，还有十几个人也能卖，剩下的大部分根本连是谁都不知道了。但是当时只要是在这个名单内的，你肯定都会买，因为你并不知道谁以后会出名，所以买来的画就不知道值不值钱。

曲：有人在网上写文章抨击青州有种现象叫"赌博式"，其实这种现象不是现在才有的，一直都是这样。

唐：是的。我之前写过一篇文章，还是要看（画家）名头，因为现在说不看画家的名气，虽然不能绝对看画家的名气，要看他的作品内容，但这种东西还是与名气挂钩的。在水平一样的情况下，你还是要看名头啊，而且你看中国这些知名的画家基本都有名头，从古代到现在都是这样。往往现在有些人不能辩证地看待作品。好像一切做官的，一切有名头的都不行。

曲：这就从一个极端到了另一个极端。

唐：是的，反正我是不同意这种观点的。

曲：您觉得青州的市场与像省内的淄博、济南，省外的天津、北京、浙江等地的市场有怎样的区别和联系呢？

唐：最突出的一点是青州市场是以当代书画为主，这是个最大的特点。还有一点不知道该说是优点还是缺点，比如和杭州相比，青州的市场属于大起大落型，因为山东人"一群羊"，买涨不买跌（谁的市场好，就一窝蜂地去买；市场不好了，就无人问津了）。而杭州的市场比较平稳，热的时候，不会热到青州那种程度，冷的时候也不会一下到底。

曲：是不是也正是因为青州市场的这种大起大落才吸引了全国各地的目光？

唐：对。因为如果一直都很平稳，就没有吸引力了。

曲：那青州和济南相比呢？

唐：济南"玩"的都是济南当地的，它不往全国走，守着他们眼前的。后来有一部分人跟青州"玩"全国的，但大部分还是经营本地艺术家，比如魏启后、张志民等。

曲：那天津那边是不是也有这种特点。

唐：嗯，天津也是"玩"天津的比较多，但是现在也开始往全国走了。每个地方都有每个地方的特点吧，像青州也分好几种形式，有专门请画家的，也有像王志坚这样，纯粹以销售为目的的，将字画纯粹看作商品；有像我们这种搞半收藏的。

曲：现在政府参与书画产业的力度大吗？

唐：他们提倡支持但是不参与。实际上青州的书画产业就是自发形成的，政府慢慢推行一些政策什么的进行支持。像这个书画乡镇不就是政府行为嘛，支持把这里建起来，吸引画廊过来。

曲：您现在多大年龄了？

唐：1955年出生的。

曲：那您现在做这个就是一个玩的心态了吧。

唐：嗯，以前我也没说是专门拼上命地去做这个。

曲：您现在在画廊协会中有担任什么职务吗？

唐：其实我是第一批画廊协会的副会长，后来又当了顾问。

曲：您现在孩子做这方面吗？

唐：他没有。我不太同意孩子年轻的时候从事这个行业，想等他在工作岗位上稳定一段时间，四五十岁的时候，他如果想干，我也不会反对。

我个人认为现在青州的这些"画二代"都不是非常成功。他们更多的是把书画当作了纯粹的商品，这就跟我们这代人搞书画经营的"根子"不一样了。纯粹把书画当作商品了就不容易坚持下去。

曲：在遇到市场不好的时候，可能就会转行。

唐：是的。现在青州很多的"画二代"在外界看来很成功，实际上都是在"老人"们的庇护下，并不是真正自己干出来的成绩。所以，我认为，年轻人不能一上来就学我们这样，可以天天待在画廊里喝茶待客，这样就把孩子给弄"坏"了。（按：唐树良的意思是年轻人还是应该多自己打拼。）

（以下访谈，左振晴加入进来。）

曲：官方公布的数据显示青州画廊有数百家之多，您对这个数字怎么看？

唐：我觉得这个数字是准确的，这个数据没有必要造假。因为有很多的画廊是不在画廊区里的（非正式的），这样的画廊数量也不少，如果把它们列入进去的话，确实能达到这个数量。

左：有很多在小区里，利用家里的车库，挂个牌子，挂上"画子"卖，这也算是个画廊啊。

曲：您对我开展这样的研究怎么看？

唐：我觉得你在写这些东西的时候不要从经济的角度去写，一定要从文化的角度去写。

曲：我明白您的意思，就是不要去过多地试图解读未来的市场发展形势，应该更多地从一个文化产业生态的角度去研究。

唐：对，是的。就从文化的角度、历史的角度、传承的角度去写这个东西。

曲：青州画廊业在经营之余能写文章的人很少，您是其中一位。特别是您的文章中往往都有很多宝贵资料和观点，我认为这很难得。

唐：我就是喜欢，自己写着玩。

左：他都是从自己的经验角度出发去写东西……

唐：其实以前有朋友这么建议过，你争取成为画廊届搞理论的一个带头人。我说，我达不到那样，因为我是小学四年级的文化水平，文化程度太差。

曲：您是上到小学四年级就退学了吗？

唐：是的，但是后来又报了自学考试，学的中文，相当于专科毕业。所以，如果从搞研究来看，我就达不到那种深度，因为我没有那些学问作为支撑。

曲：但是您能抽时间写那么多文章已经很不容易了。

唐：我之前去潍坊画廊协会参加一个开幕仪式，其中有一位代表讲了几点我觉得特别对，他当时从提高画廊素质这方面出发，画廊一定要提高对艺术的判断能力和审美能力，提高各方面素质，特别是文化素质。现在青州的画廊并不是从经营的角度考虑问题而是从文化的角度，所以我现在写的东西很少写市场类的了，而是从艺术评论角度出发了。

曲：嗯，您的作品我基本都看过，这种转变并不是说您之前的文章写得不好，而是现在网络上的各种媒体都是发表这种评论性文字，其实大多数人还是更关注市场方面，这种文字性的评论对于我们这种写文章的作用比较大，我们可以将他们作为一种历史依据。这些文章能反映出作者在艺术审美方面的钻研，同时也能看出作者是怎么看待书画作品的一个特点。

唐：现在很多读者只是粗略地看一眼你的文章，甚至是只看一眼题目给你点个赞就完了，而有些人是认真去读了。这些看过你文章的和没看过的其实一眼就看得出来。

曲：据您了解，在青州像您这样以半收藏半经营为主的画廊有多少家？

唐：其实以前我们一起搞画廊的都是因为爱好而从事的，所以大部分都是这种形式，不过现在这种形式的画廊已经没有几家了。

曲：嗯，虽然您说这种半收藏半经营模式的画廊很少了，但我觉得这恰恰是青州画廊的灵魂所在。

唐：对。我有一次去宋城，看到有四个年轻人一起合开的一个画廊，主要经营新水墨，我当时也是想和年轻的一辈多接触接触，想让他们多搞点传统的东西，他们告诉我，他们既没有资本也没有资历，他们开这个画廊就是为了赚口饭吃。确实，他们说得很对，他们没有这个时间和精力去钻研这些东西。

曲：那您觉得假如您这一辈的人不干了或者说去世了，您觉得这个行业还能像现在这样发展下去吗？

唐：这个我倒是不担心，因为随着时间的流逝，他们的观念也会改变的，可能开始他们只是为了赚钱，但慢慢等他们到了一定年龄也会有我们现在的这种感受了。

曲：您是觉得这种东西是有传承性的是吧？

唐：是的，像那些抱着赚钱想法进来的，干个三年五年的就会被市场所淘汰。而剩下的那一部分都是观念逐渐改变了的。像青州很多搞画廊的都是在自己家里，许多年轻人都是一边上班一边经营画廊，他们是出于对书画艺术的喜欢而不是抱着赚钱的目的，这部分里面喜欢的就很多了，他们很多是年轻的时候收集一下书画作品，等自己年龄大了退休了就可以开个画廊了。

曲：那像您刚才提的那四位搞新水墨的年轻人，按现在的市场走势，他们还能赚钱吗？

唐：他们现在只剩两个人了，而且主要以装裱字画为主了。

曲：也就是说他们这些人一方面是过来投机一方面是想赚快钱，但赚快钱并没有那么容易。

曲：唐总这幅画是谁的？

唐：这是浙美（中国美术学院）的。

曲：那他这个画现在什么价位？

唐：浙美的画价格一直没有落价，因为浙江那边一直比较平稳。他们浙江好像有个观念，山东这边做的画家浙江就不怎么做了，他们似乎刻意回避这一块。2004—2005年的时候，北京的和浙江的基本上是一半一半，现在浙美的比较少了。南方人的观念和我们不太一样，一开始他们也是一起做，像2005年高潮，到后来低潮，比如一个画家高潮的时候卖1万元一张，低潮的时候只有5000元一张，我们山东人可能就是放在手里等着它涨回去或者是不急着用钱不卖，但浙江人不一样，他们4000元可能就卖了，他们拿这个钱去做别的。

曲：咱这边和画家会签合同之类吗？

唐：没有，这也算咱青州模式的特点之一吧，就是跟画家订画买画从来不签什么字据。另一个特点就是画廊之间信誉度非常高。

曲：现在市场就是在提倡一种契约精神，这也恰恰反映出咱们这边市场具有一种地域性特点。

曲：您觉得画廊协会在青州画廊业发展中起的作用大吗？

唐：应该说起到了一定的积极作用，特别是现在做大了，开始转型为办画廊协会，市政府也参与进来了。之前一直到2010年吧，一直都是一个自发组织的协会，包括现在也是有一种自发性在里面，是先有的画廊又有的协会，是逐步发展起来的。青州画家之前对协会有一定的意见，但现在也从中尝到了甜头。

"青州模式"研究访谈文字稿（五）

访谈时间：2017年3月12日

访谈地点：青州（中晨）书画艺术城益新轩画廊

采访人：曲家辉

受访人：画籍网经营者、青州画廊经营者共4人

笔者按——

本次访谈的缘起是为书稿第三章的艺术科技部分采集资料，重点的调研采访对象是"画籍网"的发起人魏庆来先生。他运营"画籍网"已有3~4年的时间，青州的画廊业及群体"画籍网"的重点服务地域和客户资源，是"科技因素"在青州艺术产业中深入发展的典型范例。

在实际的采访过程中，笔者首先与同为"画籍网"管理者的包素旺先生展开对话。同时，由于访谈地点选在了青州（中晨）书画艺术城的益新轩画廊，该画廊主刘玉华女士也一起参与了交流。后来，雅古斋画廊主马游泳先生、魏庆来先生又陆续加入进来，形成了这篇访谈的全部内容。在交流中，笔者不仅了解了"画籍网"的发展思路，还从经营者（刘、马）与旁观者（包、魏）等不同角度，进一步采集到青州模式发展的很多有益信息，颇具实际参考价值。

以下为笔者整理的访谈内容，为有效保证材料的客观真实性，笔者基本保留了当事人的原话内容，未做刻意窜改。

采访现场（摄影 曲家辉）

（注：左一为刘玉华，左二为魏庆来；右一为马游泳，右二为包素旺）

曲：曲家辉

包：包素旺（"画籍网"管理者）

魏：魏庆来（"画籍网"管理者）

刘：刘玉华（益新轩画廊经营人）

马：马游泳（雅古斋画廊经营人）

曲：您作为一个非画廊业人士，是怎么看待青州画廊业发展的？

包：我做"画籍"已经3年多时间了，"画籍"整体运营了7年。此前，我对青州（艺术市场）也不是很了解。但通过"画籍"的运营及推广，我有幸结识到全国各地大量的画廊业内朋友，通过他们，我对全国市场有了深刻的了解。

青州画廊业的兴起，并不是政府的主导，也不是市场发展的推动，而是青州人对书画有着特殊的感情，这是用语言无法表达的。青州早期经营书画的人也不是太多，也都是从外行业转进来的一些藏家。这些藏家通过他们的诚信经营，获得了很大的回报。这种回报，也引发了其他民众的关注，这些民众也逐步从其他行业转到这个行业中来。

青州人很聪明，他们觉得应该形成一种集散化的经营模式，于是就逐渐形成了集群化的发展状态，如较早的青州书画城。青州书画城一经建立，就有大量的商户入驻。

刘：当时"画籍"的魏总第一次到青州来推广的时候，我们就与"画籍"合作备案了。现在书画小镇1区的画廊基本上都做了。

曲：2015 年，魏总去潍坊银行宣讲的时候，就说青州已经有几十家画廊与"画籍"合作了。

包：当初有四五十家，但都不优质。因为那时候我们刚来，想的就是推进得快一些，吸引更多的合作者。所以，在配套服务方面，做得要比现在差一些。后面随着文化部（今为文化和旅游部）《艺术品经营管理办法》的出台，大家都感觉到艺术品的溯源系统是市场的必然。现在不做，将来也一定要做。说实话，也正是由于法规存在，如果没有法规，我们也很难突破瓶颈。

青州现在有我们的免费服务客户画廊 50 家，其他画廊与我们合作的话是需要付费。因为市场必须有人带动，基于这种考虑，我们当时就跟画廊协会会长左景岳做了一个约定，就是在青州他推荐的 50 家画廊，我们提供免费服务。

曲：您觉得"画籍"和雅昌的艺术品鉴证备案有什么区别和联系吗？

包：没有区别，雅昌做得也很对。这个行业当中，有四家机构在做：雅昌、版权协会、检验检疫协会、画籍。

曲：刘总，您做画廊多长时间了？

刘：我是 2009 年开始经营画廊的。我和别人情况不太一样，我是退休了，抱着玩的心态做书画经营的。

曲：您之前应该也喜欢书画艺术品吧？

刘：是，也喜欢，自己当时也收藏了几张作品。青州有个现象，比如说我是书画经纪人，我请了个画家来，就会通知朋友一起来买点东西，我就是这个样子玩起来的。（按：这是作为青州画廊经营者的刘总对青州现象的理解。）

包：我现在对青州画廊业还是比较熟悉的，我跟青州的许多商户都结下了深厚的感情。我在青州待了 3 个月，从这个画廊城 1 区到 3 区，跟这里所有的商户都结下了深厚的感情。

刘：包总比较接地气，天天跟这些画廊老板聊，了解画廊主的心理很多。

曲：我认为青州的文化底蕴是青州艺术产业发展的重要因素。

包：我认为在促使青州艺术产业链形成的众多因素中，文化底蕴因素只占其中的 10%。那么青州最大的优势在哪里呢？这个可能是行业外的人所不知道的，在于两个字——"团结"。发展书画产业最难的地方在于真假难辨，那么为什么青州在真伪混杂的市场中能够独树一帜呢？就是因为团结，团结造就并促成了这种局面。

刘：包总在青州待了很长时间，把画廊业的情况掌握得很清楚。甚至是谁家有什么藏品，他都了解得很多。

包：以前青州画廊业主要依靠一句话来发展，"青州无假画。"正是因为青州无假画，才造就了这么多顶级艺术家以及商家聚集，它就变成了一个书画艺术品的采购基地。但是"青州无假画"不能只靠嘴巴来讲，必须有实在的内涵作为保障，这就凸显出"备案"的重要性了。

曲：听了您讲的，我也很受启发。其中一个非常有意思的点在于，青州只是一个县级市，但书画艺术品属于离大众生活很远的一类东西。两者之间存在着明显的错级关系。但青州却让这种高端艺术品走向了大众，其中的原因究竟有哪些？相信这是很多人所好奇的。

包：是的。其实这个问题不难理解。我以前也很难理解这种现象的存在。后来我通过对青州市场的了解，发现其实他们采用的是最传统、最简单的经营方式，使得这个市场得以发展开来。那么这个最简单的东西是什么呢？我认为就是青州人不独大。你到全国其他地方去看，都会有人说自己是中国最大的画商、最大的藏家。但青州没有，没有一个人这样说。

再比如说，有客人来一家画廊看画，他可能会问到这家画廊所没有的东西。面对这个问题，画廊主会主动告诉他：某某家有，你去某某家看一下吧。甚至都可以领着客人到别家去，然后就会让客人跟该家的画廊主自己洽谈，跟自己就没关系了（按：意思是介绍的经营者并不从中赚取差价）。

但是在其他地方，很多经营者明明自己手里没有顾客想要的作品，但他可以说有，因为他可以通过自己的渠道拿到这些作品，赚取差价。这就会在无形当中给买家带来巨大的成本压力。所以，其他地域就不能以"与藏家共享资源"的方式来经营，而只有青州能做到。所以，青州就实现了市场最大，而不是个人最大。这也就吸引了众多外来商户进入青州，因为青州能够包容所有人。你来了，是我们一起来做大市场，而不是做大个人。正是因为青州的市场被做大了，带动几个有基础的经营者，也不断做大了。

因为我们"画籍"是走了全国，再来审视青州，就明白为什么其他地方做不到青州这样。包括像陕西、甘肃、河南郑州、河北、广东等地方的文化产业也发展迅猛，但是它不能像青州这样形成一个全员化的状态，就是因为它们唯我独大。

曲：是不是有一种文化心理在作祟。在常人看来，艺术品是一种高端的东西，好像谁掌握了他们就与众不同了，就成为行业的老大了。无形中就会形成一种膨胀的心理，但青州一直都采用的是一种很接地气的方式在做。

包：没错。我们认为书画产业江湖很大，但其实很小。很多人都会认为，我在当地认识了美协主席、书协主席、画院院长、文联主席等，认识了，他就会说自己是"老大"。但你有没有发现，普通人来做，往往要比行业内的人做得要好，就是因为他们在用传统的思维在做经营。这个行业中有一个"怪现象"，在于经营者有几类人：

第一，夫妻店。因为书画艺术品开店的成本非常低。我租个门面，找几个画家画几张画，往那里一挂，就是一个店了。夫妻店，是以换钱过生活的追求展开经营的，往往缺少好的经营思路。第二，藏家经营。很多藏家的藏品往往是自己看得懂，别人看不懂。因为圈子太小，流通有困难，干脆就自己开家店，专门经营。第三，很多外来的商户，是跟随者。这类人可能根本不懂艺术品，而是纯粹把艺术品当作商品来看待。第四，是画家。在国外是经纪人制度，在中国因为市场相对不正规，很多画家就需要自己来营销自己。

事实上，中国从事艺术创作的艺术家有很多，有几十万，但真正能进入主流圈的可能只有几个。在青州，也就只有十几个画家是主要的销售对象，如王镛、田黎明、冯远、范扬、陈平、贾又福、袁武、朱新建、史国良等。所以，这么大一个市场，仅仅靠十几个艺术家来主导，其实它的市场流动率并不高。在这种情况下，底层没有流通的艺术家该怎么办？只有自己走市场，一旦自己走市场，缺少经纪人制度作为支撑，他们就会搞乱市场。有的画廊找画家拿画，可能需要500元；当商户找到画家的时候，画家可能300元就卖掉了。这就没给画廊留下盈利空间。画廊举步艰难，画家也就举步艰难，因为没有价格体系。

这四类人参与这个市场，有没有发觉其中有一个巨大的问题，他们没有企业管理。很多人都说书画行业没有产业链，其实不是，它有产业链，只是产业链无法真正以标准化的形态出现。所以，就把书画行业定义为"非标"，其实它可以标准化。很多人都不从中去摸索这个问题，只是一直在责怪这个行业无法规范、无诚信经营、市场混乱。其实这个是错误的，完全是错误的。如果我们能够形成一套完整的经营体系，又有第三方做保障，因为国家不介入艺术品行业，会影响国家公信力。它只能出一个法规，以这种方式来进行规范。那就"八仙过海，各显神通"。各个企业都跳出来，想不同的办法。但是你要真正走司法流程来处理最后的纠纷又很难。比如说一个书画买卖官司，递交法院后，法院无法去判定真伪。它没有标准，只能请画家来鉴定。在常理来说，请画家来鉴定，这可能是正确的，但现在的高仿技术以及科技造假，甚至连画家本人都无法辨别。所以，画家就不是一个可靠的鉴别者。

另外一个方式就是请鉴定专家，但没有鉴定专家是绝对可靠的，因为鉴定专家都来自民间，因为对某位艺术家有了很深的了解，但这也不能代表他鉴别的真迹，就是真正的真迹。

所以说，当你对这些了解了以后，会发现，真假问题并不重要。重要的是由谁来承担你所购买的艺术品的责任问题。这就必须有一个确权体系，比如房地产的买卖，你要把房产卖给我的话，就必须把产权过户给我，这个是最关键的。但艺术品做不到这一点，一件艺术品售出后，就无法追究来龙去脉。一件艺术品一旦离开艺术家本人,就会真假难辨,谁都说不清楚。这就造成了艺术品行业的水太深。那如何来解决呢,唯一的方式就是"备案"。

"备案"的目的不是保证你这张作品是真的,只要保证卖的艺术品有人承担责任、可追溯,也就能够保证作品的唯一性。当然,也有可能是保真的,那就需要从艺术家源头备案,否则艺术家一旦过世,就根本讲不清楚真伪了。所以说,"画籍"才建立了这么一套第三方保障体系。

曲:您对雅昌和版权协会做的备案体系,了解多少?

包:其实我们四家做的备案的方式都是对的,"画籍"的发展跟雅昌的鉴证备案有很大的关系,因为雅昌在前期针对"备案"这个概念进行了大量的宣传,他们投入的精力、人力、物力非常大。

曲:你们做的这个事情是个功在当代,利在千秋的事情,可能越往后,这个事情的价值就越会得以显现。

包:(可能)在2~3年内,你就会发觉:这个行业内存在两种作品,一种作品是可溯源、可追责的,一种可能就是模棱两可的。从海外市场来看,一件作品有没有经过备案,在拍卖时,价格可能会相差5~10倍。

"画籍"做的不仅仅是只有"备案"这么简单,它是透过备案来让业内很多不规范的行为实现规范化。当然,这是一个循序渐进的过程。就比如一个广场上的人群很混乱,如果想要大家排序,你很难一下子号召所有人都有序,但可以先让前面的一些人排好队。前面的人有序了,随着时间的推进,后面的人也就逐渐变得有秩序了。所以,当有人问我们,近现代书画作品你怎么处理,我会告诉他,没事,我们先把前面的队伍排整齐,排好队后面一定会越来越有序。

马:青州书画经营的路子很多,有以藏养藏的,像王志坚就是属于将电商应用到书画销售中来。

包:这就涉及艺术品的定位问题,有人会认为艺术品是一种消费品,有人认为艺术品是一种投资品。中国当下有3亿中产阶级,他们的资金都投到哪里去了呢?股市、楼市,很少有人会投资艺术市场。主要原因就在于艺术市场水太深、真假难辨,如果一个规范的市场,有第三方来做好保障的话,那这个市场是不缺钱的。主流艺术市场从来不会没落。

曲:是的,可能因为经济形势不好,市场中的参与者会减少,但好的艺术品永远不会缺买家。

包:另外,有人会认为主流艺术市场不行了,那我就去发展大众化艺术市场。但这里面就存在一个问题,如果你要启发大众进行书画投资,可能需要很长的时间去培养。包括股市、楼市也都是这样的,没有培养,可以说就没有市场。那这个培养不是靠一个人来做,一个人绝对做不起来。不管是左景岳、王志坚,或是其他任何某个人,都做不起来。市场培养的过程,可能会造就很多商家。

在我的理论中,市场要做三级。一级是顶级艺术品的收藏,我所买到的就是一件传承品,而不是商品,像王健林购藏的可能都是全世界顶级的艺术品,他的目的就是收藏,不是变现。二级是顶级艺术品投资,买家为了获取投资回报而购买艺术品,所以这类作品必须用于市场流通。三级是大众消费品,作为一种资源,这类作品不管价值高低,总之都会具备一定的价值。在这种情况下,哪怕一个人同时做这三级市场都可以,只是定位不同而已,没有好坏之分。但是一定要延续一种正规的、合理合法的方式。

曲:魏总,"画籍网"现在跟全国多少家画廊有合作?

魏:全国现在给我们交钱来做备案的画廊机构有400多家,基本上每个省份、每个城市都有。

曲:比较集中的城市有哪些?

魏:一些比较重要的省份,像山东、广东、河北、北京,山东和北京是最多的。

曲:您接触过全国各地那么多画廊,在您看来不同地区画廊业发展的特点各是什么样子?

魏:我觉得并不是每个省份都有特别鲜明的特点,我认为基本上可以分成几种来理解,像青州这个地方就比较特殊,整个青州市场可能主要就经营10个左右的画家,很多经营者在适当的时候就会将藏品"出手",然后再包装新画家。在我看来,很多经营者并没有把握住时机,一些优秀作品出手太早,新的艺术家又没跟上。大部分经营者的资金和精力都是有限的,很多人都把资金投到高价位的作品上,对它们的预期估计不准确,如果没有及时出手,可能就没有后续资金来包装新画家。

如果是我的话,在一波行情到来的时候,可能就只会留几张比较经典的作品收藏,其他的作品可能就要全部卖掉了。然后再重新来包装新画家。如果还只是一味地认准几个高价位的画家来做的话,做到最后,可能手里只会剩下一堆画,可能价值会被炒得很高,不一定有市场,这玩的就不是画商了,可能就玩成藏家了。所以青州实际上面临这么一个问题。(按:青州的画廊业由无意识的经营状态向有意识的经营状态的转变,正在面临向专业化的商业运营方式的转型,这对青州的经营者来说是很痛苦的,特别是在面对市场压力的时候,这种转型未必能够适合青州画廊业的发展。)

曲:我之前跟经营者聊,他们会认为青州经营者善于造成艺术品价格的起伏，而其他地方则不这样，比较典型的例子如浙江的市场，对这一点，不知各位是否认可？

魏：是这样子。这就是青州的一种"本事"，别的地方经营者并非不想炒高价格，但如果想要不炒"虚高"而是让大家认可这种高价值的，可能就只有青州能做到了。

曲：那这种本事的来源是什么呢？是青州的收藏群体比较强大吗？

魏：不对，是齐心，团结。

马：而且诚信。

包：我用两个字来概括，就是"互认"，互相认可。你看，青州人做生意，比如说他自己没有的东西，不会去诋毁别人。"互认"很重要，他能够把一个艺术家迅速炒高，必须众多商家共同承认。

魏：它跟青州的历史文化和青州人的性格也有关系。

曲：是的，青州人都很敢想、敢干。

马：青州人也敢买。这个过程是一个优胜劣汰的过程。青州人买画，最早看职务，如主席、理事、会员等，认"百杰画家"的名号。一开始请来几个画家，在宾馆里，私底下进行交流，来吃顿饭，画家画点画，几个人分一分。再后来，就是一个圈一个圈的，来一个画家，一叫，就有一圈人都来买画。这是一个逐步认识的过程。

魏：凡是能把艺术市场做大的地域，都有这种状态，这是一种共性，不能算是青州的特点。青州最大的特点就是团结，互相之间信任。很多地方的人互相不信任。虽然不可能所有青州人都抱团做一个画家，但至少能有一个群体来抱团。

曲：反正这个圈子是会越来越大，一开始可能是个小圈子，会越来越扩大化。

魏：越来越多之后，就逐渐形成了一个市场，形成了一种品牌。这种群体品牌实际上是带动青州实现大发展的一个最基本内容。因为想要做大的话，这些人的团结和性格不是最重要的。因为团结没有一个好的方向，没有一个好的领导者，没有群体品牌，它可能会走错。

曲：是的，这种品牌是在无形中形成的，可能在经营者看来，没有这种品牌的意识。他是在青州画廊业的发展中，自然形成了这样一种品牌。

魏：很多人认为青州是一个松散的集体发展起来的产业，但根据我的接触发现，青州实际上是有领袖的，这种领袖虽然不是像毛主席那样伟大的领袖，但至少针对某件事情，有人愿意听他的。或者是被动地听他的，或者是主动地听他的，反正最终是要听的，青州实际上有这样的人。

曲：在这一方面，比较有代表性的如画廊协会可能起了很大的作用。

魏：是的，起了非常大的作用，这个是不可磨灭的。

曲：作为青州的经营者，您怎么看待青州画廊协会的作用？

马：青州画廊协会是怎么成立的呢？是在 2005 年的时候，王润生在香阁丽榭有个画廊……一开始就十几个人，包括有左景岳，我们成立了画廊协会。一开始机构很松散……青州画廊业的品牌就是无形的，现在青州的画廊，挂张假画卖，不用别人说，自己都会笑话自己。所以，青州画廊业无形中形成了一种很好的诚信风气。

玩古代、玩近现代，青州人没有发言权，因为资金能力有限，但玩当代书画，青州人绝对厉害。青州的经营者看真假甚至比画家都要准，就是见得多了，太熟悉了。

魏：画家的鉴定方式和藏家的鉴定方式是截然不同的。画家鉴定更多地靠印象……所以，鉴定这个领域，谁鉴定都不靠谱，比如我们明知道一张画不是画家本人画的，但他就说是，那你就没办法。

曲：所以"画籍网"现在做的备案体系确实是很有价值的事情。

魏：备案体系是全球成熟国家的共识，我们知道的国家，像美国、加拿大、日本、新西兰、新加坡、俄罗斯等都有。

曲：您开始做"画籍"，是先了解了这些国家的情况，还是做了以后才逐步了解的。

魏：不是。其实，我一上来是想要做一个交易系统——电商平台，因为我是搞互联网的。艺术品行业没有这样一个用于放心购买、投资的平台，我觉得要做这样一个平台，就一定需要一个第三方的担保平台。所以，我所做的不仅仅是备案这样一种东西，备案这种技术其实很简单。

"画籍"现在只是一个数据库，2017 年 5 月，我们会上线一个交易系统，我会把全国范围内有保障的画廊机构的好的作品放进来，而且我只会做可投资品的经营，经营者就可以通过这个平台进行交易。

青州模式研究访谈文字稿（六）

访谈时间：2017 年 3 月 15 日

访谈地点：青州（中晨）书画艺术城旷远斋画廊

采访人：曲家辉

受访人：左景岳（青州画廊协会会长、旷远斋画廊经营人）

笔者按——

研究青州画廊业，左景岳是绝对绕不开的一个重要人物。这不仅是因为他是青州画廊协会的会长，更重要的是他集青州艺术市场发展的参与者、见证者、推动者等多重身份于一身。

由于他的社会事务很多，本次访谈时间有限，但访谈内容已经涉及很多重要的信息，可以作为笔者研究的重要论据使用。

为了尽可能真实地还原访谈场景、真实地记录访谈内容，笔者仍然采用最接近受访者原话的方式，落实到文字上。

左景岳接受笔者访谈时的照片（摄影　曲家辉）

曲：曲家辉

左：左景岳

曲：业内人士都知道您是青州画廊业发展中的核心人物。一个很重要的原因在于，您在青州画廊业发展中，做了很多团结市场力量的好事，比如组织建立青州书画城、号召组建画廊协会等。相信很多人都会好奇，您做这些的想法与经历。

左：从哪说起呢？首先，我是喜欢这些东西。在青州，我们是第一批开始玩书画的人，从1984年开始。我一个济南的朋友，是30多年的好朋友了，他在部队干休所成立了一个书画社，那个时候他就是以省内为主，找一些画家买画。那时候的画还很便宜。买了之后进行装裱，那时候地方上甚至还没有装裱的概念。

改革开放后，他来青州，我们就认识了。因为我本身就喜欢这些东西，那时候我在"毛泽东思想宣传站"。1973年成立的新华书店，我在供销社兼着

"毛泽东思想宣传站"的工作，主要卖新华书店的书籍、宣传画等。所以我一直就喜欢文学、艺术之类的东西，但当时没有条件满足这种爱好。

到1984年有了条件了，那时候30多块钱的工资，就零零星星地买一些东西，也尝试着买画。到了1985年，我进了企业。因为有一些应酬需要，就经常能买一些画。那时候都是买非常便宜的东西，几百块钱的作品就已经很不得了了。那时候（1984—1985年），买一张于希宁开三的作品，也就200块钱，但就已经是一个月工资的5~6倍了。

我记得那时候，我想买一张程十发的四尺整纸，画得特别好，要1000块钱，但就是拿不出来，买不起。

所以，有朋友问我是从什么时候开始收藏字画的，我说从1984年10月开始的。

青州最早开始玩收藏的人，在性格上都有一些共同点，就是非常豁达，从来不会计较。那时候，我开始帮助身边有收藏需要的朋友与画家之间联络很多事情。有画家来到青州，我就会找一些朋友过来，买一些作品。买得多了，就会互相交流、切磋。那时候没有功利之心，这种功利心应该是从20世纪90年代末拍卖会出现才慢慢形成的。我是2002年第一次参加拍卖后，才开始出现了这种营利性的想法，但那时候所谓的营利也是只想着以画养画，卖一点钱，然后再买好的。

开始的过程就是有小圈子……一直到2003年以后……2002年我和朋友一起开发了一个小区——香阁丽榭……那时候就开始形成了一定的集聚型经营规模，在书画交流、经营圈子里已经有几十号人马了。

另外，凡是玩书画的人都兼顾着玩点盆景。青州人玩的东西很多，还经常举办交流性的展览。最早在王润生那里办过，还在云门山下的一个地方，是个花卉园，搞盆景展览，也挂一些字画展览。从2003年以来，每年春节都会举办。从2005年就开始到钰铧展览，从2006年10月开始，就到青州书画城办展览了。以前都是我负责张罗，借他们的地方用。从2006年以后，我们自己有艺术城了，连着搞了十几年，从来没间断过。新年的正月初六或初八，展出到正月十五，主要展出花卉、盆景、奇石等。

我当时在的企业——棉麻公司，效益比较好。我1975年到县市机关，后来干供销社主任。从1986年到棉麻公司，在棉麻公司的时候，我每年搞一届菊花展，最多的时候，展出菊花品种达到200个品种。

曲：我个人认为青州人喜欢书画和喜欢盆景、花卉是相通的，都属于一种审美层面的精神消费。

左：是的，它们是相关联的。奇石、盆景、红丝石、书画等，青州玩这些的组成的协会很多，可以说什么门类的协会都有。比如，花毽协会，就是青州独有的，在全国是绝无仅有的。踢花毽的传统就是从衡王府传下来的。衡王为了迎合皇帝，专门组织人来训练，这是进贡给皇帝的东西。所以说青州的历史文化源远流长。

曲：青州的文化底蕴非常好。

左：我们当时在企业做这些事情的切入点就是塑造及扩大企业文化的影响。那时候我请过很多的名家到企业来搞笔会。山东省的名家，除了于希宁没来，都曾经来过。比如说孙墨龙、王启华、殷培华等，多了去了。那时候他们来了，写字画画，走的时候会给他们几百块钱，带点粮、油什么的，然后用车接送他们。

所以，我们的历程就是这样走过来的。通过搞活动，去结识更多的人，对自己的业务也有帮助。我们做这些都是无私的。这并不是所有人都能做的。一是因为当时咱有一定的条件，二是因为咱是热心肠，三是为了青州书画文化的发展。玩书画并不是想会有多大的回报，就是一帮志同道合的人聚在一起，彼此交流。

曲：所以青州画廊业的核心人物就是有这么一个团体，"崩盘论"的无稽就体现在这个地方，因为只要你们这些人不散，就绝对不会崩盘。

左：是的。出现问题的人主要是哪些呢，就是最近这些年市场好了，那些带着投机心理盲目进入经营市场的人，他们没有像我们这样的基础。所以，有些不良媒体做出一些不实的报道，你也不能说人家不对，但他们是带有一定偏见的，而我们用事实和时间证明青州的画廊业不会倒。

再联系来看，青州的艺术金融贷款，有三家银行在做。画廊协会最早参与这项业务。当时，三家银行提供了接近2个亿的贷款，除了潍坊银行外，还有青州农村商业银行和中国银行。在借贷中，"出事"的画廊只有2家，而且我们也进行了化解。所以说，从青州画廊协会的贷款优良程度与其他众多协会相比，出现问题的情况很少，金融风险要小得多。

书画艺术产业的行当是最讲诚信的，从历史上一直到现在都还是这样。朋友之间，谁拿谁的画，都不用互打收条。直接拿走，如果卖不了，或者有其他问题，再拿回来。这在其他领域肯定是不敢的。在这个行业里，诚信永远是排在第一位的，如果你的声誉丧失了，以后就没人再愿意跟你玩了。有很多人，抱着一种投机、不诚实的心理进入这个行业，可能也发了点小财，但只要时间一长，很快就会被排挤出去了，没有人愿意再跟你一起交易了……青州也有，但很少，最多不超过十个这样的人。

曲：做这一行要遵守规则，换句话说也要具备一定的素质。

左：对啊。首先，要有文化修养。其次，要有一定的经济基础。最后，要有一个诚信的人品，没有好的人品、诚信，是没有人愿意跟你去交往的。干这一行，是一个爱好、收藏、投资相互叠加的状态，单纯的收藏不行，单纯的投资也不行，单纯的爱好，没有后续资金作为支撑，不养画、不交流也不行。所以，它是互相关联的。

曲：您有没有考虑过，在你们这一批"画一代"经营者退了之后，会存在下一代的传承问题。无论是对传统文化发自内心的热爱，还是诚信经营的素质……

左：现在来看，这个问题不大。随着"画二代"的进入，现在已经进入了几十个了，这些新鲜血液一旦进入后，第一，传承者就有了。第二，他们有知识，而且对新鲜信息、新技术的接受及反应特别灵敏，能够在交易方面，打破原有的方式。第三，他们接受新鲜事物的速度快，反应也快。店面的装修、经营模式、策略等都发生了一些大的变化。所以说，传承不是问题。随着时间的推移、经济的发展，这种状况会越来越好。

我们现在画廊协会登记注册的会员单位有 400 多家，随着"画二代"的加入，我们就是期望出现更多的个性化画廊，随着时间的推移，能够形成真正的百年老店。这样，声誉自然就有了。所以，我们号召大家不要只看一时的得失，号召画廊经营者多看书、学习，让经营者都成为鉴定专家，比如，成为研究某一画科的专家，成为研究某一名家的专家。从这个角度提升自己。当下，青州画廊业已经不再是追求量的变化了，而是追求质的发展。

曲：您说的 400 多家画廊是指在画廊协会注册的吗？

左：是的，画廊协会会员单位，注册备案的有近 500 家，青州文化局提供的数字是青州画廊机构达到近千家，这个数据是准确的。

曲：那对外宣称的另外一个数据交易额达 120 亿元的准确性怎么样？

左：这个数据我就无法评论它的真实与否了，包括其他媒体问我这个事，我也都会推荐他去找文化局咨询，我们属于民间组织，无法核实这个数据的出处和准确性。

另外也有人经常问起书画产业的税收问题。第一，书画交易很难有明确的交易记录，就很难进行收税。第二，文化是种软实力，不能用纯粹的税收来衡量它的价值。

曲：您当时在组建青州书画城的时候，提出用字画换房子，也就是出一半钱，一半画。当时是怎么一个情况？

左：2005 年的时候，市场达到一个高潮。从"非典"结束后，2003 年下半年开始到 2005 年底，我开始搞书画城的装修，等到搞完，到了 2006 年的 9 月了。这时候市场（冷）下来了。为了先把书画城的人气聚集起来，而且凡是到书画城（开画廊）的全是我的朋友。他们说，市场不好，手里都没钱怎么办？我说，不要紧，我知道谁手里有画，可以用画折合房款。他们最多的交了50%的钱，有的只拿了40%的钱。

那时候我也确实牺牲了很多自己的利益，像书画城这样的房子，公摊率都很高，达到了34%多，我给降到了29%。不过大家也都明白我的付出，也都知道感恩。到现在这次由书画城到书画小镇的置换，至少让大家在房子上都升值了1~2倍，获得了收益。

另外，在书画城的时候，农村商业银行去贷款，都是我给他们做担保。到2009年、2010年的时候，大家都赚钱了。那时候，我们统计了一下，画廊的最高经营额度达到了1.5亿~2亿元，经营额在3千万~5千万元的画廊很多。

曲：我之前看过您给袁武出的一本画册，他在前言上写了与您之间的交谊，写得很生动，也很真实。您是怎么看待画廊经营者和画家之间的关系的？

左：这个你必须以真情打动人家。刘大为第一次来青州的时候，作品市价是1250元一个斗方。第二次来的时候是我请他来的，是1997年，清明以后。我问他，"刘老师，您的作品价格怎么定？"他说，"小左，你看着定吧，定多少钱都可以。"当时，我听业内人士说，（1997年下半年美协面临换届选举，当时有10位竞争者）刘老师下一步有可能担任美协主席职务。他来了以后，我就集合了二十几个朋友过来，买他的作品。当时就是本着让画家和收藏家都满意的原则定了一个价格。袁武当时来的时候，是和李翔一起来的。我们三个人的关系也很好。1995—1996年的时候，他们来青州，冬天里，我们在老火车站一起，（住的地方）没有暖气，我们三个人喝两瓶二锅头。袁武的画在1996—1997年的时候，我给他卖800元一个斗方。

曲：艺术金融业务，在青州主要有三个银行在做，您对它们的认知是怎样的？

左：现在中国银行基本不做了，他们做的规模比较小。农村商行采用三户联保的形式，都是画廊之间联保，手续比较简洁，利率也相对低一些，额度最高好像是三四百万元。处理方式也比较灵活，比如可以贷新还旧，帮助画廊渡过困难。

潍坊银行的业务创新性比较强，也是面向全国的市场业务。

曲：您觉得以后的发展中，艺术金融的探索方向有哪些？

左：潍坊银行的预收购人机制是业内"第一个吃螃蟹的人"，但是必须有权威鉴定机构参与。再一个"预收购人机制"如果不根据具体情况做出处理，时间长了可能会变质。我有两个朋友现在就不再用了，条件太苛刻。

我去年给市里提过三个建议，如果领导班子不换的话，这些建议可能就会落实了。第一个建议就是由政府和企业联合建立一个过桥资金；第二个是建立担保机制；第三个是给提供一点贴息贷款。今年一定能够落实，我会催着他们。

曲：都知道青州画廊业有自己的特点，站在您的角度来看，这些特点主要体现在哪些方面？

左：主要有几个特点。第一，我们的画廊全都是秉持诚信经营的理念，不卖赝品，谁卖赝品，就会立刻受到大家的谴责。这一点，我们从制度上也进行了管理，画廊协会有艺委会。艺委会一旦发现谁挂售假画，会立刻让他撤售。现在，我们又号召加入"画籍"系统，就是为了更好地实现诚信经营，落实文化部发布的《艺术品经营管理办法》。只有这样才能让画家满意、藏家满意，才能走得远。

第二，我们非常团结。这是很重要的，画廊之间不互相排挤、竞争。来了客人、买家，自己手里没有对方需要的作品，会推荐到别家去买。这在其他地方是很难做到的。我曾经到外地经营画廊的同行那里参加活动，我想顺便邀请另一个朋友过来。对方就专门告诉我，他们那里与青州的规矩不一样，他们请客，不希望别人参加。从这一点就能看出他们跟青州经营理念大不一样。青州是一种在"玩""交谊"的基础上成长起来的市场，其他地方大多是以商业经营为目的的市场。

第三，画廊协会这样的机构能够在市场发展中起到实实在在的作用。比如为画廊经营者从政府层面争取优惠政策，帮助他们嫁接一些资源，比如引入"画籍"这样的机构等。

当然，青州画廊业还有一些其他的特点，但这三点是主要的。

曲：青州随着画廊业的成熟，现在已经形成了一种地域性的艺术产业格局，包括画廊业、艺术地产、艺术旅游、艺术衍生品等，您是怎么看待画廊业与地域艺术产业之间的关系的？

左：我认为这种状态是非常好的，我们经常一起探讨未来的发展问题，提出了融合发展的思路。比如，现在的中晨艺术小镇，画廊业进驻以后，我们希望能把人气先提升上来，让他们提供一些优惠措施，比如建议他们有些房子可以适当优惠，提供一些公共交通方面的便利等。

另外，成功举办一定规模的展览要予以奖励，成功邀请优秀专家来讲座要给予奖励，组织拍卖给予奖励，还有邀请知名艺术家来做艺术馆等。整体就是要让各个组成部分互动起来，融合发展。